Bundesarbeitsgemeinschaft der Freien Wohlfahrtspflege e.V.

Die Freie Wohlfahrtspflege
– Profil und Leistungen

Bundesarbeitsgemeinschaft
der Freien Wohlfahrtspflege e.V.

Die Freie Wohlfahrtspflege
– Profil und Leistungen

Lambertus

Bundesarbeitsgemeinschaft der Freien Wohlfahrtspflege e.V.
Oranienburger Str. 13 – 14
10178 Berlin
Telefon: 030 / 2 40 89 – 0
Fax: 030 / 2 40 89 – 134
E-Mail: info@bag-wohlfahrt.de
www.bagfw.de

Bibliografische Information Der Deutschen Bibliothek

Die Deutsche Bibliothek verzeichnet diese Publikation in der Deutschen Nationalbibliografie; detaillierte bibliografische Daten sind im Internet über http://dnb.ddb.de abrufbar.

© 2002, Lambertus-Verlag, Freiburg im Breisgau
Umschlag und Satz: Rosendahl Grafikdesign, Berlin
Herstellung: Franz X. Stückle, Druck und Verlag, Ettenheim
ISBN 3-7841-1431-8

Inhaltsverzeichnis

1. Einleitung

Die Freie Wohlfahrtspflege ist eine unverzichtbare Säule des Sozialstaates der Bundesrepublik Deutschland. Unter Freier Wohlfahrtspflege werden alle Dienste und Einrichtungen verstanden, die sich in freigemeinnütziger Trägerschaft befinden und sich in organisierter Form im sozialen Bereich und im Gesundheitswesen betätigen. Hauptmerkmale ihrer Tätigkeit sind Unabhängigkeit und partnerschaftliche Zusammenarbeit mit den öffentlichen Sozialleistungsträgern mit dem Ziel einer sinnvollen und wirksamen Ergänzung von sozialen Angeboten zum Wohle der Hilfesuchenden. Grundlage dieser Zusammenarbeit, soweit sie durch öffentliche und freie Träger geleistet wird, ist das Subsidiaritätsprinzip. Es räumt freien Trägern bei der Erfüllung sozialstaatlicher Aufgaben einen bedingten Vorrang ein.

Die Freie Wohlfahrtspflege organisiert sich überwiegend in ihren sechs Spitzenverbänden: der Arbeiterwohlfahrt (AWO), dem Deutschen Caritasverband (DCV), dem Deutschen Paritätischen Wohlfahrtsverband (Der PARITÄTISCHE), dem Deutschen Roten Kreuz (DRK), dem Diakonischen Werk der EKD (DW der EKD) und der Zentralwohlfahrtsstelle der Juden in Deutschland (ZWST).

Als Spitzenverbände müssen sie verschiedenen Kriterien genügen. Im Einzelnen ist gefordert, dass die Tätigkeiten überregional angeboten werden und dass sich die Angebotspalette auf den gesamten Bereich der Wohlfahrtspflege – praktisch von A bis Z, von der Altenpflege bis zum Zivildienst – bezieht. Zudem müssen die einzelnen Verbände und ihre Mitglieder von der gleichen ideellen und am Gemeinwohl orientierten Zielsetzung getragen sein und jeder Verband muss über eine eindeutige und umfassende Organisationsform verfügen. Wenn im Folgenden von Freier Wohlfahrtspflege gesprochen wird, dann sind immer nur die Dienste, Einrichtungen und Hilfen gemeint, die den sechs Spitzenverbänden zuzurechnen sind.

Die Spitzenverbände der Freien Wohlfahrtspflege arbeiten in der Bundesarbeitsgemeinschaft der Freien Wohlfahrtspflege (BAGFW) zusammen. Ihr gemeinsames Ziel ist die Sicherung und Weiterentwicklung der sozialen Arbeit durch gemeinschaftliche Initiativen und sozialpolitische Aktivitäten. Hierdurch unterstreichen sie ihre gesamtgesellschaftliche Verantwortung zur

Mit- und Ausgestaltung der Wohlfahrtsarbeit nicht nur in Deutschland, sondern auch in Europa. Die Aufgabenschwerpunkte der BAGFW lassen sich dabei wie folgt umreißen:

– Beratung und Abstimmung in allen Fragen der Freien Wohlfahrtspflege, insbesondere bei neu auftretenden Aspekten auf dem Gebiet der Sozial-, Jugend- und Gesundheitshilfe, besonders auch vor dem Hintergrund der europäischen Entwicklung

– Aktive Mitwirkung an der Gesetzgebung und Kontaktpflege zu relevanten politischen Gremien und Entscheidungsträgern

– Beratung und Kooperation mit Bund, Ländern und Kommunen und weiteren Organisationen der öffentlichen Selbstverwaltung in zentralen Angelegenheiten

– Mitwirkung in Fachorganisationen und Initiativen, soweit Aufgabenfelder der Freien Wohlfahrtspflege betroffen sind

– Austausch mit den Landesarbeitsgemeinschaften der Freien Wohlfahrtspflege

– Pflege und Stärkung der sozialen Verantwortung in der Bevölkerung

– Vermittlung von Finanzmitteln für Einrichtungen und Dienste

– Wahrung der Stellung der Freien Wohlfahrtspflege in der Öffentlichkeit

Seit Mitte des Jahres 2000 ist der Sitz der Geschäftsstelle der BAGFW in Berlin. Mit dem Umzug und der Einrichtung einer gemeinsamen Geschäftsstelle in der Bundeshauptstadt gewährleisten die Spitzenverbände kontinuierliche Koordination vor Ort, ständige Ansprechbarkeit und Beratungsmöglichkeit in Fachfragen für Regierung, Parlament und Öffentlichkeit. Die Erarbeitung gemeinsamer Stellungnahmen erfordert einen permanenten fachlichen Austausch unter den Verbänden und die Verständigung auf wesentliche gemeinsame soziale Anliegen. Darüber hinaus erfolgen über die Geschäftsstelle und die einzelnen Spitzenverbände eine Vernetzung und ein fachlicher Austausch mit der öffentlichen Sozialarbeit in Arbeitskreisen und im Deutschen Verein für öffentliche und private Fürsorge.

9

Sozialpolitik ist keine rein nationale Angelegenheit mehr. Europa wächst enger zusammen, die Grenzen öffnen sich. Das Zusammenwachsen bezieht sich nicht allein auf die Wirtschaft. Europa ist auch ein kultureller und sozialer Zusammenhang. Wie das soziale Europa aussehen wird, ist heute noch nicht entschieden. Die Spitzenverbände der Freien Wohlfahrtspflege beteiligen sich intensiv an dessen Mitgestaltung. Hierzu dient u. a. ein gemeinsames Büro in Brüssel.

In den Mitgliedsländern der Europäischen Union existieren unterschiedliche Sozialstaatsmodelle. Das Modell der Bundesrepublik Deutschland, mit der besonderen Rolle der Freien Wohlfahrtspflege, ist nicht repräsentativ für Europa und unterscheidet sich von den Kooperationsmodellen anderer Länder. Dennoch hat die Zusammenarbeit mit Wohlfahrtsverbänden überall große politische Bedeutung, wie z. B. in Portugal, wo der Staat eigens einen Solidarvertrag mit den Verbänden geschlossen hat.

Die Strukturen der Freien Wohlfahrtspflege sind historisch gewachsen, und sie waren politisch so gewollt. Die Freie Wohlfahrtspflege leistet wichtige Dienste für das Sozialwesen in Deutschland. Sie gestaltet nicht nur Sozialpolitik mit, sondern sie ist auch Sozialanwalt für Bedürftige und Ausgegrenzte. In allen Bereichen sozialer Not ist die Freie Wohlfahrtspflege Anbieter sozialer Dienstleistungen. In ihren Einrichtungen und Diensten beschäftigt sie dabei deutlich über eine Million hauptamtliche Mitarbeiterinnen und Mitarbeiter. Sie sorgt für deren fachliche Qualifikation und unterhält dafür eigene Aus-, Fort- und Weiterbildungsstätten. Schließlich leistet sie einen sehr wichtigen Beitrag zur Entwicklung einer Zivilgesellschaft, indem sie z. B. umfangreiche und vielfältige Betätigungsfelder für freiwillige und ehrenamtliche Tätigkeiten eröffnet.

Welche Ziele und Perspektiven hat die Freie Wohlfahrtspflege? In welchen Bereichen engagiert sie sich? Welche Mittel stehen ihr zur Verwirklichung ihrer Ziele zur Verfügung? Auf diese und andere Fragen sollen die folgenden Ausführungen eine Antwort geben.

2.

Gesellschaftliche Entwicklungen im Rahmen

einer europäischen Zivilgesellschaft

Ein gemeinsames Europa nimmt immer deutlichere Konturen an, Sozialpolitik und die Ausgestaltung des sozialen Sicherungssystems können nicht mehr nur ausschließlich aus nationaler Perspektive betrachtet werden. Ein gemeinsamer Wirtschaftsraum – der europäische Binnenmarkt – bedarf der sozialen Gestaltung. Entsprechend ist die Sozialpolitik in den letzten Jahren zu einem wichtigen Bestandteil europäischer Politik geworden. In der Sozialcharta und der Charta der Grundrechte sind allgemeine Standards formuliert, die für jeden Bürger der Mitgliedsländer Geltung haben sollten. Es entwickelt sich eine europäische Zivilgesellschaft, deren Mitglieder sich allmählich der wachsenden gegenseitigen Verflechtungen von einzelstaatlicher und europäischer Politik und damit auch ihrer eigenen Verantwortung als europäischer Akteur bewusst werden.

Die Europäische Union versteht sich heute nicht nur als eine Wirtschafts- und Währungsunion mit einem gemeinsamen Markt, sondern auch als ein Raum der Freiheit, der Sicherheit und des Rechts und als eine Wertegemeinschaft. Sie hat unter anderem zum Ziel, eine harmonische, ausgewogene und nachhaltige Entwicklung herbeizuführen sowie den wirtschaftlichen und sozialen Zusammenhalt zu fördern. Sie beruft sich auf ein »Europäisches Sozialmodell« und strebt ein hohes Maß an sozialem Schutz der Bürgerinnen und Bürger durch Anerkennung von sozialen und ökonomischen Rechten an. Dabei findet das europarechtliche Subsidiaritätsprinzip Beachtung, das den Nationalstaaten erhebliche Gestaltungsfreiheiten belässt. Europa gibt den allgemeinen Rahmen vor, die konkrete Ausgestaltung obliegt den Teilnehmerstaaten. Das »Europäische Sozialmodell« ist also durchaus mit den verschiedenen sozialstaatlichen Entwürfen kompatibel.

In der Bundesrepublik Deutschland hat sich eine Art der sozialpolitischen Zusammenarbeit zwischen freien und öffentlichen Trägern entwickelt, für die es in anderen Mitgliedstaaten der Europäischen Union in dieser Form und Wertigkeit keine Entsprechung gibt. Ebenso wie in Deutschland haben sich in den anderen Ländern historisch spezifische soziale Sicherungssysteme herausgebildet, mit jeweils besonderen Varianten der institutionellen Organisation. In Bezug auf die sozialen Sicherungssysteme gibt es in der Europäischen Union folglich eine beachtliche Vielfalt – woran sich auf absehbare Zeit nicht viel ändern wird.

Die Harmonisierungsbemühungen im Bereich der Sozialpolitik beziehen sich auf die Freizügigkeit (unbeschränkter Zugang zum Arbeitsmarkt) und auf die Festlegung sozialer Grundstandards. Wenn das nationale Recht nicht den europäischen Vorgaben entspricht, sind auf nationaler Ebene Korrekturen notwendig. Insofern wirkt Europa nach Deutschland hinein. Umgekehrt gestaltet Deutschland Europa mit, nimmt gleichermaßen Einfluss auf die aufgeworfenen Fragen wie auf Antworten und Lösungsvorschläge. Die Freie Wohlfahrtspflege beteiligt sich an diesem Diskussionsprozess. Ihr geht es um Mitgestaltung des Sozialen auf europäischer Ebene. Die in Deutschland gemachten Erfahrungen sollen eingebracht werden, hiesige Qualitäts- und Versorgungsstandards auch im gemeinsamen Markt gesichert werden.

Das bietet sich insbesondere für die Entwicklung europäischer Sozialindikatoren im Rahmen der »Offenen Koordinierung« der Politiken der Mitgliedstaaten im Kampf gegen Armut und Ausgrenzung an. Damit ist eine neue Dimension europäischer Sozialpolitik eröffnet: Die Mitgliedstaaten haben sich entschlossen, mit Hilfe von »Nationalen Aktionsplänen« ihre Sozialpolitik aufeinander abzustimmen und sie anhand gemeinsamer Indikatoren zu bewerten. Bisher wurden im Wesentlichen Indikatoren zur Einkommensverteilung und zur Beschäftigung entwickelt. Es fehlen Indikatoren, mit denen gemessen werden kann, wer in welchem Umfang Zugang zu welchen sozialen Diensten hat und wie es um die Qualität der sozialen Dienste bestellt ist.

2.1 Gesellschaftliche Rahmenbedingungen

Die gesellschaftlichen Rahmenbedingungen und die Herausforderungen, mit denen sich die sozialen Sicherungssysteme konfrontiert sehen, sind in vielen europäischen Ländern vergleichbar, wenngleich es im Detail Unterschiede gibt. Zu den Gemeinsamkeiten zählen die Konsequenzen des demografischen Wandels, die Individualisierung, die Neuorientierung im Aufgabenprofil und bei den Leistungsangeboten von sozialen Einrichtungen und Diensten.

Aber auch die Arbeitsmarktprobleme und die Bekämpfung von Armut sind zentrale Herausforderungen für die Gestaltung eines sozialen Europas. Neue Aufgaben werden hinzukommen. Im Zuge der Osterweiterung der EU wird es eine verstärkte Migration geben. Sie ist nötig, um die Zukunftsfähigkeit des Arbeitsmarktes und der sozialen Sicherungssysteme, bspw. in Deutschland, zu stärken. Aber die Integration von Migranten ist auch ein Zeichen humanitärer Qualität, denn Europa darf kein ausgrenzendes System werden. Gleichwohl wird sie nicht ohne Rückwirkungen auf Art und Umfang der sozialen Dienstleistungen bleiben. Ohne ein höheres Maß an interkultureller Öffnung und Kooperation wird die zukünftige Entwicklung nicht zu bewältigen sein.

Eine zentrale Aufgabe, die es zu lösen gilt, ist die Bekämpfung von Armut und Ausgrenzung.[1] Die Spaltung der Gesellschaft in Arm und Reich darf nicht weiter zunehmen, vielmehr sind die soziale Eingliederung und die Beteiligung aller am gesellschaftlichen Leben zu gewährleisten. Eine grundlegende Voraussetzung hierfür ist die Beseitigung von Arbeitslosigkeit. Ungeachtet der Erfolge in einzelnen Ländern, stellt Arbeitslosigkeit für die Gesamtheit der EU nach wie vor ein gravierendes Problem dar – Langzeitarbeitslose tragen ein besonders hohes Ausgrenzungsrisiko. Bezahlte Arbeit ist unter den Bedingungen der Globalisierung falsch verteilt, der Wandel von der Industrie- zur Dienstleistungsgesellschaft noch nicht gelungen, ebenso die Verbindung von Flexibilität und Arbeitsschutz.

Die Unterschiede im Ausmaß der Arbeitslosigkeit in den EU-Mitgliedsländern sind erheblich (vgl. Grafik 2.1). Entsprechend ist auch der Handlungsbedarf auf nationaler Ebene in den einzelnen Staaten sehr verschieden. Einige Länder haben bereits Erfolge erzielt, andere haben noch »Nachholbedarf«. Gemessen an der Arbeitsnachfrage (der Zahl der Arbeitsuchenden) ist das Arbeitsangebot (das Angebot an Arbeitsplätzen) in vielen Ländern der EU zu hoch. Eine gewisse Entspannung dürfte in den nächsten Jahren aufgrund der demografischen Entwicklung eintreten, denn die Alterung der Gesellschaft führt dazu, dass mehr Personen die Altersgrenze für die aktive Teilnahme am Erwerbsleben überschreiten, als jüngere Menschen ins Erwerbsfähigenalter kommen. Allerdings wäre es verkürzt, die Lösung der Arbeitsmarktprobleme ausschließlich durch eine Verringerung der Zahl der

---

[1] Die EU hat im Jahr 2001 eine »Europäische Strategie zur Bekämpfung sozialer Ausgrenzung« gestartet, an der sich die Verbände aktiv beteiligen.

Grafik 2.1

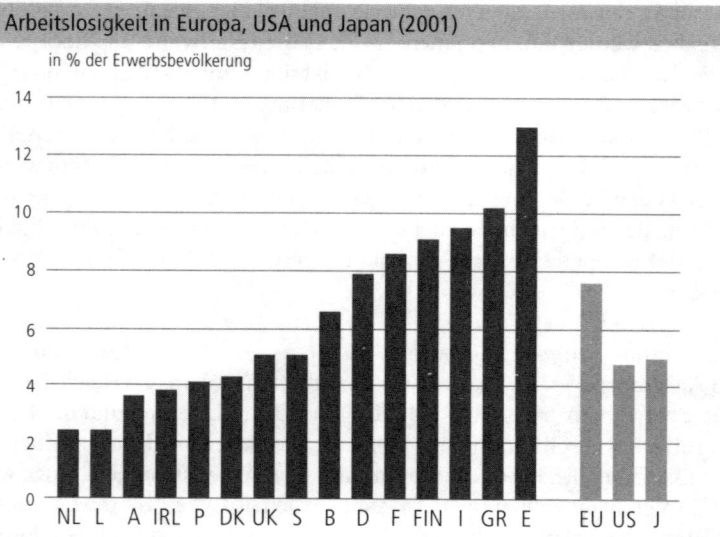

Arbeitslosigkeit in Europa, USA und Japan (2001)

in % der Erwerbsbevölkerung

Quelle: Eurostat, Erwerbslosenstatistik, Stand 12.03.2002

Arbeit suchenden Menschen zu erwarten. Auch eine positive Entwicklung der Arbeitsnachfrage muss dazu beitragen, dass das Missverhältnis zwischen der Nachfrage und dem Arbeitsangebot weiter abgebaut werden kann.

Ein weiterer Einflussfaktor ist die Arbeitsmarktpartizipation. Selbst wenn sich die Arbeitsmarktlage allgemein entspannt, ist nicht sicher, dass die »strukturelle Arbeitslosigkeit«, die auf Alter, Familiensituation, Beeinträchtigungen, gesellschaftliche Ausgrenzung, unzureichende berufliche und soziale Qualifikation zurückzuführen ist, gleichfalls abgebaut werden kann. Eine große Zahl von Menschen wird auch zukünftig den Anforderungen der Arbeitswelt entweder noch nicht, nicht oder nicht mehr genügen – oder als ein zu großes Kostenrisiko gelten. Dies macht soziale Beschäftigungs- und Qualifizierungsmaßnahmen, wie sie auch von der Freien Wohlfahrtspflege angeboten werden, weiterhin erforderlich. Schwer vermittelbare Arbeitslose und mit ihnen die Sozial- und Arbeitsämter und die Arbeitsmarktpolitik werden diese Angebote auch in Zukunft benötigen.

In Europa vollzieht sich ein demografischer Wandel: Die Gesellschaft altert. Bei perspektivisch stagnierender Bevölkerungszahl wird sich das Durchschnittsalter erhöhen. Dies ist ganz wesentlich auf eine steigende Anzahl der über 65-Jährigen – und insbesondere der Hochbetagten, der über 80-Jährigen – zurückzuführen. Gleichzeitig nimmt die Anzahl jüngerer Menschen im erwerbsfähigen Alter (der 15- bis 29-Jährigen) ab. Alternde Gesellschaften haben einen höheren Bedarf an Sozialleistungen. Einerseits müssen ältere Menschen, die nicht mehr am Erwerbsleben teilnehmen können, Einkommen beziehen, das sie nicht selbst erwirtschaften können. Andererseits sind sie in größerem Umfang auf medizinische und pflegerische Versorgung angewiesen. Der demografische Wandel ist eine der größten Herausforderungen der Gesellschaft.

2.2 Politische und ökonomische Herausforderungen

Der europäische Einigungsprozess hat bereits zu erheblichen ökonomischen Veränderungen geführt. Ein zentrales Element des Binnenmarktes ist der freie Marktzugang für alle Teilnehmer. Die Beseitigung von Marktzugangsbeschränkungen bringt zum Teil gravierende Veränderungen für die Unternehmen mit sich. Sie wirkt sich auch auf soziale Dienstleistungen aus.

Die sozialen Einrichtungen und Dienste sind einem zunehmenden Wettbewerb ausgesetzt.[2] Hinzu kommen Einschränkungen bei den finanziellen Mitteln. Die Konsolidierung der öffentlichen Haushalte genießt in den Staaten der Europäischen Union bereits seit Jahren eine hohe Priorität. Mit dem Beschluss zur Währungsunion wurde aus Verantwortung für die nächste Generation eine an den Einnahmen orientierte Fiskalpolitik zur unverrückbaren Notwendigkeit erklärt (Maastricht-Kriterium). Die Senkung der Neuverschuldung der öffentlichen Haushalte ging mit mehr oder weniger starken Einschnitten in den Sozialhaushalten und in den sozialen Sicherungssystemen der einzelnen Staaten einher. Die verschiedenen Maßnahmen zielten primär darauf, den Anstieg der Sozialausgaben zu bremsen. Nur in einigen Fällen wurden die gesamten Sozialleistungen, zu denen neben den

---

[2] Der Wettbewerb findet in einem stark reglementierten Markt statt. So können die Anbieter sozialer Dienstleistungen in vielen Bereichen kaum Einfluss auf das Preis-Leistungs-Verhältnis nehmen.

Ausgaben auch entgangene Einnahmen (Steuern) zählen, tatsächlich (nominal) zurückgeführt. Die Sozialleistungsquote, die den Anteil der gesamten Sozialleistungen am Bruttosozialprodukt misst, liegt im langfristigen Vergleich nach wie vor auf hohem Niveau. Allerdings werden in den meisten Ländern die Spitzenwerte, die häufig in der ersten Hälfte der neunziger Jahre lagen, nicht mehr erreicht.[3]

Grafik 2.2

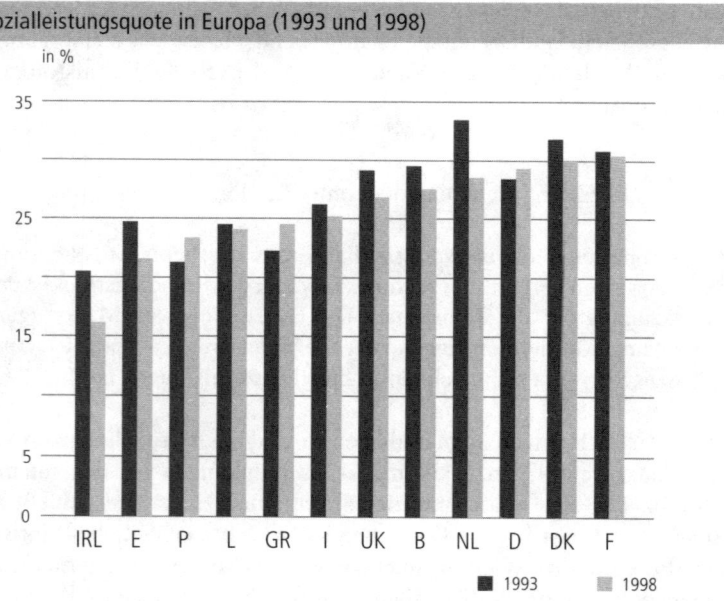

Sozialleistungsquote in Europa (1993 und 1998)

Quelle: Bundesministerium für Arbeit und Sozialordnung, Statistisches Taschenbuch 2001

---

[3] Die Höhe dieser Quoten hängt sowohl von den Sozialausgaben als auch von der Höhe des Bruttosozialprodukts (BSP) ab. In Rezessionsjahren steigen die Sozialausgaben in der Regel besonders stark (u. a. wegen höherer Arbeitslosenunterstützung), während das Bruttosozialprodukt nominal weniger stark steigt und u. U. sogar sinkt. Ein Rückgang der Sozialleistungsquote besagt also nur, dass das Wachstum der Sozialausgaben hinter dem BSP-Anstieg zurückgeblieben ist. Er ist nicht zwingend gleichbedeutend mit absolut schrumpfenden Sozialausgaben.

Auf die Systeme der sozialen Sicherung in den europäischen Ländern kommen weitere Belastungen zu. Hierzu trägt in hohem Maße die demografische Entwicklung bei, denn sämtliche Sozialleistungen müssen von denjenigen erwirtschaftet werden, die am Erwerbsleben teilnehmen und so zur gesamtwirtschaftlichen Wertschöpfung beitragen. Mit der Umkehrung der Alterspyramide müssen weniger Menschen im erwerbsfähigen Alter die Leistungen für eine steigende Anzahl älterer Mitbürgerinnen und Mitbürger tragen.

2.3 Sozialmarkt: Daseinsvorsorge und Wettbewerb

Die europäische Einigung, für die man sich auf das Modell des europäischen Binnenmarktes verständigt hat, bedeutet einen wesentlich größeren Markt und eine Zunahme des Wettbewerbs, auch für den Sozialbereich. Aspekte der Steuerung und der Erschließung von Ressourcen gewinnen an Bedeutung. Neue Fragen warten auf eine Antwort: Wie soll die soziale und kulturelle Infrastruktur zukünftig gestaltet werden? Was ist zu tun, wenn betriebswirtschaftliche Steuerungsmittel nicht mehr ausreichen, um soziale Lebensqualität zu realisieren? Kann der Markt dies oder gibt es so etwas wie Marktversagen? Die Bereitstellung des Angebots an sozialen Dienstleistungen kann nicht ausschließlich dem Markt überlassen werden, denn er bietet nicht für alle Probleme eine Lösung. Vielen Menschen ist der Zugang zum Markt verwehrt, weil sie nicht die finanziellen Möglichkeiten haben, um bedarfsgerechte, menschenwürdige Leistungen zu zahlen.

Wie kann und soll eine europäische Sozialunion aussehen? Welche Bedeutung hat das europäische Wettbewerbsrecht für Dienste, die als »Daseinsvorsorge« bezeichnet werden? Die Diskussion hierüber ist noch keineswegs abgeschlossen.

Soziale Daseinsvorsorge meint die Schutz- und Handlungspflicht des Staates bei der Schaffung, Sicherung und Weiterentwicklung notwendiger sozialer Lebensbedingungen der Bürgerinnen und Bürger. In Deutschland leitet sich das Gebot der sozialen Daseinsvorsorge aus der in der Verfassung festgeschriebenen Menschenwürde in Verbindung mit dem Sozialstaatsprinzip ab (Art. 1 in Verbindung mit Art. 20, 28 und 79 Abs. 3 GG). Soziale Daseinsvorsorge ist sozialstaatliche Gestaltungspflicht. Sie zielt auf eine Verbesserung der Lebens- und Qualitätsstandards für die Bürgerinnen und Bürger.

Der Staat ist verpflichtet, Lebensverhältnisse solidarisch und gerecht, eigenverantwortlich und gemeinwohlorientiert zu gestalten und weiterzuentwickeln. Die konkrete Ausgestaltung liegt beim Staat. Er legt fest, in welchem Umfang und durch wen er welche Art sozialer »Daseinsvorsorgeleistungen« erbringen lässt.

Die Leistungen im »Sozialmarkt« sind aufgabendefiniert und unterliegen spezifischen Auflagen, wie etwa den gesetzlichen Rahmenbedingungen, politisch-normativen Vorgaben und bestimmten Qualitätsstandards. Unverzichtbare Merkmale eines »Sozialmarktes« sind ein flächendeckendes Leistungsangebot und der gleichberechtigte Zugang aller Bürgerinnen und Bürger zu den Diensten. Aber auch Versorgungssicherheit, Kontinuität der Dienstleistung und die Einhaltung von (national) definierten Qualitätsstandards sind zu gewährleisten. Wichtige Elemente sind zudem die öffentliche Verantwortung für die Leistung und die demokratische Kontrolle. In Deutschland und in anderen Ländern kommen weitere Charakteristika hinzu, wie Trägervielfalt, Mitwirkungsmöglichkeit des Ehrenamtes und zivilgesellschaftliche Gestaltungselemente. Ein weiterer wichtiger Bestandteil ist die Achtung der Selbständigkeit freigemeinnütziger Organisationen in Zielsetzung und Durchführung der Leistungen.

Nach europäischem Recht ist die soziale Daseinsvorsorge Aufgabe der Mitgliedstaaten. Ihre Kompetenz zur Ausgestaltung der sozialen Sicherungssysteme umfasst insbesondere die Verpflichtung zum Anschluss an ein System der sozialen Sicherheit (z. B. über die Versicherungspflicht), die Festlegung der Leistungsansprüche und die Sicherstellung einer gleichmäßigen und flächendeckenden Versorgung. Die Erfüllung von Aufgaben der Daseinsvorsorge kann vom EU-Wettbewerbsrecht abweichende Regelungen erforderlich machen. Da nach der Rechtsprechung des Europäischen Gerichtshofs (EuGH) auch Sozialleistungsträger und soziale Einrichtungen und Dienste Unternehmen im Sinne des europäischen Wettbewerbsrechts sind, wenn sie wirtschaftliche Tätigkeiten ausüben, steht die Kompetenz der Mitgliedstaaten zur Ausgestaltung ihrer sozialen Sicherungssysteme in einem Spannungsverhältnis zum EU-Wettbewerbsrecht, das sich an marktwirtschaftlichen Grundsätzen orientiert.

Es muss sichergestellt werden, dass alle Aufgaben der Daseinsvorsorge erfüllt werden können. Leistungen der Daseinsvorsorge sind Dienstleistungen von allgemeinem wirtschaftlichen Interesse i. S. Art. 86 Abs. 2 EGV sowie die

Dienstleistungen von privaten und kommerziellen Anbietern. Die ersteren, auch als so genannte »Universaldienste« bezeichnet, werden aufgrund staatlichen Auftrags erbracht. Die Vorschriften des EG-Vertrages und insbesondere des europäischen Wettbewerbsrechts gelten für sie nur, soweit die Anwendung dieser Vorschriften nicht die Erfüllung der staatlich übertragenen besonderen Aufgabe verhindert. Soll die Kompetenz der Mitgliedstaaten zur Ausgestaltung dieser »Universaldienste« nicht faktisch leer laufen, so muss hierbei von einem weiten Ermessensspielraum der Mitgliedstaaten ausgegangen werden. Dies gilt auch angesichts der erforderlichen Abwägung zwischen dem Interesse der Union am freien Dienstleistungsverkehr und den sozialstaatlichen Interessen der Mitgliedstaaten.

Im Verlauf der 1990er Jahre haben im nationalen Recht der Sozialleistungserbringung vermehrt wettbewerbliche Elemente Einzug gehalten. Der politischen Forderung nach mehr Wettbewerb im Sozial- und Gesundheitswesen wurde vom Gesetzgeber mit der Abschaffung des Selbstkostendeckungsprinzips im Pflegeversicherungsrecht und im Sozial- und Jugendhilferecht entsprochen. An seine Stelle traten prospektiv zu vereinbarende, so genannte leistungsgerechte Vergütungen. Der Vorrang der freien Träger wurde auf privatgewerbliche Anbieter ausgeweitet. Freigemeinnützige Träger und privatgewerbliche Einrichtungen stehen seither im Wettbewerb. Die Verbände der Freien Wohlfahrtspflege stellen sich als Leistungserbringer diesem Wettbewerb.

Derzeit ist der Wettbewerb oft einseitig ausgestaltet. Unter dem Postulat »Mehr Wettbewerb in der Leistungserbringung« trifft der nationale Gesetzgeber Regelungen, die teilweise in auffälligem Widerspruch zu den Wertungen des europäischen wie des nationalen Wettbewerbsrechts stehen (z. B. die Kartellierung der Kostenträger in der Pflegeversicherung). Die Einrichtungen sehen sich vielfach marktbeherrschenden Sozialleistungsträgern gegenüber, die vom Gesetzgeber mit immer mehr Befugnissen und Steuerungsmöglichkeiten ausgestattet werden. Es besteht die Gefahr, dass dies im Ergebnis zu Lasten der Hilfebedürftigen und der Mitarbeiterinnen und Mitarbeiter der Einrichtungen und Dienste geht. Monopolstellungen der Sozialleistungsträger erfordern wirksame Konfliktlösungs- und Ausgleichsmechanismen. Die hierzu in den letzten Jahren vermehrt eingeführte Zwangsschlichtung durch gesetzlich vorgesehene Schiedsstellen muss einen wirksamen Ersatz für das Verbot des Preismissbrauchs in Art. 82 EGV bieten.

Wesentliches Element bei der Ausgestaltung des Wettbewerbs zwischen den Einrichtungen ist das Wunsch- und Wahlrecht der Hilfebedürftigen. Hieraus folgt allerdings zugleich eine Grenze für wettbewerbliche Ausgestaltungen der Daseinsvorsorge: Die Nachfrager sozialer Leistungen sind nicht selten in ihrer selbständigen Handlungsfähigkeit erheblich eingeschränkt, so dass keine Kundensouveränität gegeben ist.

Ungeklärt ist nach wie vor, in welchem Umfang soziale Dienste auf welche Weise öffentlich finanziert werden sollen und wie dabei privates und zivilgesellschaftliches Engagement einfließen kann. Auf keinen Fall darf es dazu kommen, dass Wohlfahrtsverbände bei der Gewährleistung pluraler Angebote in der eigenverantwortlichen Gestaltung sozialer Hilfen behindert werden. Auch die Zusammenarbeit mit Freiwilligen, wie überhaupt das über die Verbände ermöglichte zivilgesellschaftliche Engagement, z. B. in Form von Spenden, darf nicht erschwert werden. Das Europäische Parlament hat diesen Ansatz bereits ausdrücklich gebilligt und u. a. dazu aufgefordert, Nonprofit-Organisationen als Institutionen der Zivilgesellschaft als dritte Säule neben Markt und Staat anzuerkennen sowie die besondere Bedeutung der Wohlfahrtsverbände und freien Träger zu würdigen.

3.

Menschen und ihre Lebenslagen:

Orientierungspunkt für die Freie Wohlfahrtspflege

Die Freie Wohlfahrtspflege bezieht sich in ihrem Engagement auf Menschen, die in angemessener Form der Unterstützung oder Hilfe bedürfen. In einer modernen Gesellschaft, die von zunehmendem Individualismus und einer Pluralisierung der Lebensstile geprägt ist, differenzieren sich die Lebenslagen aus. Neue Problemfelder entstehen, andere verlieren an Bedeutung. Hilfebedarf kann sich bspw. aus der Familiensituation ergeben (Lebenslage), aber auch aus der Armut (ökonomische Situation) oder aus dem Wohnumfeld (Sozialraum). Der Hilfebedarf kann sich auf eine individuelle Leistung beziehen, auf die Bereitstellung sozialer Infrastruktur, auf die Möglichkeit der Selbstorganisation mit anderen, ganz allgemein auf die Kommunizierung des Problems oder auf eine andere Art der Unterstützung. Welche konkrete Form der Hilfe jeweils opportun ist, hängt nicht zuletzt von der Lebenslage ab, in der sich der Adressat der Hilfe befindet. Behinderte Menschen benötigen andere Formen der Unterstützung als Alleinerziehende oder Jugendliche, die in Problemquartieren aufwachsen.

Lebenslagen ändern sich durch rechtliche, ökonomische und soziale Veränderungen. Dieser Wandel vollzieht sich nicht unkontrolliert, sondern wird gestaltet. Mit ihrem Engagement für die Benachteiligten dieser Gesellschaft nimmt die Freie Wohlfahrtspflege Einfluss auf diesen Prozess. Sie trägt dazu bei, das Problembewusstsein auch der politischen Entscheidungsträger zu schärfen.

Der gesellschaftliche Wandel macht es notwendig, den Rahmen für soziale Arbeit beständig neu abzustecken: Gibt es neue Problemfelder, besteht Handlungsbedarf in einem bisher nicht existenten oder wahrgenommenen Bereich? Welche Menschen und wie viele sind betroffen? Auf diese Fragen können nur differenzierte Analysen eine Antwort geben. Hierbei sind unterschiedliche Methoden anzuwenden. Die Analyseergebnisse können aufzeigen, dass Methoden der sozialen Arbeit überprüft und modifiziert werden müssen, weil traditionelle Verfahren nicht zum intendierten Erfolg führen.

Die Aktivitäten der Freien Wohlfahrtspflege gehen über das Angebot von Hilfeleistungen in Einrichtungen und Diensten weit hinaus. Die Analyse von Problemlagen sowie die Überprüfung der Methoden gehören gemäß ihrem Selbstverständnis, soziale Arbeit zu gestalten, ebenso zu ihren Aufgaben. Welche Fragen jeweils thematisiert werden, unterscheidet sich zwischen den einzelnen Spitzenverbänden – aber auch zwischen den Spitzenverbänden auf Bundesebene und deren Landesverbänden gibt es verschiedene Schwerpunktsetzungen. Auf Bundes-, Landes- und kommunaler Ebene werden jeweils spezifische Fragen behandelt und unterschiedliche Projekte unter Berücksichtigung der regionalen Besonderheit konzipiert.

3.1 An Lebenslagen orientieren

Die Arbeit der Freien Wohlfahrtspflege ist darauf gerichtet, die Situation von Menschen zu verbessern, die sozial benachteiligt sind oder die unter gesundheitlichen bzw. psychosozialen Beeinträchtigungen leiden. Es gibt eine Vielzahl von Lebenslagen, die Partizipationschancen des Einzelnen beeinträchtigen und im Extremfall sogar zu Ausgrenzung führen. Welche Lebensumstände stellen eine besondere Belastung für die Menschen dar? Durch welche gesellschaftlichen Umstände werden Menschen besonders stark an der Entfaltung ihrer Persönlichkeit und an der Befriedigung ihrer Bedürfnisse gehindert? Antworten hierauf geben Lebenslagenuntersuchungen. Sie berücksichtigen verschiedene Aspekte, die den Handlungsspielraum des Einzelnen beeinflussen. Neben dem Grad der finanziellen Versorgung bzw. der Einkommenshöhe spielen hier auch Bedingungen für Lernen, für Wohnen und für andere Einflüsse auf die individuelle Entwicklung eine Rolle.

Lebenslagen, denen ein Ausgrenzungsrisiko anhaftet, zu identifizieren und in ihrer quantitativen Bedeutung zu erfassen, ist Aufgabe wissenschaftlicher Untersuchungen, die von den Verbänden der Freien Wohlfahrtspflege in Auftrag gegeben bzw. selbst durchgeführt wurden. Ein Beispiel hierfür ist die Untersuchung von Hübinger/Neumann über Lebenslagen in den neuen Bundesländern, die Mitte der neunziger Jahre im Auftrag von Caritas und Diakonie erstellt wurde.[4] Ihr vorausgegangen war zu Beginn der neunziger

---

[4] Hübinger, W./Neumann, U.: Menschen im Schatten. Lebenslagen in den neuen Bundesländern. Hrsg. vom Diakonischen Werk der Evangelischen Kirche in Deutschland e. V. und Deutschen Caritasverband e. V. Freiburg i. Br. 1998

Jahre eine Untersuchung in den alten Bundesländern.[5] In dieser viel beachteten Untersuchung der Caritas-Klientel von Hauser/Hübinger lag der Schwerpunkt auf Einkommensarmut. In beiden empirischen Untersuchungen wurden umfangreiche Datensätze primär erhoben und ausgewertet. Auf der Grundlage dieser Erhebungen konnte bspw. eine Antwort auf die Frage gegeben werden, weshalb Menschen trotz bestehender Anspruchsvoraussetzungen keine Sozialhilfeleistungen beanspruchen.

Der Vorteil solcher direkten – auf die spezifischen Erkenntnisziele gerichteten – Befragungen besteht darin, dass über den rein quantitativen Aspekt hinaus auch qualitative Urteile erhoben werden können. Wie beurteilen Betroffene ihre Lage? Dass jemand von bestimmten gesellschaftlich normativen Standards abweicht, bspw. durch ein Leben in Armut, bedeutet noch lange nicht, dass er sich deswegen benachteiligt fühlt oder seine Partizipationschancen beeinträchtigt sieht. Erhebungen, die auch solche qualitativen, subjektiven Urteile einschließen, sind daher eine wichtige Ergänzung zu rein quantitativen Auswertungen, die sich auf objektive Merkmale beziehen. Erst die Verbindung von Daten, die die objektive Lage der Menschen beschreiben, mit subjektiven Urteilen der Betroffenen gibt ein vollständiges Bild über Lebenslagen, über das Ausmaß sozialer Benachteiligung und über Möglichkeiten einer Erhöhung der Teilhabechancen. Die Wohlfahrtsverbände haben mit diesen Untersuchungen einen wichtigen Beitrag geleistet, um die Lebenslagen der Menschen in Ost- und Westdeutschland differenzierter zu erfassen.

Viele Menschen in den unterschiedlichsten Lebenslagen organisieren sich in Selbsthilfegruppen, um auf ihre spezifischen Probleme aufmerksam zu machen. Größere Verbände leisten Lobbyarbeit für ihre Mitglieder. Fast alle Selbsthilfegruppen und Verbände sind der Freien Wohlfahrtspflege angeschlossen. Hierzu gehören Organisationen der Behinderten- und Gesundheitsselbsthilfe und darüber hinaus bspw. der Verband alleinerziehender Mütter und Väter (VAMV), der Verband binationaler Partnerschaften (iaf) oder auch Selbsthilfegruppen pflegender Angehöriger.

---

[5] Hauser, R./Hübinger, W.: Arme unter uns. Hrsg. vom Deutschen Caritasverband e. V. Freiburg i. Br. 1993. Weiterführende Literatur der Verbände zum Thema siehe Literaturverzeichnis.

Diese drei Selbsthilfegruppen werden im Folgenden als Beispiele vorgestellt.

Verband alleinerziehender Mütter und Väter (VAMV)

Der Verband setzt sich für die Interessen von Einelternfamilien ein. Auf Bundesebene nimmt er Einfluss auf die Gesetzgebung, in seiner Öffentlichkeitsarbeit weist er auf die besondere Situation Alleinerziehender und ihrer Kinder hin. Er erstellt Informationsmaterial für Alleinerziehende sowie für die interessierte Öffentlichkeit. In seinem familienpolitischen Grundsatzprogramm hat der Verband seine Forderungen niedergelegt. Als besonders kritisch wird der unzureichende Familienleistungsausgleich angesehen, der keine adäquate Kompensation der Kosten der Kindererziehung vorsieht. Er trägt mit zu dem sehr hohen Armutsrisiko der Mitglieder von Einelternfamilien bei.

Verband binationaler Partnerschaften (iaf)

Der Verband hat sich zum Ziel gesetzt, die rechtliche und gesellschaftliche Situation binationaler Familien und Partnerschaften zu verbessern. Er wendet sich gegen Rassismus und Diskriminierung und tritt für ein interkulturelles Zusammenleben sowie die Gleichberechtigung aller Menschen unabhängig von ihrer kulturellen Herkunft ein. Der Verband mit seinen ca. 50 regionalen Gruppen bietet Unterstützung im Umgang mit Behörden und Ämtern, informiert über Aufenthaltsrecht, Arbeitserlaubnis, über familienrechtliche Fragen im In- und Ausland oder über Einbürgerung. Er bietet Menschen, die in binationalen Familien oder Partnerschaften leben, ein Forum für den Gedankenaustausch und für soziale Kontakte.

Selbsthilfegruppen pflegender Angehöriger

Pflegende Angehörige sind überwiegend Frauen. Mit besonders großen Herausforderungen sind sie konfrontiert, wenn sie Langzeitpflege etwa von älteren Menschen leisten müssen. Welche Probleme auf die Pflegenden zukommen, können viele Menschen, die sich zur häuslichen Pflege bereit erklären, vorab nicht einschätzen. Um ihnen die Möglichkeit des Erfahrungsaustausches mit anderen Betroffenen zu geben, bieten Selbsthilfegruppen pflegender Angehöriger offene Gesprächskreise an. Hier können die Betroffenen über ihre Sorgen und Probleme berichten und sich mit Menschen in vergleichbaren Lebenslagen austauschen. Allein die Erfahrung, mit ihren Problemen nicht alleine zu sein, ist meist schon eine große Erleichterung.

Zu den Zielen der Selbsthilfegruppen gehören u. a. Aufklärung und Information, bspw. über bestimmte Krankheitsbilder, Beratung und Unterstützung sowie Öffentlichkeitsarbeit zur Verbesserung der Situation pflegender Angehöriger.

3.2 Armut bekämpfen

Materielle Not und Armut sind seit jeher zentrale Themen für die Freie Wohlfahrtspflege. Seit 1991 arbeiten die Wohlfahrtsverbände mit Selbsthilfe- und Fachverbänden in der Nationalen Armutskonferenz zusammen, die Teil des europäischen Armutsnetzwerkes »European Anti Poverty Network« (EAPN) ist. Die Zusammenarbeit findet nicht nur auf europäischer und nationaler Ebene statt, sie setzt sich auch auf Länder-, Kreis- und Gemeindeebene fort. Auf den verschiedenen regionalen Ebenen gibt es in Deutschland mittlerweile Armutskonferenzen, die von den Wohlfahrtsverbänden unterstützt werden.

Lange bevor von der Bundespolitik Armut in Deutschland thematisiert und akzeptiert wurde, haben die Wohlfahrtsverbände Studien hierzu erstellen lassen. 1994 erschien der vom Paritätischen Wohlfahrtsverband mitverantwortete erste gesamtdeutsche Armutsbericht.[6] Eine »erweiterte Neuauflage« gab es im Jahr 2000.[7] Im selben Jahr wurde der AWO-Sozialbericht 2000 über Kinderarmut veröffentlicht.[8] Mit diesen eigenen Beiträgen haben die Wohlfahrtsverbände das Bewusstsein für die Armutsproblematik in Deutschland geschärft. Die Verbände haben sich darüber hinaus seit Jahren für die Erstellung eines nationalen Armuts- und Reichtumsberichts der Bundesregierung eingesetzt, der im April 2001 erschienen ist.

---

[6] Hanesch, W. u. a.: Armut in Deutschland. Hrsg. vom Deutschen Gewerkschaftsbund und dem Paritätischen Wohlfahrtsverband in Zusammenarbeit mit der Hans-Böckler-Stiftung. Hamburg 1994

[7] Hanesch, W. u. a.: Armut und Ungleichheit in Deutschland. Der neue Armutsbericht der Hans-Böckler-Stiftung, des DGB und des Paritätischen Wohlfahrtsverbandes. Hamburg 2000

[8] AWO-Sozialbericht 2000: Gute Kindheit – Schlechte Kindheit. Armut und Zukunftschancen von Kindern und Jugendlichen in Deutschland. Hrsg. vom AWO Bundesverband.

Bei den hier angesprochenen Armutsanalysen handelt es sich um empirische Auswertungen, die Armut als relative Einkommensarmut fassen.[9] Empirische Untersuchungen zur Einkommensarmut basieren häufig auf Datensätzen, die bundesweit repräsentative Ergebnisse liefern (Mikrozensus, EVS und SOEP). Auswertungen anhand dieser Datensätze sind besonders gut dazu geeignet, Armutsquoten (Anteil an der Gesamtbevölkerung) für verschiedenste Bevölkerungsgruppen und Merkmalsträger (z. B. Qualifikation) zu ermitteln. Die Verwendung des Sozioökonomischen Panels (SOEP) hat zudem den Vorteil, dass »Armutsverläufe« nachgezeichnet werden können, also Aussagen über die Dauer von Unterversorgungslagen möglich sind. Bei den Auswertungen dieser Statistiken bleiben andere Unterversorgungslagen als die finanziellen Restriktionen teilweise unterrepräsentiert. Sie werden häufig ergänzt durch eigene Erhebungen und Auswertungen, wie sie in den erwähnten Lebenslagenuntersuchungen (vgl. Kapitel 3.1) oder im AWO-Sozialbericht zu finden sind.

Von Armut sind nicht alle Bevölkerungsgruppen gleichermaßen betroffen. Eine quantitativ bedeutende Gruppe sind die Familien. Armut von Familien bedeutet auch Kinderarmut. Mehrere Kinder zu versorgen wird zu einem Einkommensproblem, weil der finanzielle Bedarf steigt, gleichzeitig aber mehr Zeitressourcen für Kindererziehung benötigt werden. Vollerwerbstätigkeit und Kindererziehung lassen sich schwer miteinander vereinbaren. Dies zeigt, dass Familien mehr benötigen als finanzielle Hilfe in Form staatlicher Transfers. Um ihre Lebenslage zu verbessern, müssen Familien unterstützende Leistungen ausgebaut und eine bedarfsorientierte Grundsicherung eingeführt werden. Letztendlich nützt das Angebot einer verlässlichen, qualitativ hochwertigen Kinderbetreuung Eltern und insbesondere Alleinerziehenden weitaus mehr als eine geringfügig gesteigerte finanzielle Transferleistungen.

Armut steht häufig in Zusammenhang mit dem Arbeitsmarkt. Arbeitslosenhaushalte haben überdurchschnittlich hohe Armutsquoten. Dies gilt auch für deutsche und ausländische Migrantinnen und Migranten, denen teilweise der Zugang zum Arbeitsmarkt verwehrt ist, z. B. wegen einer fehlenden

---

[9] Dies gilt auch für den AWO-Bericht, der sehr stark auf die Lebenslagen von Kindern bezogen ist. Um Armut nicht mit benachteiligten Lebenslagen gleichzusetzen, wird in diesem Bericht nur von Armut gesprochen, wenn das Familieneinkommen unter der Armutsgrenze (50 %) liegt (vgl. AWO-Sozialbericht 2000, S. 28 f.).

Arbeitserlaubnis, oder die aufgrund anderer Faktoren wie mangelnder Sprachkenntnis schlechtere Chancen auf dem Arbeitsmarkt haben. Selbst Erwerbstätigkeit schützt in Deutschland nicht zwingend vor Einkommensarmut. Hier spielen neben dem individuellen Einkommen die Erwerbskonstellation im Haushalt und die Anzahl der unterhaltspflichtigen Kinder eine Rolle.

Nur vergleichsweise wenige Unterversorgungs- und Armutslagen sind dauerhaft. Armutsbekämpfung bedeutet daher auch, den betroffenen Menschen rasch ein Hilfsangebot zu machen, das ihnen Selbsthilfe ermöglicht. Immer wieder geraten Menschen in finanzielle Schwierigkeiten, ohne dass sie über ihre Rechte und Ansprüche und damit auch über die Möglichkeiten, die Notsituation zu bewältigen, ausreichend informiert sind. Sie benötigen Unterstützung, die sie bspw. von Sozialhilfeinitiativen erhalten können. Diese sind eine wichtige Anlaufstelle für alle, die auf laufende Hilfe zum Lebensunterhalt angewiesen sind.

Nicht immer sind finanzielle Schwierigkeiten auf extrem niedrige Einkommen zurückzuführen. In den letzten Jahren hat das Problem der Überschuldung privater Haushalte an Bedeutung gewonnen. Solche Haushalte benötigen eine qualifizierte Beratung, wie sie sich aus der Schuldenfalle befreien können, damit sie wieder von ihrem Einkommen leben können, statt es für den Schuldendienst zu verausgaben. Schuldnerberatungsstellen sind für immer mehr Menschen zur existenziellen Notwendigkeit geworden. Die Länge der Wartezeiten in vielen dieser Einrichtungen macht deutlich, wie hoch der Bedarf ist. Sie veranschaulicht aber auch, dass auf politischer Ebene ein sehr großer Handlungsbedarf besteht, wenn Armut und Armutsbekämpfung tatsächlich ernst genommen werden.

3.3 Sozialräume gestalten

Menschen leben nicht isoliert. Sie sind personell und regional in soziale Bezüge eingebunden. Die Aktivitäten der Verbände haben dieses soziale Umfeld mit zu berücksichtigen. Der Lebensraum der Menschen ist dabei nicht nur der Ort der vorhandenen oder noch zu identifizierenden Probleme, sondern auch Plattform von gesellschaftlichen und verbandlichen Ressourcen, die zur Problemlösung beitragen können: Der Sozialraum ist Netzwerk (unterschiedliche soziale Netze können genutzt werden), ist Macht- und

Entscheidungsraum, ist ein Ensemble von Kompetenzen (sozial, hand-werklich-fachlich usw.) und ist Kommunikationsraum.[10]

Die Spitzenverbände der Freien Wohlfahrtspflege führen neben den Lebens-lagen und Armutsuntersuchungen auch Sozialraumanalysen durch. Bei-spiele hierfür sind die im Auftrag des Sächsischen Staatsministeriums für Kultus erstellten Studien von Zittau und Plauen sowie über Stadtteile von Görlitz und Dresden. Vergleichbare Studien hat das Diakonische Werk der EKD für Ulm und Rottenburg a. N. erarbeitet.

Die Sozialraumanalyse ist ein Verfahren zur Erfassung der sozialstrukturellen Verhältnisse einer kleinräumigen Einheit (z. B. eines Stadtteils). Von beson-derem Interesse sind Gebiete mit einer Häufung nachteiliger und damit pro-blemanfälliger Lebenslagen. Sozialraumanalyse bedeutet also zunächst ein-mal Erfassung des Ist-Zustandes. Dies bezieht sich einerseits auf die Bevölkerungs- und Sozialstruktur, die bspw. mit Verwaltungsdaten beschrie-ben werden kann, andererseits sind es aber auch die Aktivitäten im Stadt-teil, die ihn zu einem »Problemquartier« werden lassen.[11] In einem Sozial-raum wohnen Menschen in unterschiedlichsten Lebenslagen. Erst die differenzierte Beschreibung der sozialstrukturellen Verhältnisse, unter beson-derer Berücksichtigung der Lebenslagen benachteiligter Menschen, bildet die Grundlage für die Veränderung der Lebenswelt, für eine Umgestaltung des Nahbereichs »Sozialraum«. Dabei ist die aktive Mithilfe der dort leben-den Menschen entscheidend.

Die Spitzenverbände haben in einer Vielzahl städtischer und ländlicher Regionen Sozialraum-Untersuchungen durchgeführt, insbesondere auch in den neuen Bundesländern. Ein spezieller Schwerpunkt war das Thema Jugendgewalt. Die Untersuchungsergebnisse sind Grundlagen zur Erstel-lung handlungsorientierter Konzepte im Sozialraum bzw. im Quartier.

---

[10] Vgl. Schwarzer, U.: Die Sozialraumanalyse als Instrument der Sozialen Arbeit, in: Blätter der Wohlfahrtspflege 1997, S. 243

[11] Auch bei »destruktivem« Verhalten wie Gewalt gegen Sachen oder Personen han-delt es sich um Aktivität, »jedoch nicht auf die Art und Weise, wie sich Sozial-profis das vorstellen, die von einer Basisdemokratie und dem damit kompatiblen artikulationsfähigen Bürgertum träumen«. Hinte, W.: Quartiersmanagment als kommunales Gestaltungsprinzip. Aktivierende Arbeit im Wohnquartier, in: Blätter der Wohlfahrtspflege 2001, S. 113

Die Träger dieser Aktivitäten vor Ort haben dabei Handlungskonzepte entwickelt, die über die bisherige Hilfestruktur und die bisherige Rolle der Träger der Freien Wohlfahrtspflege hinausgehen. Zu den neuen Handlungskonzepten gehören die Umkehr von der Komm- zur Gehstruktur bei der Entwicklung mobiler Hilfsangebote (Beispiel: Mobile Jugendarbeit) sowie die Übernahme von Coaching- und Managementaufgaben (Beispiel: Quartiersmanagement) oder des Coachings von Bürgeraktivitäten und Bürgerorganisationen. Die Funktion dieser neuen Dienstleistungen sowie auch das Öffnen traditioneller Einrichtungen, bspw. von Kindertagesstätten, für den Sozialraum entsprechen der immer stärker werdenden Forderung nach integrierten sozialen Ansätzen im Nahraum der Menschen.

4.

Das Selbstverständnis der Freien Wohlfahrtspflege

4.1 Der Mensch im Mittelpunkt

Die Verbände der Freien Wohlfahrtspflege haben unterschiedliche historische Wurzeln. Sie gründen auf verschiedenen Traditionen und Überzeugungen. Ob aus religiöser Motivation, aus der Tradition der Arbeiterbewegung oder aus der Selbsthilfebewegung kommend, zeichnet alle gemeinsam das Engagement für Menschen aus, die der Hilfe bedürfen. Alle Verbände gehen vom selbstverantwortlichen Menschen aus, dessen Menschenwürde unabhängig von seiner Herkunft, seiner Religion oder seiner sozialen Situation das höchste Gut ist.

Ziel aller Aktivitäten der Wohlfahrtsverbände ist die Verbesserung von Lebenslagen. Dafür stellen sie notwendige Hilfen zur Verfügung, bieten Dienstleistungen an und eröffnen Möglichkeiten des ehrenamtlichen Engagements. Politisch setzen sich die Verbände anwaltschaftlich für bessere Lebensbedingungen von Menschen ein, die arm, krank, pflegebedürftig oder von anderen sozialen Notlagen betroffen sind. Darüber hinaus nehmen die Wohlfahrtsverbände auch eine Pilotfunktion wahr: Sie richten ihr Augenmerk auf neue Nöte und Handlungsbedarf, der sich aufgrund gesellschaftlicher Veränderungen ergibt. Hierfür entwickeln sie neue Angebote, um den Zusammenhalt in der Gesellschaft zu fördern, Bedürftigen zu helfen und die Integration Ausgegrenzter zu unterstützen.

Die Hilfen, welche die Verbände im Rahmen ihrer sozialen Arbeit leisten, sind für viele Menschen Hoffnungsschimmer in einer schwierigen Lebenslage, denn sie beschränken sich nicht nur auf materielle Leistungen, sondern dienen auch der Sinnstiftung und der Einbindung in den Sozialraum. Die Angebote zielen darauf ab, von sozialer Not Betroffenen wieder den Einstieg in ein möglichst selbstbestimmtes Leben zu ermöglichen, damit sie ihre Lebensplanung verwirklichen können. Hilfe ist als Angebot, als Unterstützung zu verstehen. Sie stellt keine Bevormundung dar und ist nicht dazu gedacht, die Freiheit des Einzelnen einzuschränken, ihm Entscheidungen abzunehmen oder aufzunötigen. Im Gegenteil: Der Handlungsspielraum der Menschen, die der

Hilfe bedürfen, wird erweitert. Sie sollen befähigt oder angeleitet werden, ihre Geschicke wieder selbst in die Hand zu nehmen. Die Angebote der Freien Wohlfahrtspflege sind als Hilfe zur Selbsthilfe konzipiert.

Die angebotenen Dienstleistungen der Verbände sind elementarer Bestandteil des gesellschaftlichen Zusammenlebens, sie setzen an unterschiedlichen Lebenslagen an. Die Dienste ermöglichen ein menschenwürdiges Leben im Alter, bestimmte Leistungsangebote zielen darauf, Familie und Beruf miteinander vereinbaren zu können, andere dienen der Verbesserung von Bildungs- und Berufschancen oder sie richten sich auf eine adäquate gesundheitliche oder pflegerische Versorgung. Dabei kann es sich sowohl um gesetzliche Pflichtaufgaben als auch um darüber hinausgehende Leistungen handeln, die zum Zwecke der sozialen Integration angeboten werden. Die Dienstleistungen sind – bei aller Notwendigkeit wirtschaftlicher Effizienz – den Bedürfnissen der Menschen verpflichtet. Mit ihnen soll kein Profit erzielt werden. Sie dienen dem sozialen Zusammenhalt in der Gesellschaft.

In den Einrichtungen und Diensten der Freien Wohlfahrtspflege werden Leistungen für Menschen von Menschen erbracht. Viele engagieren sich ehrenamtlich. Die Verbände ermöglichen diesen Einsatz für andere. Damit bieten sie Raum für die Entfaltung solidarischen Handelns. Hier wird gesellschaftliche Solidarität tagtäglich von Menschen praktiziert und ist damit wesentliches Element der Zivilgesellschaft und sichert ihren Zusammenhalt.

Durch ihr anwaltschaftliches politisches Eintreten für bessere soziale Rahmenbedingungen leisten die Wohlfahrtsverbände einen wesentlichen Beitrag zu einer menschenfreundlichen Gesellschaft. In ihr können sich die Menschen unabhängig von Herkunft oder sozialer Stellung verwirklichen und ein menschenwürdiges Leben führen.

4.2 Die Quellen der Spitzenverbände

Die Freie Wohlfahrtspflege in ihrer heutigen Ausprägung hat ihren historischen Ursprung im ausgehenden 19. Jahrhundert. Die Industrialisierung hatte zu tief greifenden Veränderungen des Lebensalltags der Menschen geführt. Der wirtschaftliche Fortschritt brachte gravierende soziale Änderungen. Traditionelle Versorgungssysteme brachen zusammen, und viele Menschen – insbesondere in den Städten – lebten in Armut und Unterversorgung.

Unterstützung erhielten sie vorwiegend von einer Vielzahl wohltätiger Vereine, Stiftungen und Einrichtungen – einen Sozialstaat im heutigen Sinne gab es noch nicht.

In dem Maße, wie sich nach und nach kommunale öffentliche Fürsorge entwickelte, entstand Koordinierungsbedarf zwischen öffentlicher und privater Fürsorge. Das planlose Nebeneinander heterogener Vereinstätigkeit führte zu Ineffizienzen und wurde durch freiwillige Zusammenschlüsse der privaten Fürsorge auf lokaler Ebene abgelöst.[12] Dies kann als Entstehungszeitraum des heutigen Systems dualer Wohlfahrtspflege angesehen werden. Allerdings waren für Fürsorge und Wohlfahrtspflege bis zum ersten Weltkrieg ausschließlich die Gemeinden zuständig, auf kommunaler Ebene engagierte sich eine Vielzahl unterschiedlicher Vereine. Erst die übergeordnete Zuständigkeit von Ländern und Reich machte eine systematische Organisationsstruktur auch der Freien Wohlfahrtspflege notwendig – die Herausbildung von Spitzenverbänden in der heutigen Form.

Nach dem ersten Weltkrieg verelendeten breite Bevölkerungskreise. Der Staat sah sich zum Handeln gezwungen. Das Geldvermögen der sozialen Stiftungen war entwertet, und damit war ihr Handlungsspielraum stark beschränkt. Auf der Grundlage der Weimarer Reichsverfassung wurden die Reichsfürsorgepflichtverordnung und das Reichsjugendwohlfahrtsgesetz verabschiedet. Der Staat fand in den Wohlfahrtsorganisationen Ansprechpartner, die nicht nur über Kenntnisse und Erfahrungen auf dem Gebiet der Wohlfahrtspflege verfügten, sondern auch über Einrichtungen und Dienste. Der Bestand der Verbände und die Formierung neuer Spitzenverbände wurden einerseits durch die Vorrangstellung zur öffentlichen Wohlfahrtspflege gesichert, andererseits durch die finanzielle Förderung ihrer Aufgaben. Es galt und gilt noch heute der Grundsatz der Subsidiarität (nach Nell-Breuning): Soweit und solange freie gesellschaftliche Kräfte in gleicher Weise geeignet erscheinen, soziale Probleme zu bewältigen, haben sie Vorrang vor staatlichen Eingriffen. Damit wird ein deutlicher Schwerpunkt hinsichtlich der Wahlfreiheit sozialer Dienstleistungen durch Betroffene gesetzt, die allerdings nur auf der Basis einer Angebotsvielfalt wirksam werden kann.

---

[12] Vgl. Sachße, C.: Verein, Verband und Wohlfahrtsstaat. Entstehung und Entwicklung der »dualen« Wohlfahrtspflege, in: Rauschenbach, T./Sachße, C./Olk, T. (Hrsg.), Von der Wertgemeinschaft zum Dienstleistungsunternehmen. Jugend und Wohlfahrtsverbände im Umbruch. Frankfurt a. M. 1995, S. 125 ff.

Die Wohlfahrtsverbände haben mit ihrer zum Teil weit in die Geschichte hineinreichenden Tradition ein Fundament für den Sozialstaat der Bundesrepublik Deutschland gelegt. Das Sozialstaatsgebot des Grundgesetzes (Art. 20 und 28) basiert unter anderem auf den Geboten der christlichen Nächstenliebe und der Humanität. Die Spitzenverbände der Freien Wohlfahrtspflege bekennen sich zum Sozialstaat der Bundesrepublik Deutschland und setzen sich für seine Weiterentwicklung ein. Dabei müssen die Prinzipien Solidarität, Subsidiarität und Personalität gewahrt bleiben. Solidarität verpflichtet Leistungsstarke zum Teilen mit Schwächeren. Subsidiarität verweist auf das Gebot zur Zurückhaltung staatlichen Handelns und auf die Pflichten des Einzelnen, der Familie und der gesellschaftlichen Gruppen und Zusammenschlüsse. Personalität bedeutet das individuelle Eingehen auf Notlagen von Einzelnen und die Achtung ihrer Würde.

In Artikel 20 und 28 des Grundgesetzes ist der unmittelbare Zusammenhang von Demokratie und Sozialstaat festgeschrieben. Damit ist verfassungsrechtlich garantiert, dass soziale Leistungen nicht eine milde Gabe von Staat und Wirtschaft an hilfebedürftige Menschen sind, sondern bürgerschaftlich gestaltete Lebensstandardsicherung darstellen: Die Menschen haben einen prinzipiellen Rechtsanspruch auf sozialstaatliche Leistungen. Hilfebedürftige sind keine Bittsteller, die auf Fürsorge hoffen müssen, sondern Leistungsberechtigte, die ihre berechtigten Ansprüche geltend machen. Das Sozialstaatsgebot bedeutet zugleich, dass der Sozialstaat nicht Ergänzung oder nur Korrektiv einer freien Marktwirtschaft ist, sondern unabdingbar integraler Bestandteil der sozialen Marktwirtschaft.

Bei aller Unterschiedlichkeit ihrer weltanschaulichen Grundhaltungen verbindet die in der Bundesarbeitsgemeinschaft der Freien Wohlfahrtspflege zusammengeschlossenen Verbände ein Wohlfahrtsverständnis, das nicht nur die Sozialpflicht des Staates sieht. Vielmehr heben die Wohlfahrtsverbände sozialverantwortliches Handeln für sich selbst und für den Mitmenschen als ein Wesenselement des Sozialstaats hervor. Die Spitzenverbände der Freien Wohlfahrtspflege begreifen sich daher nicht ausschließlich als Träger sozialer Dienste und Einrichtungen. Dem Gedanken sozialer Gerechtigkeit folgend, motivieren sie darüber hinaus Menschen zum Einsatz für das Gemeinwohl und verstehen sich als Anwalt für Hilfebedürftige.

4.3 Das Verständnis der Verbände

Die Freie Wohlfahrtspflege trägt mit ihren Hilfeleistungsangeboten zum Auf- und Ausbau des Sozialwesens in der Bundesrepublik Deutschland bei. Sie stellt ein vielfältiges Angebot qualifizierter sozialer Hilfe bereit und entwickelt es beständig weiter. Die jeweilige verbandsspezifische Werte- orientierung findet in den Hilfsangeboten ihren Niederschlag.

Die Spitzenverbände begreifen sich als Partner des deutschen Sozialstaates. Sie sind Träger sozialer Aufgaben, die von der Sozialpolitik definiert sind. Die Aufgabenerfüllung ist vom Eigenverständnis des jeweiligen Verbandes geprägt. In Abhängigkeit von diesem Selbstverständnis können die Aufga- ben deutlich über die Aufgabenstellung des Staates hinausgehen, zeitlich ver- schoben oder auf Dauer. Die Freie Wohlfahrtspflege gestaltet Sozialpolitik mit, sie ist nicht nur ausführendes Organ. Ihre Hilfeleistungsangebote beru- hen grundsätzlich auf einem eigenen Auftrag, der allerdings im Kontext der jeweiligen gesellschaftlichen Lage entwickelt wird.

Ein Beispiel für den gestalterischen Einfluss der Freien Wohlfahrtspflege ist die Hospizbewegung – für die Begleitung von Menschen im Endstadium des Lebens, das von Krankheit und Leid geprägt ist, sind Krankenhäuser nicht adäquat ausgestattet. Vor einigen Jahren etablierte sich daher eine Bewegung, die den Bedürfnissen von Sterbenden Gehör und Geltung verschaffen wollte. Sterbebegleitung wurde und wird nach wie vor in großem Umfang von Ehren- amtlichen wahrgenommen. Dennoch bedarf auch dieser Bereich, insbeson- dere wenn die Leistungen in stationären Einrichtungen (Hospize) erbracht werden, eines finanziellen Rahmens. Die Freie Wohlfahrtspflege hat die Hos- pizbewegung mitgestaltet und ist dafür eingetreten, dass auch diese Art von sozialen Leistungen im Sozialgesetzbuch, 5. Buch (SGB V) berücksichtigt wird.

Der Subsidiaritätsgedanke ist konstitutiv für die Stellung der Freien Wohl- fahrtspflege in unserem Sozialstaat. Die Freie Wohlfahrtspflege genießt – ebenso wie andere potenziell Leistungsfähige – einen Vorrang vor der Auf- gabenerfüllung durch den Staat. Mit ihren Maßnahmen, Diensten und Ein- richtungen leisten die Wohlfahrtsverbände einen nicht zu ersetzenden Beitrag zur Sozialstaatlichkeit des Gemeinwesens im Sinne des Grundgesetzes der Bundesrepublik Deutschland. Die Rolle des Staates als notwendiges und hand- lungsfähiges Vollzugsorgan und als Ausfallbürge ist dabei unbestritten und unverzichtbar. Die letztendliche und verfassungsgemäße Verpflichtung des Staates zur Daseinsvorsorge kann nicht delegiert werden, auch nicht an die Spitzenverbände der Freien Wohlfahrtspflege.

Die Tätigkeit der Spitzenverbände der Freien Wohlfahrtspflege bezieht sich auf das Gebiet der Bundesrepublik Deutschland. Die Verbände tragen jedoch auch zur Linderung von Notlagen in anderen Ländern bei. Sie sind, was die internationale Zusammenarbeit erleichtert, in globale Strukturen, internationale Organisationen gleicher Tradition und Zielsetzung und in internationale Netzwerke eingebunden. Ein entsprechendes Verständnis entwickelt sich in der Europäischen Union: Die Wohlfahrtsverbände kooperieren hier sehr eng mit ihren jeweiligen ausländischen Partnerorganisationen. Diese verbandsbezogene Kooperation wird vertieft durch ein Zusammenwirken der freigemeinnützigen Organisationen in Europa über die bestehenden Verbands- und Staatsgrenzen hinweg. Damit leisten die Spitzenverbände ein Stück Verständigungsarbeit in Europa mit dem Ziel des Zusammenwachsens.

4.3.1 Gemeinwohlagentur

In Deutschland setzen sich engagierte Personen, Gruppen, Initiativen und Verbände für eine soziale Gesellschaft ein. Die Wohlfahrtsverbände verstehen sich als Teil und Motor dieser Bewegung. Sie sehen das freiwillige Engagement möglichst vieler Bürgerinnen und Bürger als unverzichtbaren Beitrag eines sozialen Gemeinwesens an. In unterschiedlichen Formen – Selbsthilfegruppen, Nachbarschaftshilfe, Laienhilfe, ehrenamtliche Hilfe, bürgerschaftliches Engagement in Kirchengemeinden und säkularen Vereinigungen – wird der Subsidiaritätsgedanke mit Leben gefüllt. Die Spitzenverbände der Freien Wohlfahrtspflege tragen in ihren Organisationsformen zur Unterstützung dieser gesellschaftlichen Selbsthilfekräfte bei.

Menschen, die sich gesellschaftlich engagieren wollen, bietet die Freie Wohlfahrtspflege Betätigungs- und Beteiligungsmöglichkeiten entsprechend ihrer individuellen Interessen, zeitlichen Dispositionen und persönlichen Fähigkeiten. Mit diesem Angebot eröffnen die Wohlfahrtsverbände Lernfelder für gesellschaftliche Verantwortung und Solidarität. Dies geschieht insbesondere in ihren Diensten und Einrichtungen. Sie bieten die Voraussetzungen für diese Lernfelder und motivieren oder aktivieren Menschen zum Einsatz für das Gemeinwohl. Sie bieten die Möglichkeit, durch Übernahme von

Verantwortung und Hilfe für andere eine persönliche Bereicherung zu erfahren, so zum Beispiel bei der Ableistung eines Freiwilligen Sozialen Jahres oder dem Engagement in den von Freiwilligenzentren vermittelten Tätigkeitsbereichen. Der Gedanke einer Solidarität, die Generationen und gesellschaftliche Schichten verbindet, wird damit in die Praxis umgesetzt. Freiwillige sind in Feldern vorbeugender Hilfen tätig oder machen die jeweils größte Not zum Ausgangspunkt ihrer Aktivitäten.

Viele frei gegründete Selbsthilfegruppen suchen das Dach eines Spitzenverbandes der Freien Wohlfahrtspflege, um die vorhandene Organisationsstruktur zu nutzen, ohne die Selbständigkeit zu verlieren. Innerhalb der Spitzenverbände der Freien Wohlfahrtspflege werden den Selbsthilfegruppen die Möglichkeiten gegeben, den von ihnen selbst gestellten Aufgaben nachzukommen. Dies geschieht u. a. durch die Bereitstellung von Geschäftsstellen, Versammlungsräumen, Fort- und Weiterbildung für die Leiter/-innen von Selbsthilfegruppen und Supervision. Vor diesem Hintergrund betrachten sich die Spitzenverbände der Freien Wohlfahrtspflege als Gemeinwohlagenturen und als Teil der Sozialbewegung.

4.3.2 Anwaltschaftliche Funktion

Personengruppen, die voll oder teilweise auf die Unterstützung der Gesellschaft angewiesen sind, wie z. B. arme, kranke, behinderte, pflegebedürftige, arbeitslose, obdachlose, Asyl suchende oder sozial ausgegrenzte Menschen, haben in unserer Gesellschaft nur geringe Möglichkeiten, ihren Vorstellungen zur Lösung der sie bedrängenden Nöte und Probleme Gehör zu verschaffen. Sie werden oftmals nur wenig wahrgenommen oder gar übersehen. Es besteht die Gefahr, dass ihre Interessen im pluralistischen Zusammenspiel der Kräfte keine oder nur eine unzureichende Vertretung erfahren. Die Spitzenverbände der Freien Wohlfahrtspflege kennen drei Dimensionen ihres anwaltschaftlichen Handelns.

Zu den Grundfunktionen der Freien Wohlfahrtspflege gehört das Wahrnehmen der Interessen von Hilfebedürftigen und das Einbringen dieser Interessen in die öffentliche Diskussion. Dies geschieht möglichst im Zusammenwirken mit den Betroffenen. Indem sie auf soziale Probleme aufmerksam machen, auf politische Lösungen drängen und entsprechendes Fachwissen einbringen, wirken die Spitzenverbände der Freien Wohlfahrtspflege in unserem Gemeinwesen an der sozialen und sozialpolitischen Entwicklung des Staates mit. Die Interessenvertretung zum Wohl Benachteiligter richtet sich vor allem an Gesetzgeber, Regierung, Verwaltungen und Öffentlichkeit. Die Verbände setzen sich für gerechte sozialpolitische und wirtschaftliche Rahmenbedingungen ein. Um soziale Notlagen zu überwinden, sollen mitbürgerliches Engagement und Selbsthilfe ermöglicht und unterstützt werden. In diesem Sinne verstehen sich die Verbände als Partner der Politik. Diese Aufgabe des Anwalts der Benachteiligten durch Wohlfahrtsverbände dient damit auch dem gesellschaftlichen und sozialen Frieden.

In den Diensten und Einrichtungen der Verbände der Freien Wohlfahrtspflege, in denen Menschen in ihrer individuellen Notlage geholfen wird, verwirklicht sich die zweite Dimension anwaltschaftlichen Handelns. Zur Hilfekonzeption gehört nämlich nicht nur die Linderung der offensichtlichen Not, sondern auch das Eintreten für Benachteiligte in den Einrichtungen und Diensten. Das heißt, dass die Anwaltsfunktion auch in den Einrichtungen und Diensten der Spitzenverbände wahrgenommen werden muss. Was vom Staat verlangt wird, muss in den eigenen Einrichtungen und Diensten vorgelebt werden. Diskriminierungen jedweder Art müssen bekämpft werden, z. B. durch die interkulturelle Öffnung der Dienste und Einrichtungen. Dazu gehört auch die Hilfegewährung für Menschen, die keine Refinanzierungsmöglichkeit vorweisen können. Beispiele hierfür sind die kostenlose medizinische Versorgung von illegal in Deutschland lebenden Menschen oder die Unterbringung von kranken Sozialhilfeempfängern nach einer schweren Operation in einem besseren Zimmer, als dies von der regulären Kostenerstattung vorgesehen ist.

Die dritte Dimension anwaltschaftlichen Handelns ist die individuelle Anwaltsfunktion. Sie wird dort verwirklicht, wo sich soziale Dienste oder Haupt- oder Ehrenamtliche zum persönlichen Anwalt von Benachteiligten machen. In der Regel hat dieses anwaltschaftliche Handeln die Form, dass soziale Rechte von Benachteiligten gegenüber staatlichen oder öffentlichen Institutionen durchgesetzt werden. Die Freie Wohlfahrtspflege in Deutschland mit ihrem jahrzehntelangen Eintreten für betroffene Menschen ist Garant dafür, dass Menschen in Not nicht der Willkür der öffentlichen Verwaltung ausgesetzt sind.

4.3.3 Dienstleistungserbringer

Die Spitzenverbände der Freien Wohlfahrtspflege vertreten etwa 94.000 Einrichtungen und soziale Dienste. Unter dem Dach der Verbände gibt es die verschiedensten Organisationsformen, von der Ebene der Komplexeinrichtungen bis hin zu ehrenamtlich ausgerichteten Selbsthilfegruppen. Ungeachtet der unterschiedlichen Werteorientierungen der einzelnen Spitzenverbände eint sie ein gemeinsames Grundverständnis ihres ökonomischen Handelns: Ihre soziale Arbeit ist an dem Gemeinnützigkeitsprinzip ausgerichtet.

Bei der Wahrnehmung sozialer Verantwortung durch den Staat hat sich das Subsidiaritätsprinzip bewährt. Der Staat bezieht die Hilfeleistungsangebote der Verbände der Freien Wohlfahrtspflege ein, ohne deren Selbständigkeit zu beschränken. Zum einen wird davon ausgegangen, dass staatliche Stellen allein die notwendigen Hilfen nicht zur Verfügung stellen können und nur im Zusammenspiel zwischen öffentlicher und freier Wohlfahrtspflege die nötigen Ressourcen bereitgestellt werden können. Zum anderen hat sich aber auch die Erkenntnis durchgesetzt, dass soziale Dienstleistungen in nichtstaatlichen Organisationsformen kostengünstiger und klientennäher erbracht werden können. Das Subsidiaritätsprinzip stellt eine bewusste politische Entscheidung auch unter demokratischen und föderalistischen Gesichtspunkten dar.

Die soziale Arbeit der Freien Wohlfahrtspflege zeichnet sich durch die Vielfalt der sozialpädagogischen und sozialpflegerischen Ansätze und Methoden aus. Sie reicht von der Gemeinwesenarbeit über Bildung und Beratung bis zur Pflege und Rehabilitation. Wie jede soziale Arbeit ist sie Beziehungsarbeit. Ihr Erfolg basiert auf der persönlichen Beziehung zwischen dem Hilfeempfänger und dem Hilfeleistenden und hängt ganz wesentlich von der Akzeptanz des Hilfesuchenden ab. Dies ist unabhängig von Schwere, Art und Ursache seiner Problemlage. Die Souveränität und die Eigenverantwortlichkeit des Hilfesuchenden bilden Ausgangspunkt und zugleich Ziel der sozialen Arbeit der Spitzenverbände der Freien Wohlfahrtspflege. Mit ihrer Arbeit respektieren sie die Ganzheitlichkeit des Menschen und reduzieren ihn nicht auf einen bloßen Nutzer eng umrissener Dienstleistungen.

Aus dem Selbstverständnis der Spitzenverbände der Freien Wohlfahrtspflege und der Ausübung der Trägerschaft für soziale Dienste, Einrichtungen und Projekte ergibt sich das Eintreten für die gemeinnützige Organisation sozialer Arbeit. Sie ist planmäßige, zum Wohl der Allgemeinheit und nicht des Gewinnstrebens wegen ausgeübte Sorge für Not leidende und gefährdete Menschen. Etwaige erzielte Gewinne werden zum Wohl bedürftiger Menschen eingesetzt. Weder natürliche Personen noch Vereinigungen dürfen durch Ausgaben, die dem Zweck der Freien Wohlfahrtspflege fremd sind, oder durch unverhältnismäßig hohe Vergütungen begünstigt werden. Freigemeinnützige Wohlfahrtspflege setzt dem legitimen Prinzip der Gewinnmaximierung der privatgewerblichen Leistungsanbieter ausdrücklich das Prinzip des Mehr-Nutzens für den Hilfeempfänger und für die Gesellschaft allgemein entgegen.

In den Diensten und Einrichtungen der Verbände der Freien Wohlfahrtspflege geht es um die Zusammenführung moderner betriebswirtschaftlicher Methoden mit gemeinwohlorientiertem Handeln, wie auch von Hauptamtlichkeit mit Ehrenamtlichkeit auf der Grundlage fachlicher Orientierung (vgl. Kapitel 2.3). In dieser Verbindung wird im Bereich der Spitzenverbände der Freien Wohlfahrtspflege nach optimalen Unterstützungsmöglichkeiten für die Hilfebedürftigen gestrebt.

Zur Durchführung der Gesamtheit ihrer Aufgaben benötigen die Dienste und Einrichtungen der Freien Wohlfahrtspflege finanzielle Mittel (Eigenmittel, Leistungsentgelte und Zuschüsse), die nach den Grundsätzen der Wirtschaftlichkeit, Sparsamkeit und Leistungsfähigkeit eingesetzt werden. Die Mittelverwendung unterliegt sowohl der internen Kontrolle als auch der externen Prüfung durch die Sozialleistungsträger. Geeignete Qualitätssicherungsmaßnahmen sind eine wichtige Voraussetzung für die notwendige Vertrauensbasis zwischen Leistungsträgern und Leistungserbringern. Die Spitzenverbände der Freien Wohlfahrtspflege tragen durch Aus-, Fort- und Weiterbildung ihrer Mitarbeiterinnen und Mitarbeiter zur methodischen und fachlichen Qualifizierung und Weiterentwicklung des Systems und der Methoden sozialer Arbeit bei. Hierzu dienen auch der intensive Austausch zwischen Praxis und Wissenschaft sowie eine eigene Praxisforschung.

Die Spitzenverbände der Freien Wohlfahrtspflege insgesamt stehen für die Professionalität und Kontinuität ihres Leistungsangebotes. Sie bewältigen ihre Aufgaben für eine sichere und beständige soziale Infrastruktur mit einem hohen Grad an Verlässlichkeit. Vor diesem Hintergrund organisieren sie auch die Vernetzung von Einrichtungen und Diensten zu einem Gesamtsystem und wirken in dieser Weise an der staatlichen Sozialplanung mit.

Als Spiegel der pluralen Gesellschaft in Deutschland gewährleisten sie ein plurales Dienstleistungsangebot, das als ein integrales Element unserer Gesellschafts- und Werteordnung zu betrachten ist.

5.

Die Leistungen der Freien Wohlfahrtspflege

Mit ihren Einrichtungen und Diensten ist die Freie Wohlfahrtspflege ein wichtiger Pfeiler des sozialen Sicherungssystems der Bundesrepublik Deutschland. Ihre Leistungen richten sich auf den Bedarf von Menschen, die in Not geraten sind, die der Hilfe oder Unterstützung bedürfen, die medizinische Behandlung, pflegerische, pädagogische oder therapeutische Betreuung benötigen. Soziale Arbeit ist immer auch Interaktionsarbeit. Sie bezieht sich auf den einzelnen Menschen, auf dessen individuelle Probleme und Bedürfnisse. Die Befriedigung des Bedarfs geschieht in einem institutionellen Rahmen, der weitgehend durch die staatlichen Leistungsgesetze festgelegt ist. Die konkrete Ausgestaltung des Sozialstaates definiert den gesellschaftlich anerkannten Bedarf und nimmt durch die Finanzierung starken Einfluss auf Form und Umfang des Leistungsangebots. In diesem Umfeld muss sich die Freie Wohlfahrtspflege mit ihrem Selbstverständnis, ihren Ansprüchen und Zielsetzungen positionieren. Unter Berücksichtigung und Mitgestaltung dieser sich ständig ändernden Rahmenbedingungen bleibt für sie der Mensch mit seinen Bedürfnissen im Mittelpunkt.

5.1 Bedarf an sozialen Leistungen

Es besteht ein erheblicher Bedarf an sozialen, pädagogischen, medizinischen und pflegerischen Leistungen, wie sie von den Einrichtungen und Diensten der Freien Wohlfahrtspflege erbracht werden. Für einen großen Teil dieses Bedarfs existieren gesetzlich kodifizierte Leistungsansprüche und Finanzierungsmodalitäten. Das Leistungsangebot der Freien Wohlfahrtspflege bewegt sich vornehmlich in dem durch die Sozialpolitik gesetzten Rahmen. Die sozialstaatliche Absicherung ist in Deutschland sehr umfassend. Sie beginnt bereits vor der Geburt mit Schwangerschaftsberatung, Vorsorgeuntersuchung und Mutterschutz und setzt sich fort mit familienpolitischen Leistungen, Krankenversorgung, Unterstützung bei Arbeitslosigkeit, im Alter, bei Behinderung oder Pflegebedürftigkeit. Ein wesentliches Gestaltungsprinzip des Sozialstaates bundesdeutscher Prägung ist die Hilfe zur Selbsthilfe durch die Sozialversicherungen. Sie bilden das Fundament sozialstaatlicher Absicherung.

Versorgungs- und Fürsorgeelemente sind hingegen nur schwach ausgeprägt.

Sozialpolitik zielt in Deutschland auf sozialen Ausgleich, auf Chancengleichheit unter Berücksichtigung der individuellen Leistungsfähigkeit. Die hier lebenden Menschen sollen vor elementaren Lebensrisiken geschützt werden, und sie sollen die Chance'erhalten, ihre individuellen Fähigkeiten zum Einsatz zu bringen. Integration ist ein wesentliches Element. Dies beinhaltet den Schutz vor finanziellen Risiken ebenso wie die Gewährung von Teilhabechancen durch individuelle Förderung. Der rechtliche Rahmen ist das Sozialgesetzbuch. Die Ausgestaltung des sozialen Sicherungssystems unterscheidet verschiedene Risikolagen. Für außergewöhnliche Notsituationen gibt es die Sozialhilfe und soziale Entschädigungen. Für Standardrisiken sind vorrangig die Sozialversicherungen zuständig.

Soziale Leistungen werden in Form von Geld- oder Sachleistungen gewährt. Bei den Geldleistungen handelt es sich u. a. um Renten, Arbeitslosenunterstützung, Kindergeld, Wohngeld oder laufende Hilfe zum Lebensunterhalt. Diese Transferzahlungen fungieren als Einkommensbestandteil bei den Leistungsempfängern und sind für Ausgaben des täglichen Lebens bestimmt. Daneben gibt es eine breite Palette von Sachleistungen, die auf die Befriedigung sozialer Bedarfe zielen, die nicht oder nicht vollständig aus dem laufenden Einkommen und dem Vermögen finanziert werden können oder sollen. Hierunter sind sämtliche Waren und Dienstleistungen gefasst, die im Rahmen der sozialen Sicherung bereitgestellt werden. Dazu zählen die Behandlungskosten im Krankheitsfall ebenso wie die Pflege und Versorgung von alten Menschen durch professionelle Dienste, die vielfältigen Leistungen im Rahmen der Kinder- und Jugendhilfe, Beratungen für Familien oder Problemgruppen wie Suchtabhängige, um nur einige Bereiche zu nennen. Auch hinter diesen Leistungen verbergen sich Zahlungen, allerdings erfolgt die Abwicklung in vielen Fällen nicht direkt zwischen dem Leistungsempfänger und dem Leistungsanbieter, sondern zwischen dem Leistungsanbieter und den Sozialversicherungen oder anderen Kostenträgern.[13]

---

[13] Boeßenecker hat das sich hieraus ergebende Interaktionsgeflecht näher beschrieben. In seinen Ausführungen zur Kinder- und Jugendhilfe verweist er auf die unterschiedlichen Interessen von Nutzern, von sozialpädagogischen Fachkräften, von Einrichtungsleitung und Trägervertretern sowie von Kostenträgern. Vgl. Boeßenecker, K.-H.: Spitzenverbände der Freien Wohlfahrtspflege in der BRD. Eine Einführung in Organisationsstrukturen und Handlungsfelder. 2. Aufl. Münster 1998

Die Freie Wohlfahrtspflege ist mit ihren Einrichtungen und Diensten ein wichtiger Anbieter sozialer Dienstleistungen.

5.1.1 Gesundheits- und Pflegerisiken und ihre sozialpolitische Absicherung

Der überwiegende Teil der Bevölkerung ist über die Sozialversicherungen vor existenziellen Nöten im Krankheitsfall, bei Pflegebedürftigkeit oder bei Einkommensausfall infolge von Arbeitslosigkeit, bei lang andauernder Krankheit, bei Erwerbsunfähigkeit oder im Alter geschützt.[14] Die Leistungen sind weitgehend beitragsfinanziert. Mit ihren Beiträgen erwerben die Versicherten Leistungsansprüche, deren Inhalt und Umfang aber keine fest kalkulierbare Größe ist. Da die Sozialversicherungen weitgehend an abhängige Erwerbstätigkeit gebunden sind, bieten sie nicht allen Menschen mit geringen oder gar fehlenden Einkommen einen Schutz. Benötigen Menschen ohne oder mit unzureichendem Sozialversicherungsschutz Hilfe, dann tritt bei Bedürftigkeit die Sozialhilfe ein.

Die Einrichtungen und Dienste der Freien Wohlfahrtspflege richten sich auf den Bedarf an medizinischer und pflegerischer Versorgung in Krankenhäusern, an Pflegeleistungen in stationären Einrichtungen oder durch ambulante Dienste sowie an Vorsorge- und Rehabilitationsmaßnahmen in stationären Einrichtungen. Bezahlt werden die individuell in Anspruch genommenen Leistungen weitgehend von den Sozialversicherungen, die direkt mit demjenigen abrechnen, der die Leistungen erbringt. Aus der Entkoppelung von Nutzung (Konsum) und Zahlung ergeben sich einige Besonderheiten des »Sozialmarktes«, die sich in mehrfacher Hinsicht auf den Bedarf auswirken. Die Konsumentensouveränität ist eingeschränkt. So generiert nicht jedes individuelle Bedürfnis einen Leistungsanspruch an den Versicherungsträger.

– Der von den Sozialversicherungen finanzierte Leistungskatalog ist sehr differenziert, geht aber in vielen Bereichen über eine medizinische Grundversorgung kaum hinaus. Nicht jeder Bedarf an notwendiger

---

[14] Allerdings beinhalten die Versicherungen keine Mindestsicherungselemente. Dies hat zur Folge, dass der Eintritt des Versicherungsfalls durchaus zu so gravierenden finanziellen Notlagen führen kann, dass ein Sozialhilfeanspruch generiert wird.

medizinischer Behandlung, an Vorsorge und Rehabilitation wird anerkannt. Augenfällig wird die Diskrepanz zwischen Anspruch und Realisierung z. B. bei Vorsorge- und Rehabilitationsmaßnahmen, die vorab von den Kostenträgern genehmigt werden müssen. Oft werden Anträge mit der Begründung abgelehnt, dass die Anwendungen nicht notwendig seien. Hier wird eine Schwachstelle des Gesundheitswesens offenkundig – es gibt keine Hilfe aus einer Hand. Mehrere Beteiligte mit unterschiedlichen Interessen sind für die Versorgung zuständig. So verordnet der Arzt eine Anwendung, die u. U. vom Leistungsträger abgelehnt wird. Der Kostenträger hat also die letzte Entscheidung und nicht die medizinische Fachkraft, die unter anderen Gesichtspunkten urteilt.

– Objektive Kriterien dafür, welcher Bedarf angemessen und welcher zu befriedigen ist, lassen sich bei sozialen Dienstleistungen nicht immer finden. Bedarfsermittler ist i. d. R. der öffentliche Träger. Die Versicherten, also die Nutzer, haben kaum Möglichkeiten, gegenüber der Versicherung ihre subjektiven Präferenzen in Bezug auf den zu befriedigenden Bedarf zur Geltung zu bringen. Sie haben höchstens marginalen Einfluss auf das Preis-Leistungs-Verhältnis (durch die Krankenkassenwahl) oder auf Umfang und/oder Art der durch die Sozialversicherungen gewährten Leistungen. Dies liegt in der Versicherungsform begründet. Könnten Sozialversicherungspflichtige Modalitäten aushandeln, die ihren individuellen Absicherungswünschen entsprechen, so würde dies tendenziell ein grundlegendes Prinzip der Sozialversicherungen unterlaufen: den sozialen Ausgleich. Für die Aufrechterhaltung des Versicherungsschutzes auch für sozial Schwächere und für Risikogruppen ist der Gestaltungsspielraum der Leistungsnehmer und damit seine souveräne Wahl einzuschränken.

Die angespannte Finanzsituation der Sozialversicherungen hat den Druck auf die Einrichtungsträger massiv erhöht. Kostensenkung kann zu einem Teil über die Optimierung von Arbeitsabläufen erreicht werden. Aber ihre Grenzen liegen in der Art der Arbeitsleistungen. Der kranke oder pflegebedürftige Mensch ist nicht nur ein Organismus, dessen Funktionen aufrechterhalten werden müssen. Er ist zunächst einmal Mensch, der gerade in Notlagen der Zuwendung bedarf. Selbstverständlich gibt es eine erhebliche Schwankungsbreite hinsichtlich der Art und des Umfangs der erforderlichen Beziehungsarbeit. Letztendlich lässt sich der Bedarf nur im Einzelfall klären. Die Freie Wohlfahrtspflege tritt sowohl in ihren Stellungnahmen wie auch in ihren eigenen Einrichtungen und Diensten dafür ein, dass dieser wesentliche Bestandteil der medizinischen und pflegerischen Arbeit ausreichende Anerkennung erfährt. Sie artikuliert die Bedarfe, die unverzichtbar sind, um bei medizinischer und pflegerischer Versorgung wirklich Besserung oder Linderung zu erreichen: Beratung, Förderung und Unterstützung durch Gespräche und mitmenschliche Begleitung, die auch auf den Erhalt der Kontakte mit Angehörigen achtet. Es waren Initiativen der Wohlfahrtsverbände, die Mutter-Kind-Kuren ermöglicht oder die Begleitung krebskranker Kinder durch ihre Eltern im Krankenhaus unterstützt haben.

5.1.2 Sicherung von Teilhabechancen

Die zumindest teilweise Kompensation sozialer Nachteile oder gesundheitlicher Beeinträchtigungen ist eine wesentliche Voraussetzung zur Herstellung von Chancengleichheit, zur Schaffung ähnlicher Startbedingungen auch für sozial Schwächere. Einen besonderen Stellenwert hat hier die Kinder- und Jugendhilfe. Daneben existieren vielfältige Formen von Hilfsangeboten für Menschen, die sich in sozialen Notlagen befinden oder die allgemein von Ausgrenzung bedroht sind. Es beginnt mit der Familienhilfe, setzt sich fort mit der Hilfe für behinderte Menschen sowie der Integrationshilfe für Zugewanderte und reicht bis zur Hilfe in besonderen Bedarfslagen, z. B. für Wohnungslose, Suchtabhängige oder bedrohte Frauen, die Zuflucht in Frauenhäusern suchen. Diese Hilfearten sind nicht immer durch Rechtsansprüche geregelt, was sich auf die Finanzierung der Leistungen auswirkt und damit auf die Garantie des Leistungsangebots und die Kontinuität der Hilfegewährung.

Sicherung von Teilhabechancen beginnt bereits im frühen Kindesalter und setzt die Zugangsmöglichkeit zu sozialen Leistungen voraus. Viele Kinder wachsen heute in Kleinfamilien ohne Geschwister auf. Für ihre Entwicklung ist der Sozialkontakt mit Gleichaltrigen unverzichtbar. Aber nicht nur die Familiengröße und -form hat sich verändert. Auch die Erwerbsbeteiligung von Müttern ist gestiegen. Die Belastungen von Familien haben zugenommen. Etliche Kinder leben nur noch mit einem Elternteil zusammen. Finanzielle Not ist in Familien besonders stark verbreitet. In diesem Umfeld haben Einrichtungen der Kindertagespflege, wie Kindergärten oder -horte, eine wichtige Funktion als Sozialisationsinstanz übernommen, und die Anforderungen an sie haben sich verändert. Sie haben sowohl einen Betreuungs- als auch einen Erziehungs- und Bildungsauftrag. Dies erfordert qualifiziertes Personal und eine Gruppenstärke, die entsprechende Leistungen ermöglicht. Der Bedarf bezieht sich aber noch auf einen anderen Aspekt: die Zeit. Kindertagesstätten müssen Öffnungszeiten haben, die mit den Arbeitszeiten berufstätiger Mütter zu vereinbaren sind, denn nur dann ist das Angebot auch bedarfsgerecht.

Gute Kinder- und Jugendarbeit ist Voraussetzung dafür, dass junge Menschen ihre Leistungspotenziale möglichst optimal entfalten können. Die Aufgaben der Kinder- und Jugendhilfe und die sich daraus ableitenden Ansprüche sind im Sozialgesetzbuch geregelt. Seit Mitte 2001 ist auch die »Rehabilitation und Teilhabe behinderter Menschen« Teil des Sozialgesetzbuches (SGB IX). Welche Hilfe und Unterstützung behinderte Menschen benötigen, hängt von Art und Grad der Behinderung ab. Kinder mit schweren Behinderungen müssen u. U. in Sonderkindergärten oder Sonderschulen betreut werden. Für junge Menschen sind eventuell berufsvorbereitende Maßnahmen erforderlich, um ihnen den Weg in die Berufstätigkeit zu ebnen. Behinderte Menschen, die nicht oder noch nicht auf dem allgemeinen Arbeitsmarkt tätig sein können, finden vielleicht in Werkstätten Ausbildung und Beschäftigung.[15] Dort wird die Arbeit so gestaltet, dass sie der jeweiligen Behinderung möglichst gerecht wird. Auf diese Weise werden die Werkstattbeschäftigten bei der Entwicklung ihrer individuellen Fähigkeiten unterstützt. Mit dem SGB IX werden behinderten oder von Behinderung bedrohten Menschen wichtige Beteiligungs- und Gestaltungsrechte eingeräumt und die Leistungserbringer auf Wahrung von Eigenverantwortlichkeit und Selbstbestimmung der Menschen mit Behinderungen verpflichtet. Die Freie Wohlfahrtspflege hat sich jahrzehntelang in Fachkreisen und in der Politik dafür eingesetzt.

Exkurs: Integration und Rehabilitation behinderter Menschen

Mit »Behinderung« sind die Auswirkungen einer nicht nur vorübergehenden körperlichen, geistigen oder seelischen Funktionsbeeinträchtigung gemeint. Bundesweit gibt es 6,6 Millionen schwerbehinderte Menschen (Datenstand: 1999). Dies sind Personen, denen von den Versorgungsämtern ein Grad der Behinderung von mindestens 50% zuerkannt worden ist. In der weit überwiegenden Anzahl von Fällen (86%) ist die Behinderung durch Krankheit verursacht. Seit Geburt behindert sind »lediglich« 4,5% aller

---

[15] Näher hierzu der Exkurs: Werkstätten für behinderte Menschen in Kapitel 5.2.5.

Menschen mit schweren Behinderungen. Das Krankheitsrisiko und damit auch das Risiko krankheitsbedingter Behinderungen steigt mit zunehmendem Alter. Dies zeigt sich in der Altersstruktur der schwerbehinderten Menschen, von denen zwei Drittel älter als 55 Jahre sind. Einen Überblick über die Häufigkeit der verschiedenen Arten von schweren Behinderungen gibt die folgende Tabelle 5.1.

Tabelle 5.1

Schwerbehinderte nach Art der schwersten Behinderung und Grad der Behinderung (31.12.1999)

Art der schwersten Behinderung	Grad der Behinderung in %			Insgesamt	
	50	60–90	100		% v. Insg.
	Tausend Personen				
(Teil-)Verlust, Funktionseinschränkung von Gliedmaßen	301	534	183	1.018	15,4
Funktionseinschränkung von Wirbelsäule und Rumpf	382	406	75	863	13,0
Blindheit und Sehbehinderung	45	101	184	331	5,0
Sprach-, Sprech-, Hör-, Gleichgewichtsstörungen	64	122	67	253	3,8
Verlust einer oder beider Brüste, Entstellungen u.a.	54	89	25	169	2,5
Beeinträchtigung der Funktion von inneren Organen	528	867	336	1.731	26,1
Querschnittslähm., geistig-seel. Behinder., Suchtkrank.	173	365	452	990	14,9
Sonstige und ungenügend bezeichnete Behinderungen	394	568	315	1.278	19,3
Insgesamt	1.942	3.053	1.638	6.633	100,0
Anteil an allen Schwerbehinderten	29,3	46,0	24,7	100,0	

Quelle: Statistisches Bundesamt, Statistik der Schwerbehinderten 1999, Arbeitsunterlage

Welche Hilfe im Einzelfall benötigt wird, hängt von der Art und Schwere der Behinderung ab sowie vom sozialen Umfeld, in dem der behinderte Mensch lebt. Grundsätzlich können drei Leistungsarten unterschieden werden, die aus verschiedenen Quellen finanziert werden. Dies sind medizinische Leistungen, berufsfördernde Maßnahmen sowie Leistungen der allgemeinen sozialen Eingliederung. Als Kostenträger kommen die verschiedenen Zweige der Sozialversicherung in Betracht, Träger der sozialen Entschädigung (z. B. Berufsgenossenschaften) sowie die Jugend- und Sozialhilfe. Von allen schwerbehinderten Menschen müssen nur vergleichsweise wenige Leistungen von Behinderteneinrichtungen in Anspruch nehmen, von denen sich ein großer Teil in Trägerschaft der Freien Wohlfahrtspflege befindet.[16]

Soziale Arbeit mit behinderten Menschen ist Beziehungsarbeit. Mitarbeiterinnen und Mitarbeiter in den Einrichtungen sind häufig wichtige Bezugspersonen der betreuten Menschen. Ihre Aufgabe besteht in der Förderung, Pflege und Betreuung behinderter Menschen. Die Arbeit zielt darauf, dass behinderte Menschen Fähigkeiten entfalten bzw. erlangen, die soziale Kontakte ermöglichen. Dieser ganzheitliche Ansatz der Behindertenhilfe ist nur mit gut ausgebildetem und motiviertem Personal zu realisieren. Der Anspruch behinderter Menschen auf Rehabilitation und Integration kann nur erfüllt werden, wenn ausreichende finanzielle Mittel hierfür zur Verfügung gestellt werden. Seit einigen Jahren werden auch Einrichtungen für behinderte Menschen mit einer Festschreibung und Deckelung der Entgelte konfrontiert, die sich negativ auf die Qualität der erbrachten Leistung auswirkt: Hoch qualifizierte Beschäftigte müssen durch geringer qualifizierte ersetzt werden, und durch größer werdende Gruppen bleibt weniger Betreuungszeit für den einzelnen behinderten Menschen.[17] Ein weiteres Problem ist durch das Pflegeversicherungsgesetz entstanden. Bei den Kostenträgern ist eine gewisse Tendenz festzustellen, bei Menschen mit sehr starken Behinderungen aus Kostengründen auf die Unterbringung in Pflegeheimen zu drängen. Dies geht zu Lasten der Rehabilitation, denn für eine soziale und pädagogische Betreuung sind Pflegeheime nicht vorgesehen. Hierfür haben sie weder finanzielle noch personelle Ressourcen.

---

[16] Ein Überblick über die Einrichtungen der Freien Wohlfahrtspflege im Bereich der Behindertenhilfe findet sich in Kapitel 5.2.5.

[17] Ausführlicher hierzu: Gemeinsames Positionspapier der Spitzenverbände der Freien Wohlfahrtspflege und der Fachverbände für Menschen mit Behinderung (1998).

Einen wesentlichen Teil der Eingliederungskosten für Menschen mit Behinderungen übernehmen die Sozialhilfeträger. Mit ihnen haben die Einrichtungen die Pflegesätze zu vereinbaren. Im Jahr 2000 erhielten insgesamt 392.000 Menschen, die in Einrichtungen lebten, und 139.000 Personen außerhalb von Einrichtungen Eingliederungshilfe für Behinderte nach dem Bundessozialhilfegesetz (BSHG). Die Ausgaben für Eingliederungshilfe behinderter Menschen beliefen sich auf (brutto) 9,1 Mrd. Euro. 30 % davon wurden für die Beschäftigung in Werkstätten für behinderte Menschen aufgewendet (vgl. Tabelle 5.2).

Tabelle 5.2

Eingliederungshilfe für Behinderte nach BSHG (2000)

Hilfeart	Ausgaben Mio. Euro	Anzahl Hilfeempfänger außerh. Einricht.	Anzahl Hilfeempfänger in Einricht.
Ärztl. Behandlung, Körperersatzstücke, Hilfsmittel	237	17.621	20.838
Heilpädagogische Maßnahmen für Kinder	646	61.458	39.146
Hilfe zu einer angemessenen Schulbildung	725	9 240	40.326
Hilfe zur Berufsausbildung, Fortbildung, Arbeitspl.	112	3.397	4.033
Beschäftigung in einer Werkstatt für Behinderte	2.759		174.160
Suchtkrankenhilfe	222	3.402	25.705
Sonstige Eingliederungshilfe	4.413	47.260	146.617
Insgesamt[1]	9.113	139.337	392.148

Erläuterungen: [1] Mehrfachzählungen sind ausgeschlossen, soweit aus Meldungen erkennbar, Anzahl der Hilfsempfänger während des Berichtsjahres
Quelle: Statistisches Bundesamt, Statistik der Sozialhilfe 2000, Arbeitsunterlage und eigene Berechnungen

Nicht für alle von Ausgrenzung bedrohten Gruppen gibt es festgeschriebene Rechtsansprüche auf Hilfe. Ein Beispiel hierfür sind Migranten. Aussiedler, ausländische Arbeitnehmer und ihre Angehörige sowie Flüchtlinge haben unterschiedliche Gründe für ihre Entscheidung, ihren Lebensmittelpunkt nach Deutschland zu verlegen. Was sie eint, ist ihre Entwurzelung, die Trennung von der Heimat, häufig auch von Familienangehörigen und Freunden. Nicht selten befindet sich ihr neuer Lebensmittelpunkt sogar in einem anderen Kulturkreis. Ihre Probleme und Bedarfe an Unterstützung sind entsprechend vielschichtig. Neu Zugezogene benötigen Orientierungshilfen in den Bereichen Sprachhilfe, Beratung und Hilfe in persönlichen und Familienangelegenheiten, in Wohnungs-, Arbeits- und Schulfragen sowie in sozial- und statusrechtlichen Fragen, bei Behördenkontakten u. a. Aber Migrantinnen und Migranten haben häufig auch Bedürfnisse, die sich auf die Wahrung ihrer kulturellen Identität beziehen. Die Freie Wohlfahrtspflege tritt dafür ein, dass auch solchen Interessen Rechnung getragen wird.

Eine andere quantitativ bedeutende Gruppe mit besonderem Hilfebedarf sind Suchtabhängige. Auch diese Gruppe ist äußerst heterogen. Es gibt sehr unterschiedliche Grade der Abhängigkeit, der Beeinträchtigung, der individuellen Leistungsfähigkeit und der Auswirkungen auf das familiäre Umfeld. Entsprechend differenziert sind die Bedürfnisse. Sie reichen von Selbsterfahrungsgruppen bis zu Therapien zur Überwindung der Suchtabhängigkeit, schließen Angebote zur beruflichen Wiedereingliederung ein und ggf. die Einbeziehung des sozialen Umfeldes. Stark Suchtabhängige müssen extreme Anstrengungen auf sich nehmen und große persönliche Leistungen vollbringen, wenn ein Entzug erfolgreich sein soll – auch ihren späteren Lebenswandel haben sie auf die individuelle Gefährdung auszurichten. Diese Anstrengungen sind durch die verschiedenen Formen von Hilfsangeboten zu unterstützen. Im Zentrum des Leistungsangebots der Freien Wohlfahrtspflege stehen die Suchtberatungsstellen. Sie informieren und beraten, sie vermitteln Behandlungen oder berufliche und soziale Rehabilitationsmöglichkeiten.

Diese wenigen Beispiele sollten die Vielfältigkeit der Bedarfe zur Verbesserung der Teilhabechancen veranschaulichen. In allen diesen Bereichen sind die Verbände der Freien Wohlfahrtspflege tätig. Die soziale Arbeit der Freien Wohlfahrtspflege zielt auf die Förderung der Hilfe zur Selbsthilfe. Letztendlich sollte der Hilfe suchende Mensch in die Lage versetzt werden, seine Lebenssituation selbständig zu ändern, Probleme und Schwierigkeiten eigenständig zu meistern. Bausteine hierzu sind die Vermittlung von Kontakten,

Beratung und Qualifizierung und ganz allgemein die Stärkung des Selbstbewusstseins gegenüber den oft übermächtig erscheinenden Problemen.

Aber nicht alle hilfebedürftigen Menschen sind überhaupt in der Lage, ihre Interessen zu artikulieren. Ihnen gegenüber hat die Freie Wohlfahrtspflege eine besondere Verantwortung: Hilfe darf auch in diesen Fällen nicht Bevormundung oder Entmündigung bedeuten. Ein Höchstmaß an subjektivem Wohlbefinden ist auch für diese Hilfebedürftigen zu gewährleisten.

5.1.3 Gesellschaftlicher Wandel schafft neue Problemlagen

Der Bedarf an sozialen Leistungen ist nicht statisch. Er ändert sich durch den sozialen Wandel, der neue Problemlagen schafft, aber auch andere Bewältigungsstrategien ermöglicht und notwendig macht. So haben die Veränderungen in der Arbeitswelt erheblichen Einfluss auf die finanzielle Absicherung der Erwerbspersonen und ihrer Haushaltsangehörigen. Sie tangieren das soziale Sicherungssystem und dessen Leistungsfähigkeit. Gleichzeitig wirken Arbeitsmarktrisiken und unstetige Erwerbsverläufe in die Familien hinein. Viele Mütter können es sich nicht mehr leisten, auf Erwerbstätigkeit zu verzichten. Etliche wollen solch einen Verzicht auch nicht, weil sonst ihre Qualifikationen entwertet und damit langfristig ihre Arbeitsmarkt- und Einkommenschancen sinken würden.

In der modernen Gesellschaft verfügt der Einzelne über eine breite Palette von Handlungsoptionen. Lebensentwürfe sind weit weniger stereotyp als noch vor zwanzig bis dreißig Jahren. Die Pluralität der Lebensstile hat aber auch einen Preis. Traditionelle Versorgungszusammenhänge verlieren an Bedeutung, und damit gehen auch traditionelle Sicherheiten verloren. Dies gilt für das Arbeitsleben ebenso wie für die Familie. Die herkömmlichen sozialen Netze sind brüchig geworden. Besonders gravierend sind die Auswirkungen der Veränderung in der Haushalts- und Familienstruktur. Das Zusammenleben ist nicht mehr auf Dauer angelegt. Viele Kinder wachsen mit nur einem Elternteil auf. Mehrgenerationenfamilien werden seltener. Vorherrschend ist die Kleinfamilie mit häufig nur einem Kind – viele Menschen leben in Singlehaushalten. Durch die Anforderung des Erwerbslebens an berufliche Mobilität geht häufig ein weiteres Stück sozialer Einbindung verloren. Nahe Verwandte können nicht mehr Hilfe bei der Betreuung von Kindern leisten, und umgekehrt verhindert die räumliche Distanz in vielen Fällen eine eventuell notwendige Pflege der Eltern. Die Schutzfunktion der Familie für nicht leistungsfähige Angehörige erodiert. Soziale Leistungen, die traditionell von Familienangehörigen erbracht wurden, müssen in stärkerem Umfang von außen bezogen werden. Ein erheblicher unbefriedigter Bedarf besteht bereits für die Betreuung von Kleinkindern (bis 3 Jahre) und von schulpflichtigen Kindern außerhalb der Schulzeit.

Die veränderten Familien- und Haushaltsstrukturen wirken sich auch auf die Betreuung, Versorgung und Pflege älterer Menschen aus. Deren Anteil an der Bevölkerung wird in den kommenden Jahren weiter steigen. Hier dürfte sich neuer Bedarf entwickeln, der in Art und Umfang heute allerdings noch nicht genau prognostizierbar ist. Trotz der Veränderungen in den Familien- und Haushaltszusammenhängen gibt es nach wie vor in erheblichem Umfang familiäre Hilfe und Unterstützung. Aber es gibt auch ältere Menschen, die über kein oder nur ein sehr geringes familiäres Unterstützungspotenzial verfügen. Ihr Anteil wird in der kommenden Zeit weiter zunehmen.[18]

Das Augenmerk der Freien Wohlfahrtspflege gilt insbesondere neuem Bedarf, der durch veränderte gesellschaftliche Rahmenbedingungen entsteht und für den dann meist noch nicht auf gesetzliche Finanzierungsregelungen zurückgegriffen werden kann. Hierzu zählten in den letzten Jahrzehnten z.B. die Hilfe für Frauen in Frauenhäusern, die Schuldnerberatung, die Einrichtung von Hospizen oder neuerdings Hilfen bei Internet-Suchtgefahren. Durch die ortsnahe Verankerung ihrer Untergliederungen werden die Mitarbeiterinnen und Mitarbeiter der Verbände mit solchen neuen Bedarfen konfrontiert, realisieren die unzureichenden Hilfemöglichkeiten und gesetzlichen Absicherungen und versuchen, mit gezielten Projekten oder Programmen neue Probleme aufzugreifen, zu definieren und geeignete Hilfsansätze zu entwickeln.

5.1.4 Bedarf hängt auch von individueller Disposition ab

Der Bedarf an sozialen Dienstleistungen lässt sich weder zwingend aus Lebenslagen noch aus Statuszuschreibungen oder soziodemografischen Merkmalen ableiten. Hinter diesen allgemeinen Charakteristika verbirgt sich immer

---

[18] Siehe hierzu auch Bundesministerium für Familie, Senioren, Frauen und Jugend: Dritter Bericht zur Lage der älteren Generation in der Bundesrepublik Deutschland: Alter und Gesellschaft. Berlin 2001, S. 221 f.

ein Bündel disparater Einzelfälle. Die individuellen Besonderheiten und Bedürfnisse erfordern unterschiedliche Formen und Grade der Unterstützung. Dies lässt sich am Beispiel der Altenhilfe veranschaulichen. So benötigt nicht jeder alte Mensch Hilfe und nicht jeder Pflegebedürftige benötigt die gleiche Form der Unterstützung. Selbst von den Schwerstpflegebedürftigen wird jeder dritte allein durch Angehörige, also ohne die Unterstützung eines ambulanten Pflegedienstes, zu Hause versorgt. Noch nicht einmal die Hälfte von ihnen lebt in Pflegeheimen.

Ältere Menschen sind ähnlich heterogen in ihren Interessen, Fähigkeiten, Bedürfnissen und Lebenslagen wie jüngere. Sie tragen aber ein höheres Risiko, auf Unterstützung angewiesen zu sein. Mit zunehmendem Alter machen sich gesundheitliche Beeinträchtigungen bemerkbar und auch soziale Bindungen werden häufig schwächer. Die Freie Wohlfahrtspflege bezieht sich mit ihrem Leistungsangebot vorwiegend auf Menschen in unterschiedlichen Notlagen oder Benachteiligte.[19] Primäre Zielgruppen sind also nicht die aktiven, gesunden älteren Menschen mit guten Sozialkontakten, sondern insbesondere diejenigen, deren Lebenslage durch Krankheit, Pflegebedürftigkeit, fehlende soziale Einbindung und oft auch finanzielle Not geprägt ist.

Die meisten älteren Menschen möchten möglichst lange in ihrer vertrauten Umgebung leben. Dies kann zu einem Problem werden, wenn selbst elementare Verrichtungen wie Einkaufen und die Zubereitung des Essens nicht mehr möglich sind. Soziale Dienste können hier ebenso Versorgungslücken schließen wie bei benötigten ambulanten Pflegeleistungen. Nicht in jedem Fall ist aber ein Verbleib in der alten Wohnung möglich. Bei intensiverem Betreuungsbedarf oder aber, weil die Wohnung den Bedürfnissen des älteren Menschen nicht mehr gerecht wird, kann ein Umzug opportun sein. Mit Wohnraumberatung für altersgerechte Wohnungen werden Entscheidungshilfen bereitgestellt und notwendige Informationen geliefert. Eventuell bietet sich als neues Domizil eine Wohnanlage an, in der bei Bedarf spezielle Dienstleistungen wie Mahlzeiten, Reinigung, häufig aber auch Pflege und medizinische Leistungen in Anspruch genommen werden können. Da das Wohlbefinden der meisten Menschen durch das Leben in der eigenen Wohnung gesteigert wird, sollten sie dieses so lange wie möglich nutzen können. Wird der

---

[19] In den Einrichtungen der Freien Wohlfahrtspflege leben nicht nur Benachteiligte. Gerade im Bereich der Alten- und Pflegeeinrichtungen gibt es ein breites Angebotsspektrum für unterschiedlichste soziale Gruppen.

Umzug in ein Pflegeheim unumgänglich, dann sind auch hier Mindeststandards in Bezug auf die Wohnqualität zu erfüllen – die Unterbringung in Mehrbettzimmern dürfte den Bedürfnissen älterer Menschen nicht entsprechen.

Wie in der Altenhilfe, so tritt die Freie Wohlfahrtspflege auch in anderen Tätigkeitsfeldern für ein differenziertes, auf den Einzelfall zugeschnittenes Leistungsangebot ein. Hilfsangebote müssen sich auf den individuellen Bedarf beziehen. Der Hilfebedürftige und sein soziales Umfeld sind in den Hilfeplan einzubeziehen.

5.2 Angebot der Freien Wohlfahrtspflege

Mit ihren Einrichtungen und Diensten verfügt die Freie Wohlfahrtspflege über eine breite Angebotspalette, um zur Deckung des vielfältigen Bedarfs an sozialen Leistungen beitragen zu können. Bei ihrem Angebot handelt es sich um institutionalisierte Hilfe. Sie wird wesentlich von hauptamtlichen Fachkräften der Einrichtungen und Dienste erbracht und findet in einem institutionellen Rahmen statt, der mittlerweile stark verrechtlicht ist. Qualifizierte Hilfe erfordert häufig hohe fachliche Kompetenz. Die Freie Wohlfahrtspflege legt größten Wert auf die Professionalität ihrer Hilfeleistung und fördert daher Ausbildung und Qualifizierung der haupt-, neben- und ehrenamtlichen Mitarbeiterinnen und Mitarbeiter. Diese Sicherung und Weiterentwicklung der Qualität des Hilfsangebotes durch die Professionalität der Mitarbeiter ist allerdings mit einem nicht geringen Kostenaufwand verbunden. Die Finanzierungsbedingungen und teilweise auch die -formen haben sich in den letzten Jahren geändert. In einigen Bereichen besteht die Gefahr, dass Hilfsangebote unter wirtschaftlichem Gesichtspunkt nicht mehr aufrechterhalten werden können. Wirtschaftliche Aspekte dürfen nicht zu Lasten der Qualität gehen. Für die Freie Wohlfahrtspflege ist die Qualität ihrer Leistungen entscheidend. Entsprechend haben die Spitzenverbände frühzeitig mit der Entwicklung von Qualitätsstandards begonnen.

5.2.1 Institutionalisierte Hilfe

Die von den Mitarbeiterinnen und Mitarbeitern in den Einrichtungen und Diensten der Freien Wohlfahrtspflege erbrachte Leistung unterscheidet sich ganz prinzipiell von der Hilfeleistung der Familie, der Nachbarschaft oder anderer sozialer Netzwerke. In der sozialen Arbeit trifft der Bedürftige auf eine hauptberufliche Fachkraft. Es wird professionell Beziehungsarbeit geleistet; die Leistung begründet sich also nicht aus der persönlichen Beziehung der beiden Personen zueinander, wie dies bei der traditionellen Netzwerkhilfe der Fall ist. Aus dieser Professionalität heraus erwächst eine besondere Verantwortung der Helferinnen und Helfer: Sie dürfen ihre Überlegenheit nicht zur Bevormundung missbrauchen oder gar zur Entmündigung. Hilfe bedeutet im Selbstverständnis der Freien Wohlfahrtspflege immer Hilfe zur Selbsthilfe. Hilfebedürftige oder Hilfesuchende sind Menschen, die in ihrer Handlungsfähigkeit eingeschränkt sind. Sie bedürfen der Unterstützung oder Anleitung ausschließlich zu dem Zweck, ihre Handlungs- oder Entscheidungsfähigkeit wiederherzustellen, damit sie die Situationen wieder autonom als Mitglied der Gesellschaft bewältigen können.

Von den Diensten und Einrichtungen der Freien Wohlfahrtspflege wird diese Art der Beziehungsarbeit angeboten. Die Hilfe ist immer auf die als Individuum wahrgenommene Person ausgerichtet, die nicht in irgendwelche Schablonen gezwängt wird. Sie erhält Vermittlung, Beratung oder eine andere Art der Unterstützung. Die Leistungsangebote richten sich prinzipiell an alle Hilfebedürftigen, niemand wird ausgeschlossen. Allerdings ist der Zugang zum öffentlich finanzierten Leistungsangebot i. d. R. an den Bedarf geknüpft. Wann Bedarf existiert, ist bis auf wenige Ausnahmen dezidiert – je nach Zuständigkeit – vom Bund, von den Ländern oder von den Kommunen festgelegt. Der Staat definiert einerseits prinzipielle Leistungsansprüche und nimmt andererseits Einfluss auf die Art und Weise sowie den Umfang des Hilfsangebots. Soziale Arbeit ist heute in hohem Maße verrechtlicht, welches die Freie Wohlfahrtspflege zu einem erheblichen administrativen Aufwand zwingt.

Die Einrichtungen und Dienste der Freien Wohlfahrtspflege sind Teil des sozialen Sicherungssystems der Bundesrepublik Deutschland, dabei weder staatlich noch gewerblich. Die Spitzenverbände der Freien Wohlfahrtspflege haben sich als zuverlässige, beständige und qualitätsbewusste Anbieter sozialer Einrichtungen und Dienste profiliert.

5.2.2 Professionalität der Hilfeleistung

Die Verbände der Freien Wohlfahrtspflege sind von ihrem Ursprung her Zusammenschlüsse ehrenamtlich Tätiger. Um erfolgreiche Arbeit auch im sozialen Bereich leisten zu können, sind Kontinuität der Hilfe und Fachwissen erforderlich. Dies wurde schon sehr früh von engagierten Frauen erkannt. Bereits 1899 organisierte daher Alice Salomon einen Jahreskurs für »Berufsarbeit in der Wohlfahrtspflege«. In der Folgezeit entwickelten sich daraus soziale und pflegerische Berufe: Krankenpflege, Altenpflege, Sozialarbeit, Sozialpädagogik, Beschäftigungstherapie usw.

Die Ausfächerung sozialer und pflegerischer Berufe ging einher mit steigenden Zahlen von fachlich qualifizierten, fest angestellten Kräften. Sie wurden sowohl beim Staat in der öffentlichen Fürsorge als auch bei den Verbänden der Freien Wohlfahrtspflege beschäftigt. Nach 1945 erfolgte eine stetige Ausweitung des hauptamtlichen Personals und hier vor allem der qualifizierten Fachkräfte aus sozialen Berufen. Diese Entwicklung wurde durch den Ausbau des Sozialstaates getragen. Die kontinuierliche Steigerung der fachlichen Anforderungen und die Koppelung der Vergabe öffentlicher Mittel an den Einsatz hauptamtlicher Fachkräfte zur Sicherung der Angebotsqualität führten tendenziell zur Umschichtung von ehrenamtlicher zu hauptamtlicher Mitarbeit. Ein jüngeres Beispiel hierfür sind die Rettungssanitäter.

Die Freie Wohlfahrtspflege setzt nicht nur Fachkräfte ein, sondern investiert auch in deren Ausbildung. Hierzu verfügt sie über annähernd 1.600 Aus-, Fort- und Weiterbildungsstätten (vgl. Kapitel 5.2.5). Die Freie Wohlfahrtspflege beteiligt sich intensiv an der Weiterentwicklung der sozialen Berufe. Ein aktuelles Beispiel hierfür ist das Engagement der Verbände für die Etablierung einer bundeseinheitlichen Ausbildung für Altenpflegeberufe. Seit geraumer Zeit blicken die Verbände wieder stärker auf das Ehrenamt, das es in ähnlicher Weise zu begleiten und zu fördern gilt wie die hauptamtliche Mitarbeit (vgl. Kapitel 5.3.1). Ehrenamtliche sind oft Fachkräfte, die in anderen Bereichen beruflich tätig sind. Sie haben häufig durch Fort- und Weiterbildungsangebote fachliche Kenntnisse erworben, um auch in den Einrichtungen und Diensten der Freien Wohlfahrtspflege anspruchsvollere Tätigkeiten wahrnehmen zu können. In der ehrenamtlichen Arbeit ist also ebenfalls ein Trend zur Professionalisierung zu erkennen.

5.2.3 Finanzielle Mittel setzen Grenzen der Hilfe

Für viele der von der Freien Wohlfahrtspflege erbrachten Leistungen existiert ein staatlicher Auftrag. Ihre Finanzierung erfolgt zu einem großen Teil durch die Sozialversicherungen und die öffentliche Hand. Anhaltend hohe Arbeitslosigkeit und damit verbundene Einnahmeausfälle der Sozialversicherungen und des Staates bei gleichzeitig höheren Belastungen für die soziale Sicherung haben die Ressourcen für die soziale Arbeit knapper werden lassen. Dies hat zu einem grundlegenden Umdenken geführt: Ein kostengünstigeres Angebot an sozialen Dienstleistungen wird gewünscht. Hierzu soll ein forcierter Wettbewerb der Dienstleistungserbringer untereinander beitragen. Mit der ausdrücklichen Marktöffnung für gewerbliche Leistungserbringer (die Öffnung selbst gab es schon immer) wurde ein Preiswettbewerb etabliert, der über den Einrichtungsvergleich im Rahmen von Preisverhandlungen vorangetrieben wird. Betriebswirtschaftliche Risiken sind seither in höherem Maße auf die Einrichtungen und Dienste der Freien Wohlfahrtspflege übergegangen.

Mehr Markt bedeutet mehr Wettbewerb. Die Bereitstellung eines Angebots unter den Bedingungen des Marktes bedeutet aber auch eine Neuinterpretation der erbrachten Leistungen. Sie sind als Dienstleistungen anzusehen, die sich am Markt nur verkaufen lassen, wenn ein Bedarf existiert und wenn das Preis-Leistungs-Verhältnis angemessen ist. Die Forderung nach Ökonomisierung der sozialen Dienste bleibt also keineswegs auf der Ebene einer sparsamen Mittelverwendung stehen. Es gilt nicht nur ökonomische Ressourcen zu schonen, auch das Leistungsangebot ist kontinuierlich an sich ändernde Bedarfe anzupassen. Die Bereitstellung eines bedarfsgerechten Leistungsangebots ist seit jeher Anliegen der Freien Wohlfahrtspflege. Der Realisierung dieses Anspruchs stehen allerdings häufig Restriktionen bei der Finanzierung entgegen, die von den Kostenträgern oder dem Gesetzgeber zu verantworten sind.

Die Spitzenverbände der Freien Wohlfahrtspflege befürworten den Wettbewerb dort, wo er zur Steigerung der Effizienz und zur Verbesserung der Hilfeleistungsinstrumente und -methoden beiträgt. Sie lehnen jedoch die Einführung marktwirtschaftlicher Komponenten dann ab, wenn diese zu Lasten von Hilfebedürftigen gehen. Insbesondere ist zu bedenken:

– Soziale Dienstleistungen sind nicht mit Konsumgütern vergleichbar. Bei ihnen geht es um eine Interaktionsbeziehung zwischen in ihrem Bedarf unterschiedlichen Personen. Dies macht eine besondere Qualität der Leistung sowie die Kontinuität im Leistungsangebot und – wegen der häufigen Ortsgebundenheit der Inanspruchnahme vieler dieser Dienstleistungen – ein weitgehend flächendeckendes Angebot notwendig.

– Menschen in einer sozialen oder gesundheitlichen Notlage haben nicht immer die Voraussetzungen, um souverän Konsumentenentscheidungen treffen zu können. Erhebliche Versorgungslücken würden für diesen Personenkreis entstehen, wenn ihre Bedarfsdeckung ausschließlich auf ihrer Wahlentscheidung beruhte.

– Nicht alle (potenziellen) Nutzer verfügen über ausreichende finanzielle Mittel, um die für sie angemessenen Dienstleistungen am Markt kaufen zu können. Daher bedarf es einer Finanzierungsform, in der ein sozialer Ausgleich eingebaut ist. Dies wird bspw. durch Sozialversicherungen ermöglicht.

– Der Übergang von einer Objekt- zur Subjektfinanzierung scheint nicht in allen Bereichen und für jeden Personenkreis sinnvoll zu sein (s. o.). Grundsätzlich ist die Erweiterung von Nutzerrechten uneingeschränkt zu befürworten. Dabei ist aber sicherzustellen, dass dies nicht zu Versorgungsdefiziten führt. Aus der Armutsforschung ist bekannt, dass es einen hohen Prozentsatz von »verdeckter Armut« gibt. Hiervon sind Menschen betroffen, die trotz Anspruchsberechtigung auf laufende Hilfe zum Lebensunterhalt verzichten. Ein subjektiver Rechtsanspruch ist also keine hinreichende Bedingung für die Realisierung des Rechts.

Diese grundsätzlichen Bedenken ändern nichts an den ökonomischen Zwängen, mit denen die Anbieter sozialer Dienstleistungen heute konfrontiert sind. Wie in einigen anderen Wirtschaftsbereichen auch, verfügen die Anbieter sozialer Leistungen über keine Preissetzungsmacht. Der »Marktpreis« der von ihnen angebotenen Dienstleistungen (Pflegesätze usw.) ist ihnen weitgehend vorgegeben. Sie können nur an der Kostenschraube drehen. In der Konsequenz bedeutet dies, dass das Leistungsangebot an die Finanzierungsbedingungen anzupassen ist.

Beispiel für eine unzureichende Vergütungssituation

Entgelte der Sozialleistungsträger reichen in der ambulanten Pflege oft nicht aus, um eine qualitativ hochwertige, bedarfsgerechte soziale Arbeit zu finanzieren. Dies lässt sich auf der Ebene eines Landesverbandes der Freien Wohlfahrtspflege darstellen. Während den ambulanten Pflegediensten in diesem Landesverband ein tatsächlicher Kostenaufwand von 31 bis 41 Euro pro Pflegestunde entsteht, vergüten die Pflegekassen lediglich Stundensätze mit durchschnittlich gut 25 Euro. Dadurch entsteht eine Lücke, die nicht von den Betroffenen geschlossen werden kann. Die Landeskirche beteiligt sich in diesem Fall mit 500.000 Euro an der Finanzierung der ambulanten Pflege zur Aufrechterhaltung eines flächendeckenden Angebots. Hinzu kommen Finanzmittel aus Kirchengemeinden und teilweise auch von Kommunen.

Die »Ökonomisierung« kann negative Folgen für den Fortbestand von Einrichtungen und Diensten haben und damit letztendlich für die Bereitstellung eines flächendeckenden Leistungsangebots. Kostensenkung hat aus der Sicht der Freien Wohlfahrtspflege dort ihre Grenze, wo Qualität, Art und Umfang bestimmter Leistungen nicht mehr zu sichern sind.

5.2.4 Qualität als Markenzeichen der Freien Wohlfahrtspflege

Dienste und Einrichtungen hatten bereits in der Vergangenheit – wenn auch oft punktuell und unsystematisch – die Einführung eines Qualitätsmanagements und die Beschreibung der Dienstleistungsqualität vorangetrieben. Schon vor In-Kraft-Treten der Pflegeversicherung waren Einrichtungen wie z. B. Werkstätten für behinderte Menschen nach der DIN EN ISO zertifiziert.

Mit dem Pflegequalitätssicherungsgesetz hat der Gesetzgeber erstmals die Einhaltung von spezifischen Qualitätsvorgaben außerhalb der Leistungsgesetze festgeschrieben. Mit diesem Gesetz wird versucht, auf die unerwünschten Folgen des initiierten Preiswettbewerbs in Pflegeeinrichtungen zu reagieren. Die Pflegeeinrichtungen müssen ihre Leistungen besser dokumentieren und werden regelmäßig kontrolliert. Unterschiede in der Pflegequalität werden durch einen Einrichtungsvergleich (Benchmarking) transparent gemacht. Aus Sicht der Freien Wohlfahrtspflege wird der Qualitätswettbewerb nicht durch den Ausbau von Kontrollen gefördert, sondern durch die Stärkung der Verantwortung der Träger und Verbände für die

Qualitätsentwicklung. Die Einhaltung von Qualitätsstandards und ihre kontinuierliche Verbesserung ist in allen Tätigkeitsfeldern – von Jugendhilfeeinrichtungen über Krankenhäuser, Behinderten- und Pflegeeinrichtungen bis hin zu Suchtberatungsstellen – von den Trägern sicherzustellen.

Wie lässt sich die Qualität einer Dienstleistung in der sozialen Arbeit beurteilen? Dies setzt eine gewisse Operationalisierung voraus. Hierzu bedarf es der Vorgabe konkreter und überprüfbarer Ziele. Welches Ziel soll auf welchem Weg erreicht werden? Nur wenn Hilfeplanung systematisch mit konkreten Zielen betrieben wird, lassen sich Hilfeprozesse und Zielerreichung qualifiziert und nachvollziehbar überprüfen. Die Überprüfung bzw. Auswertung von Struktur-, Prozess- und Ergebnisqualität ist keine Momentaufnahme. Sie muss in einem permanenten Prozess geschehen, denn die fachlichen Anforderungen der Leistungsträger, des Gesetzgebers, der Einrichtungen und Dienste und die Erwartungen der Nutzer sowie der gesamten Gesellschaft wandeln sich permanent. Daher sind die Aufgaben des Qualitätsmanagements (QM) die systematische Planung, Lenkung, Gewährleistung und Förderung von Qualität sowie die kontinuierliche Überprüfung der bereits erreichten Qualität. Letztlich muss sich die Qualität an der Lebenslage und den Bedürfnissen der Menschen orientieren.

Für die Menschen ist nicht nur die Qualität der einzelnen Dienstleistung wichtig, sondern auch die generelle Verfügbarkeit des Angebots. Die Freie Wohlfahrtspflege sichert trotz der Öffnung des »sozialen Marktes« auch für privatgewerbliche Anbieter in hohem Maße die soziale Infrastruktur in den Städten und Gemeinden. Im Bereich der ambulanten Pflege sichern die Angebote der Freien Wohlfahrtspflege in vielen Regionen die Grundversorgung, die durch privatgewerbliche Anbieter eine Ergänzung erfährt. Auch dies ist ein Qualitätsaspekt des Leistungsangebots.

Im Dezember 2000 haben sich die Wohlfahrtsverbände auf folgende Eckpunkte für eine Qualitätsmanagement-Strategie verständigt:

– Qualitätswettbewerb wird nicht durch den Ausbau von Kontrolle, sondern durch Stärkung der Verantwortung der Träger und Verbände gefördert.

– Umfassendes Qualitätsmanagement ist auf die Erfassung des gesamten Dienstleistungsunternehmens ausgerichtet und beschränkt sich nicht auf die Dienstleistungsausführung.

– Qualitätsmanagement muss sich daran messen lassen, in welchem Maße es Qualitätsentwicklung fördert, Qualitätssicherheit und Überprüfbarkeit herstellt und verbandsspezifische Leitbilder transportiert.

– Die Weiterentwicklung und weitere Konkretisierung der Leistungs- und Qualitätsstandards in den verschiedenen Arbeitsfeldern sollte nach dem bewährten Selbstverwaltungsprinzip zwischen Leistungsträgern und Leistungserbringern erfolgen.

– Qualitätsmanagementverfahren müssen europäisch anerkannten und überprüfbaren Normen entsprechen.

– Die regelmäßige Überprüfung der Einhaltung fachlicher Qualitäts- wie auch der QM-Anforderungen muss durch unabhängige akkreditierte Zertifizierungsstellen erfolgen.

Vielfältige sozialpolitische Reformen lassen einen Veränderungsdruck bei der Organisation sozialer Arbeit erkennen. Verstärkter Wettbewerb auf einem staatlich regulierten Markt ist nur eine Folge. Die Freie Wohlfahrtspflege wird sich nur dann behaupten können, wenn der Konflikt zwischen erhöhtem Wettbewerbsdruck und zunehmender Reglementierung zu Gunsten einer selbstverwalteten Lösung entschieden wird. Die Verbände müssen ihre Dienstleistungsqualität beschreiben. Die einzelnen Wohlfahrtsverbände haben bereits Qualitätsanforderungen in bestimmten sozialen Dienstleistungsbereichen in Handbüchern festgeschrieben. Das Zusammenfügen fachlicher, ökonomischer, ökologischer und letztlich werteorientierter Anforderungen macht dabei auch ihr Streben nach der Nachhaltigkeit sozialer Dienstleistungen deutlich. Die auf der Ebene der Bundesarbeitsgemeinschaft der Freien Wohlfahrtspflege begonnene Arbeit an gemeinsamen QM-Systemen und Standards sowie internen und externen Prüfsystemen ist ein wichtiger Schritt zur Zukunftssicherung der sozialen Arbeit der Freien Wohlfahrtspflege.

5.2.5 Angebotspalette: Einrichtungen und Dienste

Den Spitzenverbänden der Freien Wohlfahrtspflege sind knapp 94.000 Einrichtungen und Dienste angeschlossen, die über Kapazitäten von 3,27 Mio. Betten bzw. Plätzen verfügen (Stand: 1.1.2000). In diesen Angaben sind zusätzliche soziale Maßnahmen, Aktivitäten der Auslands- und Katastrophenhilfe, Betreuungskapazitäten der Beratungsstellen und der mobilen Dienste nicht enthalten. Ebenfalls unberücksichtigt sind die mehr als 28.000 Selbsthilfe- und Helfergruppen. Die Einrichtungen und Dienste beschäftigen 1,16 Mio. hauptamtliche Mitarbeiterinnen und Mitarbeiter, mehr als zwei Fünftel (478.000) von ihnen als Teilzeitkräfte. Darüber hinaus sind zahlreiche Beschäftigte auf Honorarbasis nebenamtlich tätig. Die Zahl der Bürgerinnen und Bürger, die sich freiwillig und ehrenamtlich in der Freien Wohlfahrtspflege, ihren Hilfswerken und Initiativen sowie in den ihnen angeschlossenen Selbsthilfegruppen sozial engagieren, wird auf 2,5 bis 3 Millionen geschätzt.

Die Einrichtungen und Dienste lassen sich verschiedenen Arbeitsbereichen zuordnen (zur Systematik siehe Tabelle 5.3). Mehr als ein Viertel aller hauptamtlich Beschäftigten ist in Krankenhäusern tätig, jeweils über 20 % arbeiten in der Jugendhilfe sowie in der Altenhilfe. Gemessen an der Anzahl der Plätze und Einrichtungen ist die Jugendhilfe der größte Arbeitsbereich der Freien Wohlfahrtspflege (vgl. Tabelle 5.3).

Tabelle 5.3

Einrichtungen und Dienste der Freien Wohlfahrtspflege (2000)

Bereich	Einrichtungen	Betten/Plätze	Beschäftigte	darunter Teilzeit
Krankenhäuser	1.227	220.507	317.516	103.742
Jugendhilfe	33.974	1.835.231	256.732	110.250
Familienhilfe	9.453	58.757	89.447	54.942
Altenhilfe	15.212	481.495	237.577	108.140
Behindertenhilfe	12.449	344.819	157.711	59.503
Sonstige Einrichtungen und Dienste	19.683	215.417	88.921	33.086
Aus-, Fort- und Weiterbildungsstätten für soz. und pfleger. Berufe	1.568	114.310	16.425	7.990
Gesamt	93.566	3.270.536	1.164.329	477.653

Quelle: BAGFW, Gesamtstatistik der Einrichtungen und Dienste 2000

Zu Krankenhäusern zählen Allgemeinkrankenhäuser, Fachkliniken, Kurkliniken und Sanatorien sowie stationäre Vorsorge- und Rehabilitationseinrichtungen. Mehrheitlich sind es Allgemeinkrankenhäuser. Gemessen an der Bettenzahl sind dies die größten Krankenhäuser. Es folgen die Fachkliniken, zu denen Kinderkrankenhäuser, Rehabilitationskrankenhäuser und geriatrische Kliniken gehören. Kurkliniken und Sanatorien haben eine etwas geringere durchschnittliche Bettenzahl. Quantitativ fallen sie kaum ins Gewicht. Deutlich kleiner sind stationäre Vorsorge- und Rehabilitationseinrichtungen. Hierbei handelt es sich um Einrichtungen für chronisch mehrfach beeinträchtigte Abhängigkeitskranke sowie Nachsorgeeinrichtungen für Suchtkranke. Etwa 5.000 der insgesamt 220.000 Krankenhausbetten der Freien Wohlfahrtspflege befinden sich in den stationären Vorsorge- und Rehabilitationseinrichtungen.

In der Kinder- und Jugendhilfe verfügt die Freie Wohlfahrtspflege über eine Vielzahl von Einrichtungen und Diensten. Es dominieren die Tageseinrichtungen für Kinder. Das Leistungsspektrum umfasst Krabbelstuben, Kindergärten und Horte. Weitere Angebote sind z. B. Freizeit- und Erholungseinrichtungen (Häuser der offenen Tür oder Stadtranderholung) oder Förderschulen und Tagesinternate für Kinder von Aussiedlern bzw. Flüchtlingen. Zu den stationären Einrichtungen der Kinder- und Jugendhilfe zählen Heime, Kinder- und Jugenddörfer, heilpädagogische Heime, Wohnheime für Schüler und Auszubildende sowie Erholungs-, Genesungs- und Kurheime, Schullandheime und Jugendherbergen. Zum Leistungsangebot der Hilfen zur Erziehung gehören außerdem Jugend- und Erziehungsberatungsstellen, soziale Gruppenarbeit, sozialpädagogische Familienhilfe und Eingliederungsdienste für jugendliche Aussiedler. Abgerundet wird das Leistungsangebot durch Einrichtungen und Dienste der Jugendsozialarbeit und -berufshilfe, zu denen Beratungsstellen, berufsvorbereitende Einrichtungen und Lehrwerkstätten zählen.

Gemessen an der Zahl der hauptamtlich Beschäftigten ist die Familienhilfe eher ein kleinerer Bereich in der Freien Wohlfahrtspflege. Hier sind nur knapp 8 % der Mitarbeiterinnen und Mitarbeiter beschäftigt. Die stationären Einrichtungen umfassen Erholungs- und Kurheime, Wohngemeinschaften für Mutter und Kind sowie Frauenhäuser. Zu den ambulanten Einrichtungen zählen Familienbildungsstätten sowie Familien- und Mütterzentren. Von größerer Bedeutung sind die Einrichtungen und Dienste der offenen Hilfe. Dies sind einerseits die Beratungsstellen für Ehe-, Erziehungs- und Lebensfragen sowie für Familienplanung und Schwangerschaftskonflikte. Andererseits sind es die ambulanten sozialpflegerischen Dienste, zu denen Gemeindekrankenpflege-, Sozialstationen und mobile soziale Dienste gehören. Drei Viertel aller Beschäftigten im Bereich der Familienhilfe sind in ambulanten sozialpflegerischen Diensten tätig.

In der Altenhilfe dominieren die stationären Einrichtungen.[20] Hierzu zählen Altenwohnanlagen und Altenheime mit und ohne ständiges Pflegeangebot, Pflegeheime inklusive Kurzzeit- und Tagespflegeheimen sowie Hospize. In diesen Einrichtungen sind über 90 % der Mitarbeiterinnen und Mitarbeiter in der Altenhilfe tätig. Weitere Angebote der Freien Wohlfahrtspflege im Bereich der Altenpflege sind Tagesstätten (Altenbegegnungsstätten), Beratungsstellen, Mahlzeitendienste sowie sonstige Dienste, zu denen u. a. Hausnotrufdienste gehören.

Tabelle 5.4

Einrichtungen und Dienste der Behindertenhilfe (2000)

	Einrichtungen	Betten/Plätze	Beschäftigte	darunter Teilzeit
Stationäre Einrichtungen	3.756	133.149	85.898	35.663
Tageseinrichtungen	1.322	35.448	12.399	5.739
Sonderschulen und berufsfördernde Einrichtungen	465	45.120	17.462	5.176
Werkstätten/Betriebe	1.042	129.969	30.959	7.011
Beratungsstellen	3.849		2.550	1.404
Sonstige Dienste	2.015	1.133*	8.443	4.510
Gesamt	12.449	344.819	157.711	59.503

Erläuterungen: * Einrichtungen zur Früherkennung, Frühbehandlung und Frühförderung
Quelle: BAGFW, Gesamtstatistik der Einrichtungen und Dienste 2000

---

[20] Ambulante Pflegedienste sind in der Systematik der BAGFW-Statistik der Familienhilfe zugeordnet.

Ein breites Angebot stellt die Freie Wohlfahrtspflege in der Behindertenhilfe zur Verfügung (vgl. Tabelle 5.4). Über die Hälfte des Personals arbeitet in stationären Einrichtungen für psychisch kranke und behinderte Menschen – in Heimen, Übergangsheimen, Wohngemeinschaften und Wohnheimen, Rehabilitationseinrichtungen, Erholungs- und Kurheimen sowie in Tages- und Nachtkliniken. Jede/jeder fünfte Beschäftigte in der Behindertenhilfe ist in einer Werkstatt oder einem Betrieb tätig. Dies sind Behindertenwerkstätten, Förderstätten für behinderte Menschen oder Betriebe mit einem speziellen Angebot für Therapie und Rehabilitation. 10% der Einrichtungen sind Tageseinrichtungen (Tagesstätten und Sonderkindergärten). Das Leistungsspektrum wird ergänzt um Sonderschulen und Tagesbildungsstätten für behinderte Kinder und Jugendliche sowie berufsfördernde Einrichtungen, zu denen Berufsbildungswerke, Berufsförderungswerke und Einrichtungen zur beruflichen Ausbildung und Förderung behinderter Jugendlicher zählen. Es gibt über 3.800 Beratungsstellen der Freien Wohlfahrtspflege in der Behindertenhilfe. Zum Teil sind dies Selbsthilfegruppen oder sie basieren auf ehrenamtlicher Tätigkeit, denn beschäftigt sind in diesen Einrichtungen nur 2.500 Mitarbeiterinnen und Mitarbeiter. Sonstige Dienste werden in 2.000 Einrichtungen angeboten. Hier sind Einrichtungen zur Früherkennung, Frühbehandlung und Frühförderung zusammengefasst mit Kontakt- und Beratungsstellen, Hilfsmittelverleihstellen, Fahrdiensten, ambulanten mobilen Diensten für behinderte Menschen und Begegnungsstätten.

Exkurs: Werkstätten für behinderte Menschen[21]

Behinderte Menschen haben Anspruch auf Rehabilitation und Integration. Eine wichtige Integrationshilfe ist die Ausbildung bzw. das Erlernen von Fähigkeiten, die eine wertschöpfende Arbeit ermöglichen. Diese Art von Integrationshilfe wird u. a. in Werkstätten für behinderte Menschen geleistet. Gegenwärtig sind ca. 200.000 Erwachsene mit Behinderungen in den Werkstätten der Bundesarbeitsgemeinschaft Werkstätten für Behinderte (BAG:WfB) beschäftigt. Es sind vornehmlich Menschen, die aufgrund der Art und Schwere ihrer Behinderung kaum eine Chance auf einen »normalen«

---

[21] Die folgenden Ausführungen beziehen sich auf Angaben der Bundesarbeitsgemeinschaft Werkstätten für Behinderte (BAG:WfB). Die angegebenen Daten basieren auf den Angaben der Mitgliedswerkstätten der BAG:WfB, die ca. 92% aller amtlich anerkannten Werkstätten für behinderte Menschen vertritt.

Arbeitsplatz haben. Die meisten von ihnen (69%) haben eine geistige Behinderung, aber auch Menschen mit physischen Behinderungen (13%) sind in Werkstätten beschäftigt.

In Werkstätten werden zwei Arten von Arbeitsleistungen erbracht. Einerseits die Eingliederungsleistung der Fachkräfte (pädagogische Anleitung der behinderten Menschen), andererseits die Arbeitsleistung der Werkstattbeschäftigten. Werkstätten sind keine Erwerbsbetriebe, sondern Eingliederungseinrichtungen für Menschen mit solchen Behinderungen, die eine Assistenz, Betreuung, Förderung und Pflege häufig während des ganzen Arbeitslebens in der Werkstatt erforderlich machen. Hier steht also nicht das wirtschaftliche Ergebnis im Vordergrund, sondern die berufliche und persönlichkeitsbildende Förderung der behinderten Menschen. Dennoch ist die pädagogisch begleitete Arbeit keine pure Arbeitstherapie. Sie ist vielmehr auf wirtschaftliche Verwertung ausgerichtet, denn die Werkstätten produzieren für den Markt. Den größten Teil des Umsatzes, knapp 85%, erwirtschaften sie mit Lohn- und Auftragsfertigung und Dienstleistungen für private und öffentliche Auftraggeber. Gut 15% des Umsatzes werden durch Herstellung und Vertrieb von Eigenprodukten erzielt.

Den Werkstattbeschäftigten steht ein Arbeitsentgelt in Höhe von mindestens 70% des gesamten wirtschaftlichen Ergebnisses der Werkstatt zu. Wie niedrig allerdings die produktive Leistung der Beschäftigten ist, veranschaulicht die Höhe des monatlichen Arbeitsentgeltes, das im Jahr 2000 bei durchschnittlich 136 Euro lag. Dieser Mittelwert errechnet sich aus Arbeitsentgelten sehr unterschiedlicher Höhe. In einzelnen Werkstätten wurde ein Entgelt von über 500 Euro pro Monat erzielt, in anderen lediglich ein Entgelt von 65 Euro. In der unterschiedlichen Höhe der Arbeitsentgelte spiegeln sich sowohl divergierende Werkstattkonzepte wider – eine stärkere Betonung wirtschaftlicher Aspekte oder aber mehr arbeitstherapeutische und pädagogische Schwerpunkte – als auch unterschiedliche Arten und Grade der Behinderungen der Beschäftigten.

Knapp 20.000 Einrichtungen und Dienste der Freien Wohlfahrtspflege bieten Leistungen für Personen in besonderen sozialen Situationen an. Die breite Palette umfasst u. a. soziale Maßnahmen für Wohnungslose, Suchtkranke, Haftentlassene, für Menschen aus der Fremde wie Aussiedler, ausländische Arbeitnehmer und deren Angehörige, Asylsuchende und Flüchtlinge, für Arbeitslose, für Menschen in Armut sowie für Berufstätige, Studierende und

Auszubildende. Diesem Bereich sind auch diverse Beratungs- und Betreuungsstellen sowie Rettungs- und Blutspendedienste zugeordnet. Bei den stationären Einrichtungen handelt es sich vorwiegend um Wohnheime für verschiedene Personengruppen. Zudem gibt es Tageseinrichtungen sowie
Werkstätten und Beschäftigungseinrichtungen. Von erheblicher Bedeutung
sind zudem Beratungs- und Betreuungsstellen, auf die 36 % des Gesamtan-
gebots an sonstigen Einrichtungen und Diensten entfallen. Jede/jeder vierte
Beschäftigte dieses Bereichs arbeitet in einer Beratungs- oder Betreuungs-
stelle.

Neben den Einrichtungen, in denen soziale Dienstleistungen erbracht werden, gehören auch Aus-, Fort- und Weiterbildungsstätten zum Leistungsangebot der Freien Wohlfahrtspflege. Hier werden die Qualifikationen vermittelt,
die für die Ausübung sozialer und pflegerischer Berufe notwendig sind. Bei
dem weit überwiegenden Teil (77 %) der insgesamt knapp 1.600 Einrichtungen
handelt es sich um Ausbildungsstätten. Hierzu zählen u. a. Schulen für
Kranken- und Altenpflegeberufe, Schulen für Heilerziehungspflege, Fach-
schulen für Heil- und Sozialpädagogik sowie für Hauswirtschaft und Fach-
hochschulen für Sozialwesen. Darüber hinaus verfügt die Freie Wohlfahrtspflege über berufsvorbereitende und sonstige berufsqualifizierende
Einrichtungen sowie über Fort- und Weiterbildungsstätten. In den letztgenannten Einrichtungen werden Mitarbeiterinnen und Mitarbeiter in den verschiedenen Tätigkeitsfeldern der sozialen Arbeit oder der Krankenpflege weiter qualifiziert. Hierzu zählen außerdem die Zivildienstschulen.

In den beschriebenen Einrichtungen sind knapp 1,2 Mio. Menschen hauptamtlich beschäftigt. In den sieben unterschiedlichen Hauptarbeitsbereichen arbeiten die meisten Mitarbeiterinnen und Mitarbeiter in Krankenhäusern (vgl.
Grafik 5.1). Gemessen an der Zahl der Beschäftigten ist dies der bedeutendste
Bereich. Es folgen die Jugend- und Altenhilfe, in denen jeweils jede / jeder
vierte Beschäftigte der Freien Wohlfahrtspflege hauptamtlich tätig ist. In der
Behindertenhilfe arbeiten 13 % der Beschäftigten, in der Familien- bzw. Altenhilfe jeweils 8 %.

Ein erheblicher Anteil der Beschäftigten geht einer Teilzeiterwerbstätigkeit
nach. Die Teilzeitquote[22] der Gesamtheit der Mitarbeiterinnen und Mitarbeiter
liegt bei 41 %. Sie unterscheidet sich zwischen den Hauptarbeitsbereichen
erheblich. In Krankenhäusern ist »nur« jede / jeder dritte Beschäftigte teilzeitbeschäftigt, in der Familienhilfe sind es über 60 %.

Neben den hauptamtlich Beschäftigten sind zahlreiche Nebenamtliche auf Honorarbasis tätig. Die Zahl derer, die sich freiwillig und ehrenamtlich in der Freien Wohlfahrtspflege, ihren Hilfswerken und Initiativen sowie in den ihnen angeschlossenen Selbsthilfegruppen sozial engagieren, wird auf 2,5 bis 3 Millionen geschätzt. Sie sind ein wesentliches Element der Freien Wohlfahrtspflege.

Grafik 5.1

Hauptamtlich Beschäftigte in Einrichtungen der Freien Wohlfahrtspflege nach Arbeitsgebieten (2000)

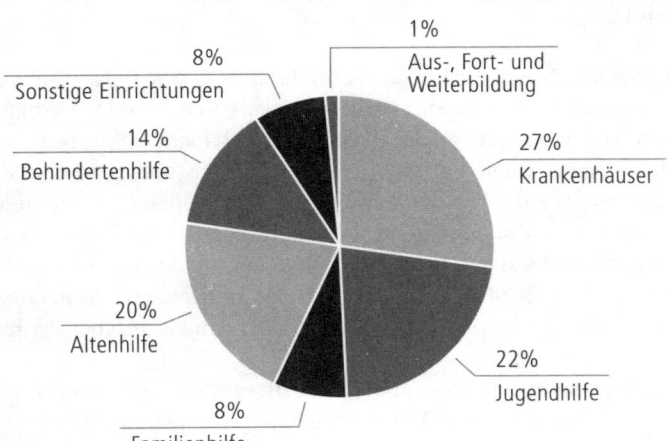

1%
Aus-, Fort- und Weiterbildung

8%
Sonstige Einrichtungen

14%
Behindertenhilfe

27%
Krankenhäuser

20%
Altenhilfe

22%
Jugendhilfe

8%
Familienhilfe

Quelle: BAGFW, Gesamtstatistik der Einrichtungen und Dienste 2000

---

[22] Der Begriff Teilzeitquote wird im Folgenden als Synonym für den Anteil der Teilzeitbeschäftigten an allen Beschäftigen verwendet (eigentlich: Teilzeitbeschäftigtenquote). Sie ist also eine personenbezogene Kennziffer. Sie gibt Auskunft über die Beschäftigungsverhältnisse mit reduzierter Arbeitszeit, nicht aber darüber, welcher Anteil der gesamten Arbeitszeit auf Teilzeit entfällt. Eine auf Basis der Arbeitszeit berechnete Teilzeitquote ist immer niedriger als die in dieser Publikation dargestellten Werte, die sich auf die Anzahl der Personen beziehen.

5.3 Die Freie Wohlfahrtspflege:
Betätigungsfeld für bürgerschaftliches Engagement

Die Verbände leben durch ihre Mitglieder, die in ihnen gestalterisch tätig werden. Die Wohlfahrtsverbände sind Lern- und Betätigungsfeld für ein demokratisches und bürgerbestimmtes Zusammenleben in einer Gesellschaft mit einer großen Spannbreite an Normen, Werten und Einstellungen. Sie bündeln Bürgerengagement für den sozialen Bereich und ergänzen damit Angebote zur Mitwirkung in Parteien oder in anderen Vereinen. An der Gewährleistung gesellschaftlicher Partizipation beteiligen sich die Wohlfahrtsverbände auch dadurch, dass Ehrenamtliche in ihren Leitungsstrukturen mitwirken bzw. diese bilden.

Die Spitzenverbände der Freien Wohlfahrtspflege sind mit eigenen, zumeist auch rechtlich selbständigen Gliederungen als Vereine oder Verbände konstituiert. Die Mitglieder an der Basis wählen gleichberechtigt und unmittelbar die Leitungen und Vertretungen für die nächsthöhere Ebene. Die Mitglieder sind also aktiv an der Bewältigung von Aufgaben beteiligt, die sich der Verein stellt. Zudem wirken sie an der Lenkung gemeinsamer Vereinsangelegenheiten mit und nehmen Einfluss auf die Ausrichtung und Gestaltung der Arbeit. Ebenso wie andere Vereine sind auch die Spitzenverbände der Freien Wohlfahrtspflege Erfahrungsfelder demokratischer Partizipation.

Für eine lebendige Demokratie ist die Beratungs- und Kontrollfunktion durch die Bürgerinnen und Bürger unumgänglich. Durch die intensive Auseinandersetzung mit sozialen Fragestellungen und Problemen in den Wohlfahrtsverbänden werden sozial engagierte Menschen mit und ohne spezifische Qualifikation zu dieser Aufgabe befähigt. Ihre Erfahrungen in der freiwilligen Arbeit motivieren sie, Beratungs- und Kontrollfunktionen wahrzunehmen. Hierdurch wird einseitiger »Expertokratie« entgegengewirkt. Demokratische Mitgestaltung findet vorrangig mittelbar über die Mitwirkung in Ausschüssen und Gremien zur Politikberatung statt. Damit wird die sozialpolitische Leistungsfähigkeit einer Demokratie erweitert.

Die Förderung unmittelbarer gegenseitiger Hilfe und die Stärkung der Selbsthilfefähigkeiten stellen Sinn stiftende Angebote dar. Darüber hinaus entlastet es die öffentliche Hand und ergänzt die staatlichen sozialpolitischen Aktivitäten. So hat die Arbeit der Wohlfahrtsverbände doppelte Wirkung: Sie führt unterschiedliche Menschen zusammen, verbessert Lebenslagen mit schwierigsten Problemen und vermittelt den Akteuren die Erfahrung, an der Gestaltung des Gemeinwesens und der sozialen Rahmenbedingungen mitzuwirken. Die Mitarbeit in den Wohlfahrtsverbänden und die damit verbundene Erfahrung der eigenen Gestaltungs- und Veränderungskraft sind ein Stück gelebter Demokratie. Dieses Lernfeld für Bürgerengagement steht auch jungen Menschen offen, die über Jugendgruppen oder spezielle Einsatzfelder befähigt werden sollen, als mündige Bürgerinnen und Bürger für sich und für andere in unserer Gesellschaft soziale Verantwortung zu übernehmen.

Bürgerschaftliches Engagement bezieht sich auf die Teilhabe an der Gestaltung des Gemeinwesens, es hat immer auch die Dimension des politisch-sozialen Engagements. Diese Bestimmung trifft nicht auf jegliche ehrenamtliche oder freiwillige Tätigkeit zu. Es gibt vielfältige Formen freiwilligen Engagements, bei denen es sich in erster Linie um Gemeinschaftsaktivitäten im persönlichen Lebensumfeld handelt. Solche Aktivitäten haben vorwiegend die individuellen Lebensinteressen im Blick und sind daher nicht unbedingt als politisch-soziales Engagement zu fassen.[23] Auch das Ehrenamt, verstanden als die selbst auferlegte Verpflichtung, zielt nicht immer auf politisch-soziales Engagement.[24] Ausgehend von der individuellen Motivation des Hilfeleistenden wäre es daher unangemessen, ehrenamtliche oder freiwillige Mitarbeit in der Freien Wohlfahrtspflege oder den Zusammenschluss in Selbsthilfegruppen per se als bürgerschaftliches Engagement zu charakterisieren. Aber: Die Freie Wohlfahrtspflege ermöglicht bürgerschaftliches Engagement; sie eröffnet Ehrenamtlichen, Freiwilligen, Zivildienstleistenden und Mitgliedern von Selbsthilfegruppen Betätigungsfelder hierfür. Indem Freiwillige in den Diensten und Einrichtungen ihren persönlichen Engagementbedürfnissen nachgehen, verbessern sie gleichzeitig die Lebensqualität der Hilfebedürftigen. Diese Form von Solidarität ist ein wesentliches Merkmal der Zivilgesellschaft.

---

[23] Auf die unterschiedlichen Formen freiwilligen Engagements wird u. a. in der Studie des BMFSFJ hingewiesen. Vgl. Rosenblatt, B. von: Ergebnisse der Repräsentativerhebung 1999 zu Ehrenamt, Freiwilligenarbeit und bürgerschaftlichem Engagement (Schriftenreihe des Bundesministeriums für Familie, Senioren, Frauen und Jugend, Bd. 194.1). Stuttgart 2000, S. 46

[24] Die Begriffe ehrenamtliches und freiwilliges Engagement bzw. Ehrenamtliche und Freiwillige werden im Folgenden synonym verwendet. Von Unterschieden in den Motiven von Freiwilligen und Ehrenamtlichen wird abgesehen.

5.3.1 Ehrenamtliches und freiwilliges Engagement
in der Freien Wohlfahrtspflege

Freiwilliges Engagement hat in der Freien Wohlfahrtspflege eine lange Tradition; ihm wurde immer große Bedeutung beigemessen. Die gesellschaftlichen Veränderungen haben sich auch auf den Einsatz von Ehrenamtlichen in Einrichtungen und Diensten der Freien Wohlfahrtspflege ausgewirkt. Umfang und Qualität der bereitgestellten Leistungen setzen hauptamtlich Beschäftigte voraus, die über die notwendigen Qualifikationen verfügen. Im Zuge der Professionalisierung kam es daher zu einer Veränderung im Verhältnis von hauptberuflicher Arbeit und freiwilligem Engagement. In vielen Tätigkeitsfeldern kooperieren Hauptamtliche und Ehrenamtliche. Schätzungsweise unterstützen 2,5 bis 3 Millionen Menschen mit ihrem freiwilligen Engagement die Arbeit der Freien Wohlfahrtspflege.[25] Sie wirken in allen sozialen Arbeitsfeldern, in Selbsthilfegruppen, in Hilfswerken und Initiativen oder in Leitungs- und Führungsfunktionen, an der Ausgestaltung der Arbeit mit.

Das Tätigkeitsspektrum von Ehrenamtlichen in der Freien Wohlfahrtspflege ist breit gefächert. Es reicht von einfachen Hilfstätigkeiten wie z. B. in der Kleiderkammer bis zu qualifizierteren Tätigkeiten, bspw. als ehrenamtlicher Rettungssanitäter oder Übungsleiter in Gesundheitsförderungsprogrammen. Schließlich gibt es Tätigkeiten im Rahmen der Vereins- und Verbandsleitung, die wiederum gänzlich andere Qualifikationen erforderlich machen.

Die Motivationslage für freiwilliges Engagement hat sich gewandelt. Wer freiwillig und unentgeltlich arbeitet, möchte dies für Aufgaben tun, die er persönlich für interessant hält. Freude und Erfüllung sind Basismotive freiwilliger Tätigkeit – das Engagement soll die Lebensfreude und Lebensqualität des Freiwilligen erhöhen. Andere wichtige Motive für das Engagement sind: mit sympathischen Menschen zusammenkommen, anderen Menschen helfen, etwas für das Gemeinwohl tun sowie Kenntnisse und Erfahrungen erweitern.[26] Die Interessen und Wertvorstellungen von Freiwilligen sind breit gestreut. Diese wenden sich daher nicht unbedingt aufgrund einer gleichen

---

[25] In diesen Zahlen sind auch die Mitglieder in Selbsthilfegruppen enthalten. Ihr Engagement unterscheidet sich in einigen Fällen von dem des klassischen Ehrenamtlichen im Sozialbereich. Auf Selbsthilfegruppen wird detaillierter in Kapitel 5.3.4 eingegangen.

Wertorientierung an den Verband oder die Einrichtung, sondern aus Interesse an der dort erbrachten Leistung. Diesen Motivationswandel bei Ehrenamtlichen greift die Freie Wohlfahrtspflege auf. Sie unterstützt Projekte, um Freiwillige zu gewinnen, zu vermitteln und um neue Betätigungsfelder für sie zu schaffen. Hierzu unterhalten die Verbände u. a. Freiwilligenzentren und -agenturen.[27] Sie verstehen sich als Mittler zwischen Personen, die an einer ehrenamtlichen Tätigkeit interessiert sind, und potenziellen Einsatzfeldern. Die Einsatzfelder sind i. d. R. weder auf die Einrichtungen einzelner Verbände oder der Freien Wohlfahrtspflege insgesamt beschränkt noch auf den Sozialbereich, sondern schließen auch Betätigungen in den Bereichen Sport und Kultur ein. Diese Dienste ergänzen die klassischen Zugangswege zum ehrenamtlichen Engagement, fördern die Qualität von Freiwilligenarbeit und bilden vielfach die Basis für die Vernetzung von Engagement. Die Beteiligung der Freiwilligen steht dabei im Zentrum.

Freiwilligen muss Gestaltungsspielraum eingeräumt werden. Um anspruchsvollere Tätigkeiten wahrnehmen zu können, benötigen sie Begleitung, Unterstützung und eventuell auch weitere Qualifizierung. Qualifizierung und Fortbildung für Ehrenamtliche sind wesentliche Voraussetzungen, um sie längerfristig für die Verbandsarbeit zu gewinnen. Ebenfalls wichtig ist es, interessante Betätigungsfelder für Freiwillige zu erschließen und sie gleichberechtigt einzubinden. Die kollegiale Wertschätzung spielt hierbei ebenso eine Rolle wie die Entscheidungsbefugnis. Zu den Maßnahmen, die der Persönlichkeitsentwicklung dienen, zählt z. B. die Ermöglichung der Teilnahme an Fortbildung. Andere Ehrenamtliche legen größeren Wert auf eine soziale Einbindung. Ihre Motivation kann durch regelmäßige Feiern und Feste erhöht werden. Bei bestimmten Personengruppen findet nach wie vor eine Anerkennung durch Ehrungen, Urkunden, Orden und ähnliche Auszeichnungen Anklang. Die Formen der »Pflege« des Ehrenamtes sind also sehr vielfältig.

---

[26] Vgl. auch Braun, J./Klages, H.: Ergebnisse der Repräsentativerhebung 1999 zu Ehrenamt, Freiwilligenarbeit und bürgerschaftlichem Engagement (Schriftenreihe des Bundesministeriums für Familie, Senioren, Frauen und Jugend, Bd. 194.2). Stuttgart 2000, S. 76 ff.

[27] Über die Modellphase der Freiwilligenzentren liegen wissenschaftliche Untersuchungen vor. Vgl. hierzu Baldas, E. u. a.: Modellverbund Freiwilligen-Zentren. Bürgerengagement für eine freiheitliche und solidarische Gesellschaft. Ergebnisse und Reflexionen (Schriftenreihe des Bundesministeriums für Familie, Senioren, Frauen und Jugend, Bd. 203). Stuttgart 2001

Freiwillige sollen professionelle Dienste nicht ersetzen, können sie aber sehr wohl ergänzen. Für die Einrichtungen und Dienste bedeutet dies, dass sie Freiwillige keinesfalls als Arbeitskräfte betrachten oder gar einsetzen dürfen. Freiwillige Arbeit ist als Zusatzleistung anzusehen, als Ergänzung zum »Standardangebot«.

Ehrenamtliches Engagement hat unterschiedliche Zeitstrukturen. In einigen Einsatzbereichen ist ein relativ fester zeitlicher Rahmen notwendig, wie bspw. bei Rettungsdiensten. Anders ist die Situation etwa bei Besuchsdiensten für alte und kranke Menschen. In diesen Fällen ist der Freiwillige relativ autonom in der Zeiteinteilung. Neben kontinuierlicher und sporadischer Mitarbeit gibt es die Form der Projektarbeit. Hierbei handelt es sich um einen zeitlich befristeten Einsatz, der sich auf eine bestimmte Aktion richtet. Bei ehrenamtlicher Tätigkeit gibt es also erhebliche Unterschiede in der zeitlichen Dimension.

Über das Engagement Ehrenamtlicher in der Freien Wohlfahrtspflege gibt es keine repräsentativen Erhebungen, so dass auch die Bundesarbeitsgemeinschaft der Freien Wohlfahrtspflege nur mit einer fundierten Schätzzahl arbeiten kann. Der Deutsche Caritasverband (DCV) hat jetzt damit begonnen, Daten zur ehrenamtlichen Mitarbeit kontinuierlich zu erheben. Erste Ergebnisse liegen für das Jahr 2000 vor. Wie alle neuen Statistiken, so hat auch diese mit Anfangsschwierigkeiten zu kämpfen und weist entsprechend Lücken auf. Die im Folgenden dargestellten Strukturinformationen, die auf dieser ersten Erhebung basieren, sind entsprechend vorsichtig zu interpretieren.

Grafik 5.2

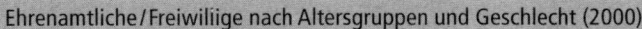

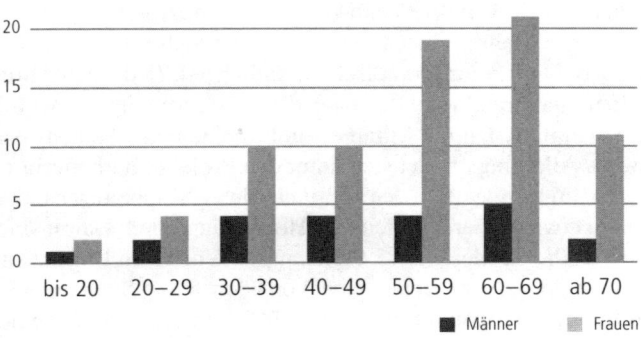

Ehrenamtliche/Freiwiliige nach Altersgruppen und Geschlecht (2000)

% aller Personen mit Altersangaben

Quelle: Deutscher Caritasverband

Ehrenamtliches Engagement wird in der Caritas erwartungsgemäß von Frauen getragen. Zwei Drittel der Freiwilligen sind Frauen, lediglich jeder Vierte ist ein Mann. In der Altersstruktur existieren Unterschiede zwischen Männern und Frauen (vgl. Grafik 5.2). Die Altersgruppe der 50- bis 70-Jährigen ist sehr stark repräsentiert.[28] Ein besonders hohes Engagement in diesem Alter lässt sich sowohl für Männer als auch für Frauen diagnostizieren. Trotz dieser Gemeinsamkeiten gibt es Unterschiede: Von den ehrenamtlich tätigen Frauen ist ein deutlich höherer Prozentsatz (53%) zwischen 50 und 70 Jahre alt als von den engagierten Männern (42%). Der insgesamt hohe Anteil Ehrenamtlicher, die älter als 50 Jahre sind, legt die Vermutung nahe, dass Freiwillige nicht übermäßig häufig erwerbstätig sind. Dies wird durch die Erhebung weitgehend bestätigt.[29] Danach sind Ehrenamtliche überwiegend Hausfrauen bzw. Hausmänner oder Rentner/-innen, erwerbstätig ist

---

[28] Nach einer repräsentativen Bürgerbefragung in Niedersachsen gibt es Unterschiede beim Engagement im sozialen Bereich nach Altersgruppen. So wird die Versorgung alter Menschen vorwiegend von Freiwilligen geleistet, die älter als 50 Jahre sind, während im Kinder- und Jugendhilfebereich schwerpunktmäßig 40- bis 50-Jährige tätig sind. Vgl. Blanke, B./Schridde, H.: Bürgerengagement und Aktivierender Staat. Ergebnisse einer Bürgerbefragung zur Staatsmodernisierung in Niedersachsen, in: Aus Politik und Zeitgeschichte, Bd. 24–25, 1999, S. 10.

jede/jeder Dritte, in Ausbildung sind 8%, arbeitslos sind gerade einmal 2%. Dass sich Arbeitslose vergleichsweise selten freiwillig engagieren, wird auch von anderen Untersuchungen zum Ehrenamt gestützt.

Eine ehrenamtliche Tätigkeit kann kontinuierlich erfolgen, sporadisch oder projektbezogen. Mehrheitlich arbeiten Ehrenamtliche bei der Caritas kontinuierlich, jeder Dritte nur sporadisch. Lediglich jede/jeder achte Freiwillige arbeitet in temporären Projekten, nach deren Beendigung die Mithilfe u.U. aufhört. Quantitativ hat die Mitarbeit in Projekten also keinen sehr hohen Stellenwert. Allerdings findet sich unter den Projektmitarbeiterinnen und -mitarbeitern im Vergleich zu den kontinuierlich und sporadisch tätigen Freiwilligen ein etwas höherer Anteil von Hochengagierten. Damit sind Personen gemeint, die mindestens 15 Stunden pro Woche im Einsatz sind. Eindeutig dominiert aber ein Engagement von höchstens 5 Stunden pro Woche; dies gilt für alle Zeitstrukturen: Über 80% aller Ehrenamtlichen des Deutschen Caritasverbandes wenden nicht mehr als 5 Stunden pro Woche für ihr Engagement auf.[30]

---

[29] Allerdings muss darauf hingewiesen werden, dass die Angaben zum Erwerbsstatus noch sehr lückenhaft sind. Nur für knapp die Hälfte der ausgewiesenen Ehrenamtlichen liegen überhaupt Erwerbsinformationen vor.

[30] Die BMFSFJ-Untersuchung weist für Bereiche, in denen die Freie Wohlfahrtspflege tätig ist, einen sehr viel höheren Anteil von Personen mit einem Zeitaufwand von über 20 Std. pro Monat aus (Gesundheitsbereich: 38%; Sozialer Bereich: 32%, Rettungswesen/Feuerwehr: 33%). Vgl. Rosenblatt a. a. O.

Grafik 5.3

Einsatz Ehrenamtlicher / Freiwilliger nach Tätigkeitsfeldern (2000)

in %

Vorstand / Leitung	
Hilfe für Einzelpersonen	
Hilfe für Gruppen	
Technische Hilfe / Hauswirtschaft	
Planung / Durchführung von Hilfen	
Organisation / Verwaltung / PR	
Transport / Fahrdienste	
Sammlungen	
Unterricht / Ausbildung	
Sonstige	

5   15   25   35   45

Quelle: Deutscher Caritasverband

In welchen Bereichen Ehrenamtliche beim Deutschen Caritasverband tätig sind, lässt sich in Grafik 5.3 erkennen. Es dominiert mit großem Abstand die Hilfe für Einzelpersonen, gefolgt von der Hilfe für Gruppen. Der unmittelbare Kontakt mit den Hilfebedürftigen steht also im Vordergrund freiwilliger Arbeit. Administrative, organisatorische, Verwaltungs- und Leitungsaufgaben haben demgegenüber ein deutlich geringeres Gewicht.

Mit den Daten der Caritas-Untersuchung zum Ehrenamt lässt sich die / der »typische« Ehrenamtliche folgendermaßen beschreiben: weiblich, älter als 50 Jahre, katholisch, Hausfrau oder Rentnerin, mit kontinuierlichem Engagement unter fünf Stunden pro Woche. Das Engagement für die Einrichtung dauert bereits seit mehreren Jahre an und das Tätigkeitsfeld ist die Betreuung von Einzelpersonen. Daneben gibt es eine Vielzahl anderer Personengruppen, die sich in der Caritas freiwillig, ehrenamtlich engagieren. Hierzu gehören Angehörige verschiedenster Berufsgruppen, Menschen aller Altersgruppen und natürlich neben Frauen auch Männer. Die Betrachtung der / des »typischen« Ehrenamtlichen verschleiert, wie bunt die Landschaft tatsächlich ist.

77

Die neue Statistik des Deutschen Caritasverbandes liefert Anhaltspunkte für die Struktur der Ehrenamtlichen im Deutschen Caritasverband. Diese Ergebnisse weichen auffallend von denen anderer Untersuchungen ab, die sich auf freiwilliges Engagement auch außerhalb der Freien Wohlfahrtspflege beziehen. Ungeklärt ist zum gegenwärtigen Zeitpunkt, ob diese Abweichungen auf die spezifische Situation des Deutschen Caritasverbandes zurückzuführen sind oder ob sie Unterschiede zwischen verbandlich organisiertem und verbandsunabhängigem Engagement reflektieren. Auf jeden Fall erscheint es problematisch, die Ergebnisse von allgemeiner angelegten Untersuchungen einfach auf die Freie Wohlfahrtspflege zu übertragen.

5.3.2 Das Freiwillige Soziale Jahr

Bürgerschaftliches Engagement hat in den Einrichtungen und Diensten der Freien Wohlfahrtspflege verschiedene Facetten. Dies gilt einerseits in Bezug auf das Einsatzgebiet und den Umfang der Tätigkeit, andererseits in Bezug auf die Form. Neben dem ehrenamtlichen Engagement gibt es Helferinnen und Helfer, die ein Freiwilliges Soziales Jahr (FSJ) ableisten. Dies ist ein organisierter Hilfsdienst, für den es einen rechtlichen Rahmen gibt. Das Gesetz zur Förderung des Freiwilligen Sozialen Jahres wurde 1964 verabschiedet. Es regelt die Einsatzmöglichkeiten, die pädagogische Begleitung und legt die Träger fest. Zudem ist rechtlich kodifiziert, wer ein Freiwilliges Soziales Jahr ableisten darf (Altersgruppe) und welche materiellen und sozialen Absicherungen den Helferinnen und Helfern zustehen. Die Verbände der Freien Wohlfahrtspflege haben in ihren Organisationen die Grundlagen zur Durchführung eines Freiwilligen Sozialen Jahres geschaffen.

Das Freiwillige Soziale Jahr ist ein Freiwilligendienst. Hier steht aber – wie die Bezeichnung ›Dienst‹ nahe legen könnte – nicht nur das Moment des Dienens, des Einsatzes für andere im Mittelpunkt: Das FSJ wird ebenso als Bildungsangebot verstanden, als Chance für junge Leute, ihren Erfahrungshorizont zu erweitern, Fähigkeiten und Kenntnisse zu erproben sowie Vorstellungen über einen Ausbildungsweg im sozialen Bereich zu klären. So hat das Freiwillige Soziale Jahr das Profil eines Bildungsjahres. Es wird pädagogisch begleitet in Form fachlicher Anleitung durch die Einsatzstelle, individueller Betreuung durch pädagogische Kräfte der zentralen Stelle des Trägers und schließlich durch Seminararbeit. Die Teilnahme an drei Seminaren ist Bestandteil des Freiwilligen Sozialen Jahres. In einem Einführungs-,

Zwischen- und Abschlussseminar von jeweils mindestens fünftägiger Dauer (Gesamtdauer mindestens 25 Tage), an deren inhaltlicher Gestaltung und Durchführung die Helferinnen und Helfer mitwirken, werden sozialpolitische Zusammenhänge ebenso thematisiert wie Fragen der Persönlichkeitsbildung.

Jährlich leisten bundesweit ca. 11.000 junge Menschen einen Freiwilligendienst im Rahmen des Freiwilligen Sozialen Jahres. Sie sind in Krankenhäusern, Senioren- und Pflegeheimen, Behinderteneinrichtungen, Kindergärten und anderen sozialen Einrichtungen und Diensten nicht nur der Freien Wohlfahrtspflege tätig. Dem rechtlich verbindlichen Rahmen in Bezug auf die Dauer (höchstens 12 Monate, mindestens 6 Monate) und die pädagogische Begleitung entspricht auf Seiten der Einsatzstellen eine feste organisatorische Struktur. Einsatzplätze für Helferinnen und Helfer im Freiwilligen Sozialen Jahr müssen ähnlich wie normale Arbeitsplätze eingerichtet werden. Für die pädagogische Begleitung ist entsprechend qualifiziertes Personal notwendig, die begleitenden Seminare müssen ausgerichtet werden, und die Teilnahme durch die Helferinnen und Helfer ist sicherzustellen. Das Freiwillige Soziale Jahr ist also ein durch staatliche Rahmenbedingungen in der Struktur weitgehend festgelegter Freiwilligendienst. Von daher unterscheidet er sich von der nicht reglementierten ehrenamtlichen Arbeit. Hier werden Art und Umfang der Mitwirkung sowie die wechselseitigen Verpflichtungen ausschließlich zwischen dem Freiwilligen und dem Verband oder der Einrichtung festgelegt.

5.3.3 Zivildienstleistende: dem Dienst für die Gemeinschaft verpflichtet

Im Unterschied zu Ehrenamtlichen ist der Einsatz von Zivildienstleistenden nicht als bürgerschaftliches Engagement zu charakterisieren, wenngleich es Parallelen bei den Tätigkeiten gibt. Die jungen Männer, die als Zivildienstleistende in den Einrichtungen und Diensten der Freien Wohlfahrtspflege tätig sind, haben sich aus Gewissensgründen gegen den Dienst mit der Waffe entschieden. Zivildienst, konzipiert als Ersatz für den Wehrdienst mit der Waffe, ist eine Form der Erfüllung der Wehrpflicht, der – von Ausnahmen abgesehen – alle Männer unterliegen. Im Grundgesetz ist festgelegt, dass niemand gegen sein Gewissen zum Kriegsdienst mit der Waffe gezwungen werden darf. Das Wehrpflichtgesetz sieht daher den zivilen Ersatzdienst bzw. den Zivildienst für alle diejenigen vor, die sich aus Gewissensgründen dem

Kriegsdienst verweigern. Nach dem Gesetz über den zivilen Ersatzdienst, das am 20.1.1960 in Kraft getreten ist, sind anerkannte Kriegsdienstverweigerer für Aufgaben einzusetzen, die dem Allgemeinwohl dienen. Hierzu zählt der Dienst in Einrichtungen, die soziale und gemeinnützige Ziele verfolgen. Träger vieler dieser Einrichtungen sind die Verbände der Freien Wohlfahrtspflege.

Die Ausgestaltung des Zivildienstes ist rechtlich dezidiert festgelegt. Seit In-Kraft-Treten des Gesetzes über den zivilen Ersatzdienst wurden die Verfahren zur Anerkennung als Kriegsdienstverweigerer mehrfach geändert. Das Gleiche gilt für die Dauer des Zivildienstes. Mitte der achtziger Jahre betrug die Dienstzeit zwanzig Monate. In den 90er Jahren wurden die Zeiten sukzessive verkürzt. Seit 1. Januar 2002 sind es nur noch zehn Monate. Die Dauer des Zivildienstes ist an die Dauer der Wehrpflicht geknüpft. Hier spiegelt sich wider, dass der Zivildienst eine Alternative zur Erfüllung der Wehrpflicht ist – die Wehrpflicht ist der Ausgangspunkt für den Zivildienst. Auf sachliche Notwendigkeiten, die sich aus dem Einsatzfeld in der sozialen Arbeit ergeben, wird bei der Festlegung der Dauer des Zivildienstes keine Rücksicht genommen, denn der Zivildienst erfüllt keinen sozialen Sicherstellungsauftrag.

Zivildienstleistende können nicht während der gesamten Dienstzeit in ihrem Tätigkeitsfeld eingesetzt werden. Der Zivildienst soll i. d. R. mit zwei Einführungsseminaren beginnen. In einem einwöchigen Lehrgang, durchgeführt an den Zivildienstschulen, werden die jungen Männer über ihre Rechte und Pflichten als Dienstleistende und in staatsbürgerlichen Fragen unterrichtet.

Die zivildienstspezifische Einführung wird – sofern der zukünftige Tätigkeitsbereich dies erfordert – um eine zweiwöchige fachspezifische Einführung ergänzt. Hinzu kommt ein Einweisungsdienst für die vorgesehene Tätigkeit, für den die Dienststelle zuständig ist. Die Dauer des Einweisungsdienstes variiert in Abhängigkeit von dem Einsatzgebiet – für pflegende und betreuende Tätigkeiten sind mindestens vier Wochen anzusetzen.[31] Werden neben dem normalen Urlaub zusätzlich (Sonder-)Urlaubsansprüche wie Rüstzeiten, politische Bildungsveranstaltungen oder vorzeitige Entlassung und übliche Ausfallzeiten durch Krankheit und Zeiten für Weiterbildung berücksichtigt, dann reduziert sich bei einer Dienstzeit von zehn Monaten

---

[31] Einige Bundesländer schreiben speziell im Rettungsdienst eine Mindestausbildung zum Rettungssanitäter vor, was die Ausbildungszeit nochmals verlängert.

die Dauer des tatsächlichen Einsatzes im Tätigkeitsgebiet auf ein gutes halbes Jahr. Dieser Zeitraum ist für einen sinnvollen Einsatz in anspruchs-vollen Arbeitsfeldern allerdings in den meisten Fällen zu kurz.

Der Zivildienst hat sich in den vergangenen Jahren zu einem festen Bestand-teil des sozialen Hilfesystems entwickelt. Erhebliche Bereiche der sozialen Arbeit sind in ihrer Qualität nicht nur von den Zivildienstleistenden geprägt, sondern sind von ihnen abhängig. Soll dies so bleiben, dann muss der Dienst zukünftig neu und auch anders gestaltet werden. Er bedarf einer die aktuel-len Rahmenbedingungen berücksichtigenden Definition, Zielbestimmung und Aufgabenstellung.

Zivildienstleistende werden nicht nur in Einrichtungen und Diensten der Freien Wohlfahrtspflege eingesetzt, auch Kommunen können Zivildienstplätze schaffen. Seit 1984 ist der Umweltschutz als Einsatzbereich zu den sozia-len Diensten hinzugekommen. Nach wie vor dominieren aber eindeutig die Tätigkeiten im Dienst am Menschen. Von den insgesamt ca. 120.000 Zivil-dienstleistenden waren im Herbst 2001 über die Hälfte in der Gruppe »Pflegehilfe und Betreuungsdienste« tätig (vgl. Grafik 5.4). Nicht allen Tätigkeitsbeschreibungen ist unmittelbar anzusehen, ob sie der sozialen Arbeit zuzurechnen sind. So ist bspw. ein Kraftfahrdienst für Menschen mit Behinderungen in ihre Werkstätten ebenso als Dienst am Menschen zu klas-sifizieren wie die Tätigkeit eines Gärtners, der mit Alzheimerkranken im Garten einer Einrichtung arbeitet. Nach dieser Differenzierung nehmen fast 80 % aller Zivildienstleistenden Aufgaben im sozialen Bereich wahr.

Grafik 5.4

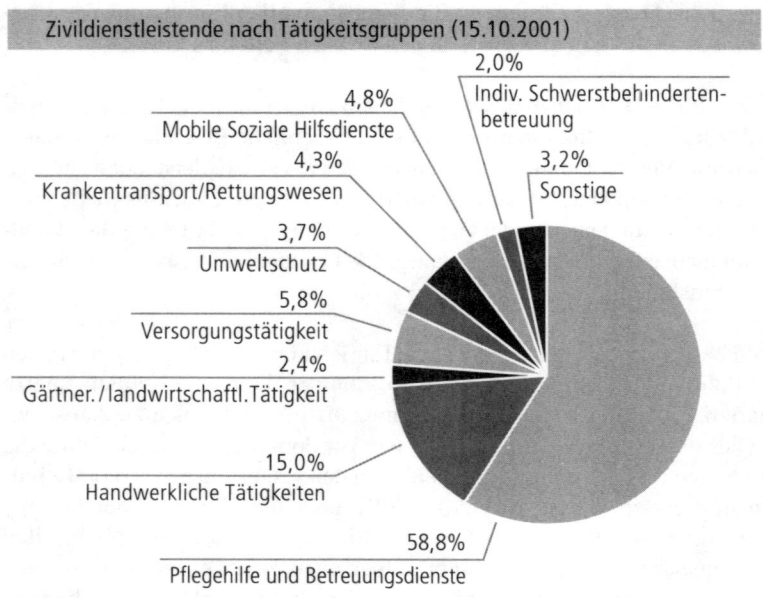

Zivildienstleistende nach Tätigkeitsgruppen (15.10.2001)

2,0%
Indiv. Schwerstbehinderten-
betreuung

4,8%
Mobile Soziale Hilfsdienste

4,3%
Krankentransport/Rettungswesen

3,7%
Umweltschutz

5,8%
Versorgungstätigkeit

2,4%
Gärtner./landwirtschaftl.Tätigkeit

3,2%
Sonstige

15,0%
Handwerkliche Tätigkeiten

58,8%
Pflegehilfe und Betreuungsdienste

Quelle: Bundesamt für Zivildienst 2001

In Einrichtungen und Diensten der Freien Wohlfahrtspflege sind durchschnittlich ca. 80.000 Zivildienstleistende (annähernd 70 % aller Zivildienstleistenden) tätig. Sie haben sich in den letzten Jahren vor dem Hintergrund
von Pflegenotstand, Personalknappheit, Kostendeckelung und der Wert-
steigerung des Aspektes der Menschlichkeit als Qualitätsmerkmal immer mehr
zu einer festen Größe auch bei der personellen Planung entwickelt. Ohne sie
wäre das Leistungsangebot der Einrichtungen und Dienste nicht in vollem
Umfang und nicht ohne Qualitätsverlust aufrechtzuerhalten. Allerdings wirft
die mittlerweile vergleichsweise kurze Einsatzzeit der Zivildienstleistenden
in bestimmten Aufgabengebieten erhebliche fachliche wie organisatorische
Probleme auf. Dies gilt z. B. in der individuellen Schwerstbehinderten-
betreuung, aber auch im Bereich der mobilen sozialen Dienste oder in Altenpflegeheimen. Hier hängt die Qualität der Leistung u. a. von der zwischen-
menschlichen Beziehung ab: Eine gewisse Stabilität und Kontinuität wird
von vielen behinderten und pflegebedürftigen Menschen als wohltuend
empfunden und ist damit wesentlicher Bestandteil eines ganzheitlichen

Hilfsangebotes. Ein zu rascher Wechsel der Bezugspersonen senkt das subjektive Wohlbefinden der Betroffenen und damit die Qualität der Leistung insgesamt. Durch diese Beeinträchtigung werden die – formal gleichen und auch im gleichen Maße kostenaufwändigen – erbrachten Leistungen abgewertet. Dieser qualitative Aspekt hat also auch eine ökonomische Dimension. Hinzu kommt ein organisatorisches Problem, denn eine Anschlussbesetzung ist kaum noch planbar. Die Kontinuität der Leistungserstellung ist also nicht mehr zu gewährleisten.

Mit kürzeren Dienstzeiten sinkt seitens der Einrichtungen der Anreiz zum Einsatz von Zivildienstleistenden. Insbesondere für anspruchsvollere Tätigkeiten, die längere Einarbeitungszeiten voraussetzen, stehen Aufwand und Ertrag nicht mehr in einem angemessenen Verhältnis, denn die Einweisung der Zivildienstleistenden bindet auch Ressourcen der einführenden Mitarbeiterinnen und Mitarbeiter. Hierbei handelt es sich um qualifiziertes Personal, das befähigt ist bzw. befähigt werden muss, die Anforderungen der sozialen Arbeit zu vermitteln. Die Einarbeitung der Zivildienstleistenden ist also mit Kosten für die Beschäftigungsstelle verbunden. Bei einem nur vergleichsweise kurzen Zeitraum der Anwendung der erworbenen Fähigkeiten steht ihnen kein adäquater Ertrag aus der Leistung gegenüber. Als Folge werden Zivildienstleistende zukünftig vermehrt nur noch Hilfstätigkeiten übernehmen können, für die keine nennenswerten Qualifizierungen notwendig sind. Die verantwortungsvolle Tätigkeit für das Gemeinwohl als wichtiger Inhalt des Zivildienstes droht damit mehr und mehr in den Hintergrund gedrängt zu werden.

Solche aktuellen Überlegungen sollten aber nicht zu dem Umkehrschluss verleiten, dass die Wohlfahrtsverbände aus fachlichen Gründen auf den Einsatz von Zivildienstleistenden gänzlich verzichten könnten oder wollten. Gerade vor dem Hintergrund der Ökonomisierung der sozialen Arbeit sind die Einrichtungen und Dienste weiterhin auf die Mithilfe der jungen Männer angewiesen. Eine gesamtwirtschaftliche Kosten-Nutzen-Analyse mag zu dem Ergebnis führen, dass eine Substitution von Zivildienstleistenden durch reguläre Arbeitskräfte nur vergleichsweise geringe Mehrkosten verursacht.[32] Für die Einrichtungen und Dienste, die lediglich einen Teil der Gesamtkosten tragen, sieht die Rechnung anders aus. Beim Einsatz von Zivildienstleistenden geht es aber nicht nur darum, gewisse Entlastungen auf der Kostenseite zu erzielen. Die Einrichtungen und Dienste brauchen die Mithilfe der jungen Menschen, um »das bisschen Mehr an Menschlichkeit« aufrechterhalten zu können. Hinzu kommt der Aspekt, dass Zivildienstleistende aufgrund ihres Alters und der geringeren professionellen Distanz oftmals andere Zugangsmöglichkeiten zu den Patientinnen und Patienten haben. Im Sinne einer ganzheitlichen Pflege und Betreuung ist dies nicht zu unterschätzen.

Aber nicht nur die Einrichtungen und Dienste, in denen Zivildienstleistende tätig sind, haben einen Nutzen von deren Mitarbeit. Die Zivildienstleistenden selbst profitieren ebenfalls davon, wenn sie ihren Dienst nicht ausschließlich als Pflicht, sondern als Friedensdienst und soziales Engagement begreifen. Sie erlernen soziale Kompetenz und erhalten fachliche Qualifikationen. Durch ihre Arbeit erfüllen sie wichtige gesellschaftliche Aufgaben und tragen dazu bei, der Gesellschaft ein menschlicheres Antlitz zu geben. Für etliche junge Männer stellt der Zivildienst eine wichtige Orientierungsphase dar. Sie sammeln Erfahrungen in sozialen Berufen, und für nicht wenige prägt der Zivildienst den beruflichen Werdegang.

5.3.4 Selbsthilfegruppen: Bündelung von Betroffenenkompetenz

Zentrale Merkmale der Selbsthilfe sind die gemeinsame Betroffenheit, die bedürfnisbestimmte Form der Leistungserbringung sowie eine selbstverwaltete und mit relativ geringen Formalisierungen verbundene Organisationsform. Darüber hinaus ist ein geringer Grad an hauptamtlicher Professionalität bis hin zur teilweise bewussten Ablehnung hauptamtlicher Handlungsweisen charakteristisch.[33]

Die Motive für die Gründung von Selbsthilfegruppen waren und sind vielfältig. Fehlende bzw. unzureichende Bildungs- und Betreuungsangebote sowie Integrationsmöglichkeiten für behinderte Kinder führten vor 40 Jahren

---

[32] Blandow hat entsprechende Berechnungen für 1992 durchgeführt. Vgl. Blandow, J.: Wie Zivildienstleistende ersetzt werden können, in: Blätter der Wohlfahrtspflege, 141. Jg. 1994, Heft 7 u. 8, S. X–XII. Folgt man seiner Überlegung, dass Arbeitslose und Sozialhilfeempfänger ein wesentliches Potenzial der zusätzlich benötigten Arbeitskräfte darstellen, dann hängt die Höhe der letztendlich zusätzlichen volkswirtschaftlichen Kosten u. a. von den Einsparungen für die Sozialleistungen und natürlich von den Mehreinnahmen bei der Einkommensteuer ab.

[33] Vgl. Merchel, J.: Der Deutsche PARITÄTISCHE Wohlfahrtsverband. Dissertation. Weinheim 1989

Eltern zusammen und motivierten sie zur Gründung von Eltern-Selbsthilfevereinigungen für Menschen mit geistigen oder körperlichen Behinderungen.

Aus Kritik an der zum Teil unzulänglichen medizinischen Versorgung sowie der Ignoranz gegenüber den psychosozialen Bedürfnissen behinderter und chronisch kranker Menschen bildeten sich in den zurückliegenden 25 Jahren Patienten-Selbsthilfegruppen und -organisationen. Gemeinsam wehrten sich die betroffenen Menschen gegen so manchen vermeintlichen Experten, der ihnen sagen wollte, welche praktischen Probleme im Alltag auf Menschen mit Behinderungen oder chronischen Krankheiten zukämen und wie diese zu bewältigen seien.[34]

Über die Kritik an Defiziten hinaus entwickelten sich Selbsthilfegruppen und -organisationen zu»Experten in eigener Sache«, die aus der eigenen Betroffenheit heraus die gegenseitige Unterstützung als neue Qualität der Hilfe kultivierten.

Heute engagieren sich in Deutschland über 2,6 Mio. Menschen in mehr als 70.000 örtlichen Selbsthilfegruppen. Zahlreiche Selbsthilfegruppen sind einer der über 100 bundes- und landesweit tätigen Selbsthilfeorganisationen angeschlossen. Über den großen Bereich der Behinderten- und Gesundheits-Selbsthilfe hinaus engagieren sich Menschen in der Arbeitslosen-Selbsthilfe, der Sucht-Selbsthilfe und der Eltern- und Familien-Selbsthilfe, der Selbstorganisation von Migrantinnen und Migranten oder bspw. in Selbsthilfegruppen zur Trauerbegleitung.

Der anfänglichen, durch Konkurrenzängste motivierten Ablehnung der Selbsthilfe durch professionelle Kräfte der Medizin oder der sozialen Arbeit folgte die Kooperation. In den zurückliegenden Jahren wuchs die Einsicht, dass die Selbsthilfe kein Ersatz für sozialstaatlich garantierte Leistungen sein kann. Würde Selbsthilfe Pflicht, verlöre sie ihre originäre Kraft. Die erlernte Kompetenz der»Profis« und die erlebte Kompetenz der in Selbsthilfe Aktiven müssen sich ergänzen, sich gegenseitig ersetzen können sie nicht.

---

[34] Vgl. Englert, G./Niermann, T.: Die Bedeutung von Selbsthilfegruppen für Behinderte und chronisch kranke Menschen, in: Zwierlein, E. (Hrsg.), Handbuch »Integration und Ausgrenzung«. Neuwied 1996

Was als kleine Selbsthilfegruppe entsteht, kann sich zu einer Selbsthilfe-organisation entwickeln, in deren Gruppen auf örtlicher und regionaler Ebene Selbst- und Fremdhilfe angeboten wird. Aber die Entwicklung muss nicht immer in die gleiche Richtung hin zu einer überregionalen Organisation verlaufen. Ein Beispiel für einen anderen Verlauf ist die Entwicklung einer Arbeitsloseninitiative zu einem professionellen Handwerksbetrieb.

»Kurz Um« – Meisterbetrieb e. V. Von der Arbeitsloseninitiative zum professionellen Handwerksbetrieb[35]

[...] Arbeitslose Jugendliche gründeten 1983 gemeinsam mit Sozialarbeitern/ -innen, Studenten/-innen und Schülern/-innen eine Firma. Mit dem einprägsamen Slogan »Kurz Um – wir packen an« boten sie ihre Dienste an: Umzüge, Entrümpelungen, Gartenarbeit, Winterdienste ...

Es gab keine klare Aufgabenteilung und keine »richtige« Organisationsstruktur im Verein. Es herrschte kreatives Chaos, das die jungen Leute anzog. Jede und jeder machte (fast) alles. Bei »Kurz Um« fanden Jugendliche neben Jobs auch die Gemeinschaft mit Gleichaltrigen. Die Vereinsarbeit war stark freizeitorientiert, niederschwellig, überhaupt nicht »kopflastig«: Sozialpädagogische Beratung ja, aber nicht als »Schreibtischberatung«, sondern Problembewältigung bei und neben der Arbeit. Nach und nach baute der Verein sein Angebot aus, richtete neben dem Umzugsbetrieb eine Tischlerei, einen Malerbetrieb und einen Meisterbetrieb für Heizungsbau und Sanitärtechnik ein, in denen mittlerweile viele ihren Gesellenbrief erlangt haben.

Zunehmend notwendige Marktorientierung, gleichzeitig sich permanent ändernde Förderrichtlinien und sinkende öffentliche Mittel erhöhten ganz allmählich den Druck auf die engagierte Gruppe. Es wuchs die Einsicht, dass professioneller gearbeitet werden muss. Verantwortlichkeiten wurden klar zugeordnet, die Betriebe zu Meisterbetrieben umgewandelt, manches lieb Gewordene im Miteinander musste aufgegeben werden, auf Leistung und Qualität in der Arbeit für den Kunden wurde stärker Wert gelegt. [...] So wurde aus »Kurz Um« im Laufe der Jahre ein (Wirtschafts-)Unternehmen, das sich zu 80% selbst finanziert und heute etwa 50 Frauen und Männern Arbeit bietet.

---

[35] Dieses Beispiel ist entnommen: In guter Gesellschaft. Szenarien aus Selbsthilfe und Bürgerengagement. Hrsg. vom Paritätischen Wohlfahrtsverband und der Stiftung MITARBEIT. Eigenverlag 2001

Dieses Beispiel verdeutlicht nicht nur den organisatorischen Wandel, den das beschriebene Selbsthilfeprojekt vollzogen hat. Auch die Gründe für die Veränderung werden transparent. Das Projekt war auf Fremdmittel angewiesen. Wenn sich Förderbedingungen ändern, dann können Selbsthilfegruppen, die finanzielle Zuwendungen benötigen, existenziell bedroht sein. Elterninitiativen müssen u. U. auf die Realisierung ihres Projektes verzichten, wenn adäquate Räumlichkeiten nicht verfügbar oder nicht finanzierbar sind. In einer vergleichbaren Lage sind Projekte, die bspw. bedrohten Frauen Schutzräume anbieten. Auch hier trägt staatliche Förderung durch die Übernahme zumindest eines Teils der Kosten zum Gelingen der Selbsthilfeaktivitäten bei.

Über die Relevanz von Selbsthilfeaktivitäten besteht ein breiter gesellschaftlicher Konsens. Selbsthilfe soll gefördert und unterstützt werden. So erbringen bspw. Selbsthilfegruppen und -organisationen für behinderte und chronisch kranke Menschen insbesondere Leistungen, die im Bereich Prävention und Rehabilitation anzusiedeln sind. Mit diesem Angebot passen sie zu dem Leistungsspektrum der Sozialversicherungen. Es ist daher nur konsequent, wenn die Krankenversicherungen aufgefordert sind, sich an der Finanzierung der Selbsthilfe zu beteiligen (§ 20 Abs. 4 SGB V).

Etliche Selbsthilfegruppen haben sich den Verbänden der Freien Wohlfahrtspflege angeschlossen. Eine herausragende Stellung hat dabei der Paritätische Wohlfahrtsverband, dessen Strukturen besonders gut dafür geeignet sind, selbständige korporative Mitgliedschaft zuzulassen. Durch ihre Mitgliedschaft in einem Verband der Freien Wohlfahrtspflege können die Selbsthilfegruppen dessen Infrastruktur nutzen. Von den Verbänden erhalten die Gruppen organisatorische Hilfestellungen, Fachberatung und bekommen auch den Weg zur finanziellen Unterstützung geebnet. Gleichzeitig können sie ihre Ziele und innovativen Anstöße in den Verbänden zur Geltung bringen. Die Unterstützung von Selbsthilfe ist ein wichtiges Anliegen der Wohlfahrtsverbände. Selbsthilfe erfordert infrastrukturelle Unterstützung. Diese wird mancherorts durch Selbsthilfekontaktstellen (230 in Deutschland) geleistet. Ein flächendeckendes Netz von Selbsthilfekontaktstellen fehlt allerdings ebenso wie eine gesicherte Finanzierung für die meisten der bestehenden Kontaktstellen. Sich für die Anerkennung und finanzielle Unterstützung einzusetzen ist Aufgabe der Freien Wohlfahrtspflege.

Grafik 5.5

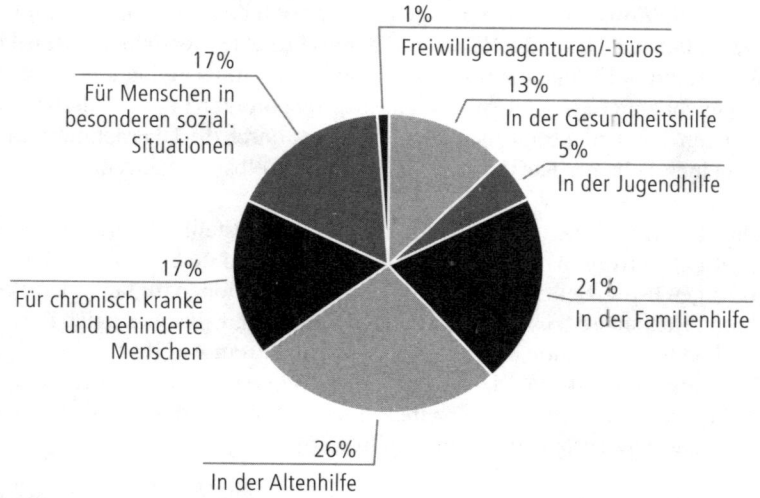

Selbsthilfe- und Helfergruppen in den Verbänden der Freien Wohlfahrtspflege (2000)

1%
Freiwilligenagenturen/-büros

13%
In der Gesundheitshilfe

5%
In der Jugendhilfe

17%
Für Menschen in besonderen sozial. Situationen

17%
Für chronisch kranke und behinderte Menschen

21%
In der Familienhilfe

26%
In der Altenhilfe

Quelle: BAGFW, Gesamtstatistik der Einrichtungen und Dienste 2000

Den Verbänden der Freien Wohlfahrtspflege sind ca. 28.400 Selbsthilfe- und Helfergruppen angeschlossen, die nicht zu Einrichtungen gehören. Einen Überblick über die Tätigkeitsfelder gibt Grafik 5.5. Jede vierte dieser Gruppen ist in der Altenhilfe tätig (Telefonketten, Altenclubs und -gruppen). In der Familienhilfe engagieren sich 21% der Selbsthilfegruppen, die der Freien Wohlfahrtspflege angeschlossen sind. Hierzu zählen Nachbarschaftshilfedienste, Helfergruppen für Familien, Elterninitiative-Gruppen sowie Selbsthilfegruppen für Alleinerziehende. Den Verbänden der Freien Wohlfahrtspflege gehören ähnlich viele Selbsthilfegruppen für chronisch kranke und behinderte Menschen an wie Gruppen für Menschen in besonderen sozialen Situationen (jeweils fast 5.000). Bei den Selbsthilfegruppen für chronisch kranke und behinderte Menschen handelt es sich um Selbsthilfe- und Kontaktgruppen für psychisch Kranke bzw. seelisch, geistig oder körperlich behinderte Menschen, für Angehörige von kranken und alten Menschen sowie für gesundheitliche Nachsorge oder Dauersorge bspw. für Krebskranke, MS-Kranke oder HIV-Infizierte. Selbsthilfegruppen für Menschen in besonderen sozialen Situationen sind bspw. Arbeitslosen-Initiativen, Frauen-Selbsthilfegruppen oder andere sozial tätige Gruppen für Erwachsene. Weitere 3.600 Selbsthilfe- und Helfergruppen engagieren sich in der Gesundheitshilfe. Sie sind in Krankenhäusern und Altenheimen oder als Selbsthilfe- oder Abstinenzgruppen in der Suchtkrankenhilfe tätig. Zu den Gruppen in der Familienhilfe schließlich zählen Jugendclubs sowie Hausaufgabenhilfe- und andere Schülerhilfegruppen.

6.

Beitrag der Freien Wohlfahrtspflege zu Wohlfahrt

und Beschäftigung

Mit den ihnen angeschlossenen 94.000 Einrichtungen und Diensten sind die Spitzenverbände der Freien Wohlfahrtspflege bedeutende Anbieter sozialer Dienstleistungen. Insgesamt sind 1,16 Mio. Menschen hauptamtlich in diesen Einrichtungen und Diensten beschäftigt. Hinzu kommen Zivildienstleistende, Auszubildende, Schülerinnen und Schüler, Praktikantinnen und Praktikanten sowie Honorarkräfte. Etwa 2,5 bis 3 Millionen ehrenamtliche Mitarbeiterinnen und Mitarbeiter ergänzen und unterstützen die Hauptberuflichen.

Die Leistungen der Freien Wohlfahrtspflege werden von rechtlich selbständigen Einrichtungen und Diensten erbracht. Neben anderen freien und öffentlichen Trägern erbringen die Einrichtungen Dienstleistungen im Gesundheitswesen und im sozialen Bereich. Die Freie Wohlfahrtspflege ist folglich keine eigenständige Branche oder ein eigenständiger Wirtschaftszweig. Daher werden die Gesamtleistungen der Freien Wohlfahrtspflege auch in keiner amtlichen Statistik als isolierte Größe ausgewiesen. Um die Leistungen zu quantifizieren, bedarf es Schätzungen und Hochrechnungen. Solche Berechnungen waren wiederholt Gegenstand wissenschaftlicher Untersuchungen. Die jüngste Studie dieser Art ist die des Instituts für Wirtschaft und Gesellschaft (IWG) Bonn, deren Ergebnisse von Ottnard/Wahl/ Miegel[36] veröffentlicht wurden.

Folgt man dieser detaillierten Analyse, dann trägt die Freie Wohlfahrtspflege mit ca. 2 % zur gesamtwirtschaftlichen Wertschöpfung bei.[37] Entsprechend des Konzepts der volkswirtschaftlichen Gesamtrechnung sind hier nur die zu»Marktpreisen« bewerteten Leistungen berücksichtigt. Ehrenamtliche Tätigkeit geht in die gesamtwirtschaftliche Wertschöpfung nicht ein. Würde auch

---

[36] Ottnard, A./Wahl, S./Miegel, M.: Zwischen Markt und Mildtätigkeit. Die Bedeutung der Freien Wohlfahrtspflege für Gesellschaft, Wirtschaft und Beschäftigung. München 2000

[37] Der exakte Wert wird mit 1,9 % angegeben. Vgl. ebenda S. 57.

sie erfasst, dann wäre der Leistungsbeitrag der Freien Wohlfahrtspflege um ein knappes Drittel höher. Diese Ergebnisse beziehen sich auf das Jahr 1997. Seitdem dürften sich die Relationen nicht nennenswert verändert haben. Für das Jahr 2000 errechnet sich auf Basis der genannten Anteile ein Wert von 37 Mrd. Euro. In dieser Größenordnung liegt in etwa der Beitrag von Einrichtungen und Diensten der Freien Wohlfahrtspflege zum Bruttoinlandsprodukt, wobei unbezahlte Leistungen nicht berücksichtigt sind.

6.1 Freie Wohlfahrtspflege als Teil des Dritten Sektors

Die Freie Wohlfahrtspflege ist dem so genannten Dritten Sektor[38] zuzuordnen. Er ist zwischen Staat und Markt positioniert. Der Dritte Sektor umfasst eine breite Palette von Institutionen. Zu ihm gehören Sportvereine ebenso wie Umweltgruppen, Kindergärten, Krankenhäuser usw. Die Organisationen des Dritten Sektors sind also in sehr verschiedenen Bereichen tätig. Sie unterscheiden sich von gewerblichen Unternehmen darin, dass Gewinnerzielung nicht das Ziel ihrer Aktivitäten ist. Dies ist allerdings nur eines von mehreren Charakteristika.

In der Johns Hopkins Untersuchung[39] werden Nonprofit-Unternehmen durch fünf Merkmale beschrieben:

1. Institutioneller Aufbau der Organisationen

2. Institutionelle Trennung vom Staat

3. Eigenkontrolle über die Geschäfte

4. Keine Gewinnausschüttung an leitende Angestellte oder Eigner

---

[38] Auf die Vielschichtigkeit des Begriffes und die Abgrenzungsproblematik wird an dieser Stelle nicht eingegangen. Vgl. hierzu Grunwald, K.: Neugestaltung der freien Wohlfahrtspflege. Management organisationalen Wandels und die Ziele der Sozialen Arbeit. München 2001, S. 27 ff.

[39] Vgl. Salamon, L./Anheier, H.: Der Dritte Sektor. Aktuelle internationale Trends – Eine Zusammenfassung. The Johns Hopkins Comparative Nonprofit Sector Project, Phase II. Gütersloh 1999, S. 9.

5. Keine Zwangsmitgliedschaft, aber freiwilliges Engagement bzw. Spenden

Die Aktivitäten der Dritter-Sektor-Organisationen zielen darauf, gesellschaftlich als sinnvoll und notwendig erachtete Leistungen zu erbringen.[40] Dies ändert nichts daran, dass sich auch diese Institutionen den ökonomischen Zwängen fügen müssen, wenn sie am Markt für Sozialleistungen bestehen wollen. Spätestens seit der Etablierung marktmäßiger oder zumindest marktähnlicher Wettbewerbsbedingungen im Sozialbereich hat die Berücksichtigung ökonomischer Kategorien wie Rentabilität, Effizienz und Gewinn für Einrichtungen und Dienste der Freien Wohlfahrtspflege an Bedeutung gewonnen – denn als einer von mehreren Anbietern sozialer Dienstleistungen müssen sich die einzelnen Betriebe dem wirtschaftlichen Vergleich stellen.

Die Wohlfahrtsverbände verstehen sich nicht als »normale« Dienstleistungsanbieter. Sie haben den Status der Gemeinnützigkeit; ihre Tätigkeiten richten sich darauf, das Allgemeinwohl zu fördern. Folglich bestimmt nicht rein ökonomische Rationalität ihr Handeln. Gleichwohl ist der gemeinnützige Anspruch in dem veränderten Umfeld nur zu verwirklichen, wenn die Einrichtungen und Dienste ihre Leistungen unter strengster Beachtung betriebswirtschaftlicher Gesichtspunkte erbringen. Wirtschaftliches Handeln ist die wesentliche Bedingung zur Zielerreichung geworden, aber es ist eben nur eine Bedingung und nicht das Ziel selbst. Die Beachtung ökonomischer Gesichtspunkte bedeutet für die Einrichtungen und Dienste der Freien Wohlfahrtspflege, den gemeinnützigen Zweck mit dem geringstmöglichen Aufwand zu realisieren.

Ein Dienstleistungsangebot durch gemeinnützige Unternehmen ist keineswegs mit dem Verzicht auf Gewinnerzielung gleichzusetzen. Für wichtige Tätigkeitsfelder gilt, dass die Einrichtungen und Dienste nur dauerhaft überleben können, wenn sie Gewinne erwirtschaften. Aber der Gewinn hat in gemeinnützigen Unternehmen eine besondere Funktion. Auf keinen Fall dient er der privaten Aneignung. Die erwirtschafteten Mittel werden folglich

---

[40] Schaad bspw. kommt in ihrer Untersuchung zu dem Ergebnis, dass für die Freie Wohlfahrtspflege das humanitäre Selbstverständnis handlungsleitend ist, das einer anderen Logik als reinem ökonomischen Effizienzdenken folgt. Schaad, M.: Nonprofit-Organisationen in der ökonomischen Theorie. Eine Analyse der Entwicklung und der Handlungsmotivation der Freien Wohlfahrtspflege. Wiesbaden 1995

nicht ausgeschüttet, sondern verbleiben im sozialen Bereich. Sie werden zweck-
gebunden im laufenden Betrieb für Aufgaben verwendet, die z. B. nicht pfle-
gesatzfinanziert sind, und sie werden für neue Maßnahmen und Projekte eingesetzt. Als Nonprofit-Unternehmen unterscheiden sich die Einrichtungen
und Dienste der Freien Wohlfahrtspflege ganz erheblich von privatwirtschaft-
lichen, die u. U. im gleichen Bereich tätig sind bzw. identische Dienstleistungen anbieten.

6.1.1 Quantifizierung der gesamtwirtschaftlichen Leistung: Annäherungsversuch

Wie lässt sich der Leistungsumfang quantifizieren, der von der Freien Wohlfahrtspflege erbracht wird? In der volkswirtschaftlichen Gesamtrechnung
werden die Leistungen nicht adäquat widergespiegelt. Bei dem gesamtwirtschaftlichen Zahlenwerk, das als Indikator für den Wohlstand der Nation gilt,
handelt es sich um ein Messwerk für ökonomische Leistungen. Hier soll –
vereinfacht ausgedrückt – der Wert der in der laufenden Periode erstellten
Güter und Dienstleistungen nachgewiesen werden. Die Güter sind für den
Markt produzierte Waren, die von den privaten Haushalten konsumiert werden oder als Investitionsgüter zur Fertigung anderer Güter beitragen. Waren,
die nicht über den Markt vertrieben werden oder nicht absetzbar sind, tau-
chen in der gesamtwirtschaftlichen Wertschöpfung nicht auf. Das Gleiche
gilt für Dienstleistungen. Während am Markt gekaufte Dienstleistungen
zumindest konzeptionell in die gesamtwirtschaftliche Wertschöpfung eingehen, bleibt die gleiche Leistung, die z. B. im Rahmen der Nachbarschaftshilfe erstellt wird, ausgeklammert. Das wohl prominenteste Beispiel für
Dienstleistungen, die in der gesamtwirtschaftlichen Wertschöpfung keine
Berücksichtigung finden, ist die Hausarbeit – in den Einrichtungen und
Diensten der Freien Wohlfahrtspflege ist es die Leistung der vielen Ehrenamtlichen und Freiwilligen.

Bei der volkswirtschaftlichen Gesamtrechnung handelt es sich also um ein
Zahlenwerk, das auf die Erfassung der Leistungen zielt, die über den Markt
– also zu Marktpreisen – vertrieben werden. Im Bereich der sozialen
Dienstleistungen erfolgt die »Bezahlung« häufig nicht direkt durch den
Konsumenten. Die für diese Leistungen erhobenen Preise sind daher mit Marktpreisen, die Angebot und Nachfrage in Übereinstimmung bringen sollen, nicht
vergleichbar.[41] Die Preisgestaltung bzw. Vergütung für soziale Dienstleistungen

wird von anderen Faktoren bestimmt. Daher sind die Preise in diesem Bereich auch kein geeigneter Maßstab zur Beurteilung bzw. Quantifizierung des Wertes der Leistung im ökonomischen Sinn.[42]

In der volkswirtschaftlichen Gesamtrechnung wird die Wertschöpfung der Einrichtungen und Dienste der Freien Wohlfahrtspflege daher nicht über den Wert der erstellten Dienstleistungen ermittelt, sondern über Faktorkosten. Der bewertete Arbeitseinsatz wird ergänzt um die auf die Periode bezogenen Kosten des Faktors Kapital, also die Abschreibungen. Der Umfang der Gesamtleistung der Freien Wohlfahrtspflege ist im offiziellen Zahlenwerk zu gering angesetzt, denn aufgrund der Marktpreislogik bleibt unbezahlte ehrenamtliche Tätigkeit gänzlich unberücksichtigt.[43] Dies gilt auch für den Teil der Leistung, der von Zivildienstleistenden und von Helferinnen und Helfern im Freiwilligen Sozialen Jahr erbracht wird und für den in der Vergütung keine Kompensation vorgesehen ist. Ottnard/Wahl/Miegel beziffern den Wert der nicht berücksichtigten Arbeitsleistungen für 1997 auf 17% der gesamten »erweiterten« Wertschöpfung der Freien Wohlfahrtspflege. Eine Untererfassung ist auch für den Kapitaleinsatz zu konstatieren, wenngleich hier der Gesamteffekt geringer anzusetzen ist als beim Faktor Arbeit (nach Ottnard/Wahl/Miegel mit 8%). Insgesamt erhöht sich nach dieser Rechnung die gesamtwirtschaftliche Wertschöpfung durch die Berücksichtigung »unentgeltlicher« Eigenleistungen der Freien Wohlfahrtspflege für das Jahr 1997 von 34 Mrd. Euro auf 46 Mrd. Euro, was einem Anstieg von etwa einem Drittel entspricht.[44]

---

[41] Für etliche Leistungen existiert überhaupt kein Preis in Form eines Entgelts, das direkt einer Leistung zugeordnet werden kann.

[42] Vgl. Goll, E.: Die freie Wohlfahrtspflege als eigener Wirtschaftssektor: Theorie und Empirie ihrer Verbände und Einrichtungen. Baden-Baden 1991, S. 194

[43] Spiegelhalter spricht in diesem Zusammenhang von einer Subventionierung der Allgemeinheit durch die Freie Wohlfahrtspflege. Er bezieht sich dabei auf die Gesamtheit der Zusatzleistungen, die nicht angemessen vergütet (entlohnt oder verzinst) werden. Spiegelhalter, F.: Der dritte Sektor: die Freie Wohlfahrtspflege – ihr finanzieller und ideeller Beitrag zum Sozialstaat. Freiburg i. Br. 1990, S. 22 ff.

[44] Bezogen auf das Bruttoinlandsprodukt des Jahres 2000 errechnet sich bei unveränderten Relationen eine Wertschöpfung der Freien Wohlfahrtspflege von 37 Mrd. Euro bzw. von 50 Mrd. Euro, wenn die unentgeltlichen Leistungen mit berücksichtigt werden.

6.1.2 Leistungsvergleich mit wichtigen Wirtschaftszweigen

Wie stellt sich die gesamtwirtschaftliche Leistung der Freien Wohlfahrtspflege im Vergleich zu anderen ökonomischen Einheiten dar? Ein ausgesprochen grober Vergleichsmaßstab sind die Wirtschaftszweige des Produzierenden Gewerbes (ohne Baugewerbe). Die Relevanz des Produzierenden
Gewerbes und seiner wichtigsten Branchen für die wirtschaftliche Prospe-
rität, für Beschäftigung und Einkommen steht außer Frage. Eine Gegenüberstellung der – gemessen an der Wertschöpfung – zehn wichtigsten Wirtschaftszweige des Produzierenden Gewerbes mit den Leistungen der Freien
Wohlfahrtspflege macht die Bedeutung letztgenannter augenfällig (vgl.
Grafik 6.1). Lediglich die vier größten Wirtschaftszweige Fahrzeugbau,
Maschinenbau, Elektrotechnik und Metallerzeugung haben eine deutlich
höhere Wertschöpfung als die Freie Wohlfahrtspflege. Die Leistungen der
chemischen Industrie, des Ernährungsgewerbes und der Energie- und Wasserversorgung sind denen der Freien Wohlfahrtspflege annähernd vergleichbar. Eine geringere Wertschöpfung haben die Wirtschaftszweige
Papier, Gummi, Steine und Erden sowie alle übrigen (kleineren) Branchen
des Produzierenden Gewerbes.

Grafik 6.1

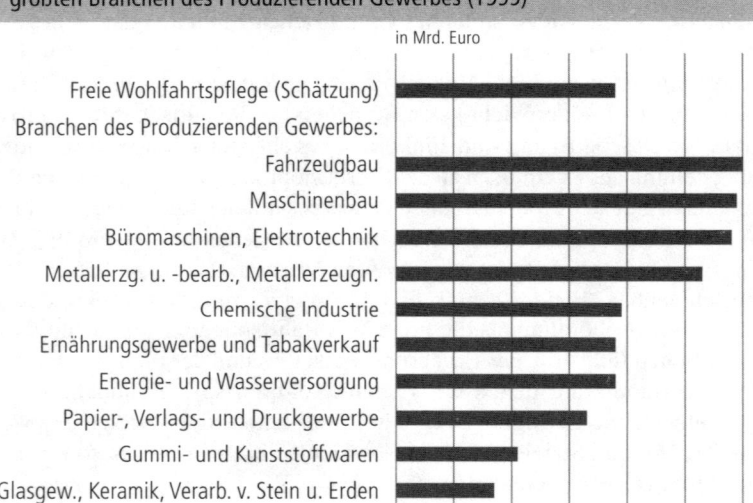

Bruttowertschöpfung der Freien Wohlfahrtspflege im Vergleich zu den zehn größten Branchen des Produzierenden Gewerbes (1999)

in Mrd. Euro

Freie Wohlfahrtspflege (Schätzung)
Branchen des Produzierenden Gewerbes:
Fahrzeugbau
Maschinenbau
Büromaschinen, Elektrotechnik
Metallerzg. u. -bearb., Metallerzeugn.
Chemische Industrie
Ernährungsgewerbe und Tabakverkauf
Energie- und Wasserversorgung
Papier-, Verlags- und Druckgewerbe
Gummi- und Kunststoffwaren
Glasgew., Keramik, Verarb. v. Stein u. Erden

0   20   40   60

Quelle: Statistisches Bundesamt, Fachserie 18 Reihe 1.2, Hauptbericht 2000 und eigene Berechnungen

Die gesamtwirtschaftliche Leistung ist Resultat der Kombination der beiden Produktionsfaktoren Arbeit und Kapital. In der Faktorkombination unterscheiden sich die Wirtschaftszweige z. T. erheblich. Die Aktivitäten der Freien Wohlfahrtspflege sind weitgehend in den Wirtschaftszweigen Erziehung und Unterricht sowie Gesundheits-, Veterinär- und Sozialwesen nachgewiesen. Vom Produzierenden Gewerbe unterscheiden sich diese Wirtschaftszweige durch eine vergleichsweise geringe Bedeutung des Kapitaleinsatzes. Entsprechend spielt der Wertverlust der eingesetzten Kapitalgüter für die Wertschöpfung keine sehr große Rolle. Die gesamtwirtschaftliche Leistung wird in den Einrichtungen und Diensten der Freien Wohlfahrtspflege also in hohem Maße durch Arbeitsleistung erbracht. Folglich liegt der Wert der Leistung in den hier betrachteten Wirtschaftsbereichen nicht sehr weit von der Summe der Arbeitnehmerentgelte entfernt. Während die Bruttowertschöpfung im Produzierenden Gewerbe den Wert der Arbeitnehmerentgelte um fast 50 % übersteigt, beträgt die Differenz im Bereich Erziehung und Unterricht gerade einmal 6,5 %, im Gesundheits-, Veterinär- und Sozialwesen

26 %. Diese Relationen veranschaulichen die große Relevanz, die der Faktor Arbeit für die Wertschöpfung der Freien Wohlfahrtspflege hat.

Gemessen an der Wertschöpfung der großen Wirtschaftszweige des Produzierenden Gewerbes (ohne Baugewerbe) nimmt die Freie Wohlfahrtspflege den achten Platz ein. Die Positionierung ändert sich, wenn die Anzahl der sozialversicherungspflichtig Beschäftigten für die Rangordnung zu Grunde gelegt wird, denn die Bereitstellung sozialer Dienstleistungen ist ausgesprochen arbeitsintensiv und dadurch mit einem hohen Personalaufwand verbunden. Als Arbeitsplatzanbieter ist die Freie Wohlfahrtspflege sehr viel wichtiger als die meisten der großen Industriebranchen (vgl. Grafik 6.2)[45], die allerdings einen insgesamt höheren Beitrag zur gesamtwirtschaftlichen Wertschöpfung leisten.

Grafik 6.2

Sozialversicherungspflichtig Beschäftigte in der Freien Wohlfahrtspflege und in den zehn größten Branchen des Produzierenden Gewerbes (31.12.1999)

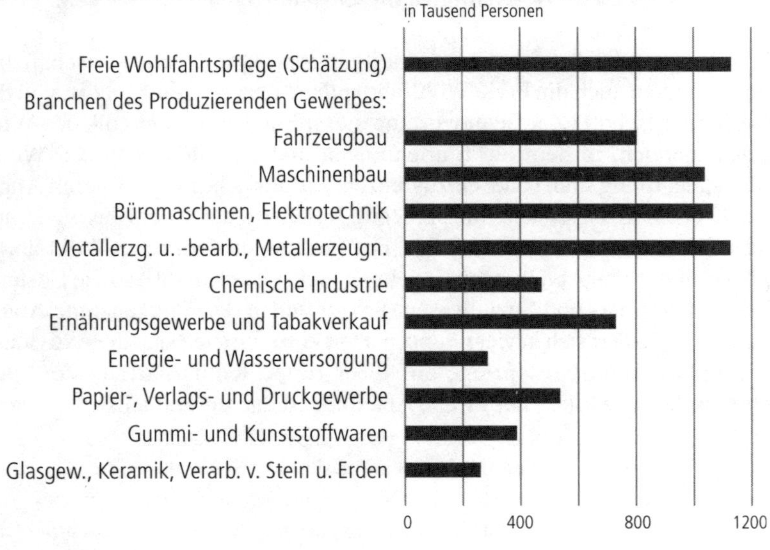

in Tausend Personen

Freie Wohlfahrtspflege (Schätzung)
Branchen des Produzierenden Gewerbes:
Fahrzeugbau
Maschinenbau
Büromaschinen, Elektrotechnik
Metallerzg. u. -bearb., Metallerzeugn.
Chemische Industrie
Ernährungsgewerbe und Tabakverkauf
Energie- und Wasserversorgung
Papier-, Verlags- und Druckgewerbe
Gummi- und Kunststoffwaren
Glasgew., Keramik, Verarb. v. Stein u. Erden

0   400   800   1200

Anmerkung: Rangfolge der Branchen entsprechend ihrer Wertschöpfung
Quelle: Statistisches Bundesamt, Fachserie 1 Reihe 4.2.1, 1999 und eigene Berechnungen

In Bezug auf die Beschäftigung braucht die Freie Wohlfahrtspflege den Vergleich mit den zehn leistungsstärksten Industriebranchen also noch weniger zu scheuen als hinsichtlich der Wertschöpfung. Allerdings bezieht sich dieser Vergleich auf die Anzahl der Personen, nicht auf die geleisteten Arbeitsstunden. Wird auch die Arbeitszeit berücksichtigt, dann »verschlechtert« sich die relative Position der Freien Wohlfahrtspflege geringfügig, denn die Mitarbeiterinnen und Mitarbeiter in den Einrichtungen und Diensten der Wohlfahrtsverbände sind häufiger teilzeitbeschäftigt als Arbeitnehmer im Produzierenden Gewerbe. Soll die Beschäftigung als Indikator für die Gesamtleistung eines Wirtschaftszweiges herangezogen werden, so wäre die Arbeitszeit, also die geleisteten Arbeitsstunden, die aussagefähigere Größe.[46] Steht hingegen die Freie Wohlfahrtspflege als Arbeitgeber und Anbieter von Arbeitsplätzen im Zentrum der Betrachtung, dann ist der Rekurs auf die Anzahl der Beschäftigten aussagefähiger.

6.1.3 Zur Struktur der sozialversicherungspflichtig Beschäftigten im »Sozialbereich«

Worin unterscheidet sich die Beschäftigungsstruktur in dem Wirtschaftsbereich, zu dem auch die Freie Wohlfahrtspflege überwiegend gehört, von der Gesamtwirtschaft? Zur Beantwortung dieser Frage ist es sinnvoll, den Wirtschaftsbereich, in dem die Einrichtungen und Dienste der Freien Wohlfahrtspflege tätig sind, näher einzugrenzen. Die amtliche Statistik liefert Angaben über die sozialversicherungspflichtig Beschäftigten in der Klassifizierung nach Wirtschaftszweigen (WZ 93). Die Leistungen der Freien Wohlfahrtspflege sind in den Abteilungen Erziehung und Unterricht (80) sowie Gesundheits-, Veterinär- und Sozialwesen (85) zu finden. Die erstgenannte Abteilung untergliedert sich in vier Gruppen. Dort konzentrieren sich die Aktivitäten der Freien Wohlfahrtspflege auf die Gruppe Kindergärten, Vor- und Grundschulen (80.1).[47] Die zweite Abteilung ist das Gesundheits-, Veterinär-

---

[45] Der in Grafik 6.2 dargestellte Vergleich basiert auf Schätzungen für die sozialversicherungspflichtig beschäftigten Mitarbeiterinnen und Mitarbeiter der Freien Wohlfahrtspflege. Die Schätzwerte wurden nach den Angaben von Ottnard/Wahl/Miegel (S. 42 f.) ermittelt. Danach dürfte der Anteil der Freien Wohlfahrtspflege an allen sozialversicherungspflichtig Beschäftigten bei ca. 4 % liegen.

[46] Und auch dieser Indikator lässt natürlich keinen direkten Leistungsvergleich zu, da die Arbeitsproduktivität nicht in allen Bereichen der Wirtschaft gleich ist.

und Sozialwesen (85). Es ist in drei Gruppen unterteilt. Von ihnen ist die erste – Gesundheitswesen (85.1) – und die dritte – Sozialwesen (85.3) – für die Wohlfahrtsverbände relevant. Der weitaus größte Teil der Aktivitäten der Freien Wohlfahrtspflege lässt sich also drei Wirtschaftszweigen (in der dreistelligen numerischen Gliederung) bzw. Gruppen zuordnen:

(1) Kindergärten, Vor- und Grundschulen

(2) Gesundheitswesen

(3) Sozialwesen

Diese drei Wirtschaftszweige werden im Folgenden zusammengefasst und als »Sozialbereich« bezeichnet. Im Jahr 2000 (Jahresmitte) waren 11,5 % aller sozialversicherungspflichtig Beschäftigten in diesem Bereich tätig. Dieser Anteil bezieht sich auf Personen, nicht auf die geleisteten Arbeitsstunden. Gemessen an den Arbeitsstunden hat der spezifizierte Bereich ein etwas geringeres Gewicht.

Ein Vergleich der Strukturdaten der sozialversicherungspflichtig Beschäftigten in dem für die Freie Wohlfahrtspflege relevanten Sozialbereich mit der Beschäftigtenstruktur in allen Wirtschaftszweigen (Grafik 6.3) liefert auffällige Unterschiede in Bezug auf das Geschlecht der Arbeitnehmer und die Arbeitszeit. Im Sozialbereich sind sehr viele Frauen beschäftigt, der Anteil weiblicher Beschäftigter ist hier mit über 80 % fast doppelt so hoch wie in der Gesamtwirtschaft (44 %). Der hohe Frauenanteil wirkt sich auch auf die Arbeitszeit aus, denn Frauen sind häufiger teilzeitbeschäftigt als Männer. Während in der Gesamtwirtschaft nur 14 % aller sozialversicherungspflichtig Beschäftigten einer Erwerbstätigkeit mit reduzierter Stundenzahl nachgehen, sind es im Sozialbereich in der hier gewählten Abgrenzung ca. 28 %. Der weit überwiegende Teil von ihnen hat eine wöchentliche Arbeitszeit von mindestens 18 Stunden. Die Arbeitszeit der teilzeitbeschäftigten Arbeitnehmerinnen und Arbeitnehmer dürfte sich zwischen 50 % und 80 % einer Vollerwerbstätigkeit bewegen. Mit dieser hypothetischen Arbeitszeit lassen

---

[47] Die Wertschöpfung der Aus-, Fort- und Weiterbildungseinrichtungen der Freien Wohlfahrtspflege fällt gemessen an der Gesamtleistung der Abteilung Erziehung und Unterricht kaum ins Gewicht. Diese Segmente werden daher im Folgenden aus der Betrachtung ausgeklammert.

sich Vollzeitäquivalente schätzen.[48] Nach diesen Berechnungen beläuft sich die Anzahl der Beschäftigten im Sozialbereich – ausgedrückt in Vollzeitstellen – auf 2,7 bis 3 Millionen. Der Anteil an der Zahl der insgesamt sozialversicherungspflichtig Beschäftigten (in Vollzeitäquivalenten) dürfte im Bereich von 10,5 % bis 11 % liegen.

Graphik 6.3

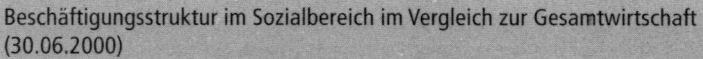

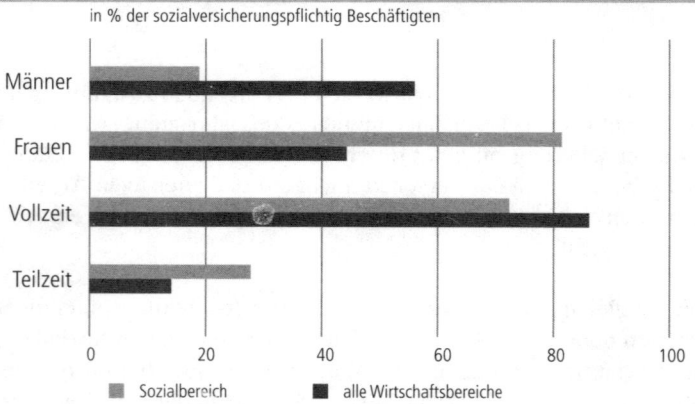

Anmerkung: Mit Sozialbereich ist die Summe der Wirtschaftsbereiche Kindergärten, Vor- und Grundschulen (801 nach WZ93), Gesundheitswesen (851 nach WZ93) und Sozialwesen (853 nach WZ93) bezeichnet.
Quelle: Statistisches Bundesamt, Statistik sozialversicherungspflichtig Beschäftigter, Stand 30.06.2000

Der gesamte Sozialbereich, dem die Aktivitäten der Freien Wohlfahrtspflege zuzurechnen sind, beschäftigt also über 10 % aller sozialversicherungspflichtigen Arbeitnehmerinnen und Arbeitnehmer. Die beschriebenen Strukturmerkmale – ein sehr hoher Anteil weiblicher Arbeitnehmer und ein vergleichsweise hoher Anteil von Teilzeiterwerbstätigkeit – lassen sich für alle drei Wirtschaftszweige diagnostizieren, die zum Sozialbereich zusammengefasst wurden. In der konkreten Ausprägung gibt es allerdings durchaus Unterschiede zwischen den verschiedenen Unterabteilungen des Sozialbereichs. Ein Vergleich der drei Bereiche – Kindergärten, Vor- und Grundschulen,

---

[48] Als weitere Annahme ging in die Berechnung ein, dass die anteilige Arbeitszeit der Teilzeitbeschäftigten im Sozialwesen und in der Gesamtwirtschaft identisch ist.

Gesundheitswesen und Sozialwesen – macht solche Differenzen in der Beschäftigtenstruktur transparent (Grafik 6.4). So liegt der Frauenanteil an den Beschäftigten in Kindergärten, Vor- und Grundschulen bei über 90%, im Sozialwesen unter 80%. Die Teilzeitquote (Anteil der Teilzeit- an allen Beschäftigten) ist in Kindergärten, Vor- und Grundschulen am höchsten (42%) und im Gesundheitswesen am niedrigsten (23%). Der Sozialbereich ist also keineswegs homogen in Bezug auf die Beschäftigtenstruktur. Zwischen den einzelnen Bereichen gibt es zum Teil erhebliche Unterschiede.

Grafik 6.4

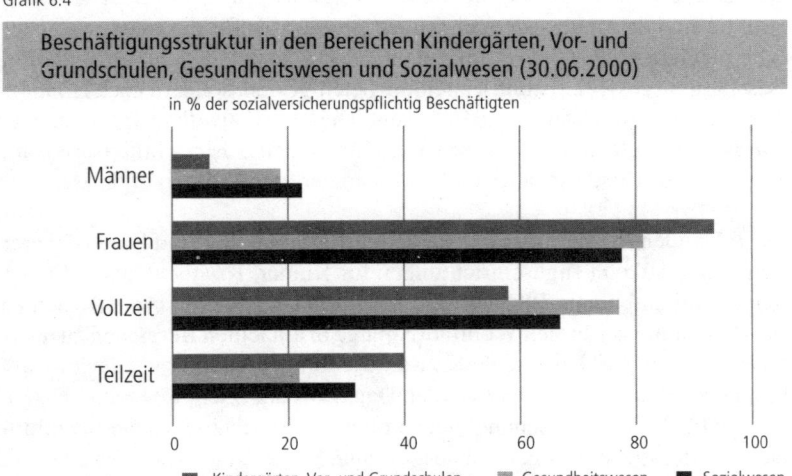

Beschäftigungsstruktur in den Bereichen Kindergärten, Vor- und Grundschulen, Gesundheitswesen und Sozialwesen (30.06.2000)

in % der sozialversicherungspflichtig Beschäftigten

Quelle: Statistisches Bundesamt, Statistik sozialversicherungspflichtig Beschäftigter, Stand 30.06.2000

Solche Disparitäten sind auch in der Altersstruktur der Beschäftigten zu erkennen. Für den gesamten Sozialbereich zeigen sich kaum Differenzen zur Gesamtwirtschaft. Etwas anders sieht es auf der stärker disaggregierten Ebene der betrachteten drei Wirtschaftszweige aus. Die sozialversicherungspflichtig Beschäftigten sind überwiegend jünger als 40 Jahre. In der Gesamtwirtschaft gilt dies für 55%, im Sozialbereich für 56% der Beschäftigten. Das Gesundheitswesen hat von den drei betrachteten Bereichen im Durchschnitt die jüngsten Beschäftigten. Hier sind fast 60% jünger als 40 Jahre. Den Gegenpol bildet das Sozialwesen. In diesem Bereich sind mit 48% weniger als die Hälfte der Mitarbeiterinnen und Mitarbeiter unter 40 Jahre alt.

6.2 Ausgewählte Leistungen und ihre Finanzierung

In dem skizzierten Sozialbereich sind die Wohlfahrtsverbände neben anderen Leistungsanbietern aktiv. Hierzu zählen staatliche und private Einrichtungen und Dienste. Die Bedeutung der Freien Wohlfahrtspflege ist nicht in allen Tätigkeitsfeldern gleich groß. Strukturen sind historisch gewachsen, Schwerpunkte des Engagements bewusst gesetzt. Mit den folgenden Ausführungen soll der Stellenwert der Freien Wohlfahrtspflege in verschiedenen Tätigkeitsfeldern veranschaulicht werden. Für ausgewählte Bereiche lassen sich weiter gehende Erkenntnisse über die Beschäftigtenstruktur und damit über den relevanten Inputfaktor für die Leistungserstellung gewinnen. Dies ist wichtig, da nicht nur sozialversicherungspflichtig Beschäftigte an der Leistungserstellung beteiligt sind, sondern auch Honorarkräfte, Zivildienstleistende und Ehrenamtliche bzw. Freiwillige. Informationen zur Beschäftigtenstruktur lassen sich für einzelne Einrichtungsarten um Angaben zur Kostenstruktur und zu Finanzierungsaspekten ergänzen.

Die folgenden Ausführungen basieren schwerpunktmäßig auf Daten der amtlichen Statistiken (Tageseinrichtungen für Kinder, Krankenhäuser, Pflegeheime und ambulante Pflegedienste). Diese Datenquellen ermöglichen es, die Bedeutung der Freien Wohlfahrtspflege in einzelnen Bereichen zu quantifizieren und ggf. Unterschiede zu Einrichtungen anderer Träger transparent zu machen.[49] Ergänzend werden Daten aus der Suchthilfestatistik (IFT, Institut für Therapieforschung) über ambulante Einrichtungen der Suchthilfe ausgewertet sowie Beispiele für ausgewählte Einrichtungen und Dienste ohne Regelfinanzierung angeführt. In der amtlichen Statistik sind die Einrichtungen nicht immer genauso klassifiziert wie in der Verbandsstatistik der Bundesarbeitsgemeinschaft der Freien Wohlfahrtspflege (BAGFW). Die Angaben zur Anzahl der Einrichtungen und Dienste sowie der Beschäftigten der

---

[49] Für die bedeutendsten Einrichtungsarten gibt es eigene amtliche Statistiken. Jede von ihnen hat einen speziellen Aufbau und Erhebungsmerkmale, die sich in anderen Statistiken nicht oder nicht in der identischen Abgrenzung wiederfinden. Ein Vergleich zwischen den verschiedenen Einrichtungsarten ist auf Basis der Einrichtungsstatistiken nicht möglich. Ottnard/Wahl/Miegel (a. a. O.) haben mit ihrer Untersuchung zur wirtschaftlichen Bedeutung der Freien Wohlfahrtspflege die Vergleichbarkeit zwischen verschiedenen Bereichen hergestellt. Hierzu mussten sie umfangreiche Schätzungen vornehmen, in die auch die Ergebnisse der Einrichtungsstatistiken eingegangen sind.

Freien Wohlfahrtspflege aus Kapitel 5.2.5 stimmen daher nicht mit den im Folgenden wiedergegebenen Daten überein.

Exkurs: Finanzierung der Leistungen der Freien Wohlfahrtspflege

Die Leistungen der Freien Wohlfahrtspflege müssen finanziert werden. Welche Auswirkungen der Finanzierungsaspekt ganz prinzipiell auf die Leistungserstellung hat, wurde bereits angesprochen (vgl. Kapitel 5.2.3). Es existieren unterschiedlichste Finanzierungsarten und »Kostenträger« für die diversen Leistungen. Die Finanzierungsquellen lassen sich grob einteilen in Leistungsentgelte, öffentliche Zuwendungen und Eigenleistungen der Freien Wohlfahrtspflege. Leistungsentgelte wie Beiträge und Pflegesätze werden z. B. in Krankenhäusern, Heimen und Kindergärten erhoben. Zu ihrer Zahlung sind entweder die Leistungsnehmer direkt verpflichtet (ggf. erfolgt eine Erstattung durch Jugendhilfe- oder Sozialhilfeträger) oder ein öffentlicher Leistungsträger (häufig die Sozialversicherungen).

Für verschiedene Leistungsangebote gibt es staatliche Zuschüsse. Die finanzielle Förderung über Zuwendungen hat ihre Rechtsgrundlage in der öffentlichen Verpflichtung, freie Träger angemessen zu fördern und zu unterstützen, damit eine qualifizierte Versorgung der Menschen möglich ist. Dabei kann unterschieden werden zwischen Investitionshilfen für den Bau von Einrichtungen und Finanzhilfen für ihren Betrieb. Form und Umfang dieser teils gesetzlich vorgegebenen, teils nach politischem Ermessen geleisteten öffentlichen Zuwendungen sind sowohl in den verschiedenen Arbeitsfeldern als auch in den jeweils zuständigen Bundesländern, Kreisen und Gemeinden unterschiedlich.

Zur Deckung von Finanzierungslücken und zur Schaffung eines Zusatzangebots bemühen sich die Einrichtungen und Dienste der Freien Wohlfahrtspflege darum, weitere Mittel zu akquirieren. Traditionelle Einnahmequellen sind Geld- und Sachspenden aus der Bevölkerung sowie Haus- und Straßensammlungen. Hinzu kommen die Beiträge, die sie von Mitgliedern und aus Freundes- und Förderkreisen erhalten, sowie Schenkungen, Vermächtnisse, Bußgelder und Stiftungen. Weitere Geldmittel fließen der Freien Wohlfahrtspflege aus Lotterien wie z. B. der GlücksSpirale und der Aktion Mensch und aus dem Zuschlagserlös aus dem Verkauf von Wohlfahrtsmarken zu. Die konfessionellen Verbände erhalten darüber hinaus von ihren

Kirchen finanzielle Unterstützung (aus Kirchensteuermitteln). Bestimmt ist diese für Einrichtungen und Dienste, die keine bzw. kaum finanzielle Leistungen aus Pflegesätzen bzw. Entgelten erhalten und deshalb auf Zuschüsse angewiesen sind; in Einzelfällen erhalten Träger von Einrichtungen und Diensten auch Investitionskostenzuschüsse als Eigenkapitalersatz. In den letzten Jahren wurden neue Wege der Mittelbeschaffung beschritten. Fundraising gewinnt zunehmend an Bedeutung. Dabei geht es darum, neue »Sponsoren« sozialer Arbeit wie Stiftungen, Unternehmen, aber auch vermögende Privatpersonen zu finden, die konkrete Projekte oder Einrichtungen finanziell unterstützen. Bei Spenden handelt es sich um einen einseitigen Akt des Gebens. Das Sozialsponsoring – eine im Vergleich zu anderen Staaten (insbesondere den USA) in Deutschland noch nicht stark verbreitete Art der Mittelbeschaffung – ist hingegen eher eine Art »Geschäft« auf Gegenseitigkeit. Potenzielle Sponsoren sind Unternehmen. Sie beziehen die Unterstützung sozialer Projekte in ihre Geschäftsstrategie – insbesondere in ihre Selbstdarstellung – ein. Für die Einrichtungen und Dienste bedeutet diese Form der Mittelbeschaffung ein »Umdenken«. Sie müssen u. a. eine »Vermarktungsstrategie« entwickeln. Den Unternehmen müssen die Projekte, an deren Realisierung sie sich beteiligen sollen, als innovativ und unterstützungswürdig präsentiert werden. Die Einrichtungen und Dienste müssen sich öffnen für Unternehmen und deren Mitarbeiterinnen und Mitarbeiter.

Welche Formen der Finanzierung für ausgewählte Einrichtungsarten relevant sind und wie die Kosten- und Finanzierungsstruktur konkret aussieht, wird im Folgenden für ausgewählte Einrichtungen und Dienste dargestellt. Mit diesen Beispielen soll u. a. die Komplexität der Finanzierungsstrukturen veranschaulicht werden. Die aufgeführten Relationen haben lediglich exemplarischen Charakter; sie sind nicht repräsentativ im statistischen Sinne.

Bei der Finanzierung der Leistungen wird in vielen Fällen, z. B. bei der Festlegung der Pflegesätze, nur auf die laufenden Betriebskosten abgestellt. Diese setzen sich aus Personal- und Sachausgaben zusammen. Zu dem ersten Ausgabenblock gehören die Löhne für die Beschäftigten, zum zweiten zählen für die Hilfe benötigte Materialien (wie z. B. Arzneimittel oder Verbandsmaterial in Krankenhäusern) und Leistungen, die von Fremdfirmen bezogen werden, wie Buchhaltung oder Reinigung sowie laufende Betriebsausgaben für Strom, Wasser usw. In der Kostenkalkulation unberücksichtigt bleibt häufig die Abschreibung auf das Anlagevermögen. Dieses Kapital hat die Funktion, die Leistungserstellung zu ermöglichen. Es ist in

Gebäuden und Ausstattung von sozialen Einrichtungen gebundenes Vermögen, das zwar der Freien Wohlfahrtspflege gehört, aber ausschließlich der Erfüllung gesellschaftlicher Aufgaben dient.

6.2.1 Bildung, Erziehung und Betreuung in Tageseinrichtungen für Kinder

Bundesweit existieren 48.200 Tageseinrichtungen für Kinder (Datenstand: Ende 1998). Hierbei handelt es sich vorwiegend um Kindergärten, Horte, Kinderkrippen und andere Tageseinrichtungen. 42% dieser Einrichtungen werden von öffentlichen Trägern geführt. Mehrheitlich befinden sich die Tageseinrichtungen für Kinder also in freier Trägerschaft. Neben den Verbänden der Freien Wohlfahrtspflege gehören hierzu Wirtschaftsunternehmen und juristische Personen sowie sonstige Vereinigungen. 23.000 Tageseinrichtungen für Kinder (48%) sind den sechs Spitzenverbänden der Freien Wohlfahrtspflege zuzurechnen. Bei Kindergärten, der größten Untergruppe der Tageseinrichtungen für Kinder, liegt der Anteil der Freien Wohlfahrtspflege mit 58% nochmals höher.

Tabelle 6.1

Tageseinrichtungen für Kinder nach Träger (31.12.1998)

Träger der Einrichtung	Einrichtungen		Plätze		Plätze je Einrichtung	Personal	
	Anzahl	%-Anteil	Anzahl	%-Anteil		Anzahl	%-Anteil
Freie Träger	28.116	58,3	1.711.633	55,1	61	211.249	56,6
Freie Wohlfahrtspflege*	23.027	47,8	1.526.718	49,2	66	181.636	48,7
Wirtschaftsunternehmen	256	0,5	12.392	0,4	48	2.102	0,6
Sonst. jurist. Personen, andere Vereinigungen**	4.833	10,0	172.523	5,6	36	27.511	7,4
Öffentliche Träger	20.087	41,7	1.392.808	44,9	69	161.984	43,4
Insgesamt	48.203	100,0	3.104.441	100,0	64	373.233	100,0

Anmerkungen: * einschließlich von den Kirchen selbst betriebener Einrichtungen, ** einschließlich sonstiger Religionsgemeinschaften öffentlichen Rechts, Jugendgruppen, -verbände, -ringe
Quelle: Statistisches Bundesamt, Statistik der Kinder- und Jugendhilfe Teil III.1, Einrichtungen und tätige Personen 1998

In der Größe – gemessen an der Anzahl der verfügbaren Plätze – unterscheiden sich die Tageseinrichtungen der Freien Wohlfahrtspflege insbesondere von denen sonstiger freier Träger. Wirtschaftsunternehmen, juristische Personen und andere Vereinigungen unterhalten eher kleine Einrichtungen. Die mittlere Platzzahl in Einrichtungen der Freien Wohlfahrtspflege ist hingegen leicht überdurchschnittlich. Die Tageseinrichtungen für Kinder, die sich in Trägerschaft der Freien Wohlfahrtspflege (insbesondere der Kirchen) befinden, zählen also eher zu den größeren Einrichtungen.

In den Tageseinrichtungen für Kinder sind insgesamt 373.000 Personen tätig, 211.000 von ihnen in Einrichtungen freier Träger. Zum Mitarbeiterkreis zählen auch Personen im Freiwilligen Sozialen Jahr, Zivildienstleistende und Ordensangehörige, wenngleich diese zuletzt genannten Gruppen quantitativ nicht sehr bedeutend sind. Fast 90 % der Beschäftigten in Tageseinrichtungen freier Träger sind Arbeiter und Angestellte. Das Personal ist überwiegend (zu 94 %) weiblich. Fast die Hälfte arbeitet mit reduzierter Stundenzahl. Dies gilt für 48 % der hier erfassten Personen (inklusive nebenberuflich Tätigen, die in mehreren Einrichtungen nachgewiesen sein können). Einen Überblick über die Bedeutung der verschiedenen Arbeitszeiten gibt Grafik 6.5.

Grafik 6.5

Tätige Personen in Tageseinrichtungen für Kinder nach Arbeitszeit (1998)

Einrichtungen der Freien Wohlfahrtspflege

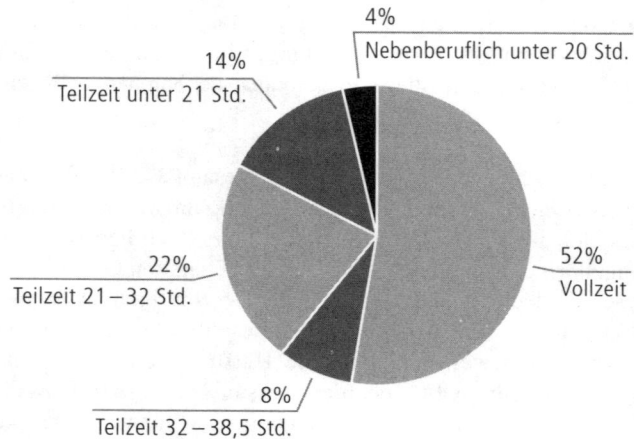

4%
Nebenberuflich unter 20 Std.

14%
Teilzeit unter 21 Std.

22%
Teilzeit 21 – 32 Std.

52%
Vollzeit

8%
Teilzeit 32 – 38,5 Std.

Quelle: Statistisches Bundesamt, Statistik der Kinder- und Jugendhilfe Teil III.1, Einrichtungen und tätige Personen 1998

Arbeit mit Kindern erfordert Motivation und Qualifikation. Das Personal in Tageseinrichtungen für Kinder verfügt zum weit überwiegenden Teil über Berufsausbildungsabschlüsse im sozialen und/oder pädagogischen Bereich. Keine abgeschlossene Ausbildung haben 8%, in Ausbildung (inklusive Praktikantinnen und Praktikanten im Anerkennungsjahr) befinden sich 6% der Beschäftigten. Die überwiegend weiblichen Beschäftigten verfügen zu 62% über die Qualifikation der Erzieherin; daneben finden sich Kinder(kranken)schwestern, Pädagoginnen, Sozialpädagoginnen, Sozialarbeiterinnen, Lehrerinnen sowie Hauswirtschafterinnen und Personen mit anderen Ausbildungsabschlüssen. Das Personal ist in unterschiedlichen Arbeitsbereichen tätig, vorwiegend im Bereich Kindergartenerziehung (57%). Hinzu kommen die Arbeitsbereiche Erziehung in altersgemischten Gruppen (12%), Horterziehung (8%), frühkindliche Erziehung (4%) sowie Betreuung behinderter Kinder und Jugendlicher (3%). Neben den erzieherischen Tätigkeiten und der Betreuung behinderter Kinder und Jugendlicher binden auch die Leitung der Einrichtungen sowie ihre Verwaltung und der hauswirtschaftliche und technische Bereich Ressourcen. Insgesamt sind 16% der Mitarbeiterinnen und Mitarbeiter in diesen Bereichen beschäftigt, die nicht unmittelbar mit der Kindererziehung oder -betreuung in Verbindung stehen.

Die Finanzierung der Tageseinrichtungen für Kinder wird auf Bundesländerebene geregelt. Zwischen den Länderregelungen gibt es erhebliche Unterschiede, so dass keine generalisierende, bundesweit gültige Aussage über die konkrete Finanzierungsstruktur dieser Einrichtungen möglich ist. Ein Teil der Kosten ist in Form von Gebühren zu decken, die i. d. R. von den Eltern zu erstatten sind. Wie hoch der Elternanteil ist und auf welche Kostenarten er sich bezieht (Personal-, Sach- und/oder Investitionskosten), bestimmt das Landesgesetz. Zu diesen Leistungsentgelten kommen öffentliche Zuwendungen durch Länder, Jugendämter, Landesjugendämter oder direkt durch kreisangehörige Gemeinden, die sich z. B. an der Gruppen- oder der Platzzahl der Kindergärten orientieren. Sofern Einrichtungen besondere Leistungen anbieten, wie etwa die Betreuung behinderter Kinder, kann dies durch höhere öffentliche Zuschüsse unterstützt werden. Neben den laufenden Ausgaben – sie sind dominiert von den Personalkosten – werden auch die notwendigen Investitionen öffentlich bezuschusst. Die öffentlichen Ausgaben im Rahmen der Kinder- und Jugendhilfe beliefen sich 1999 für die Gesamtheit der freien Träger von Kindertageseinrichtungen auf 3,7 Mrd. Euro. Davon entfielen 126 Mio. Euro auf investive Zuschüsse. Diesem Betrag stehen Rückflüsse aus den freien Trägern gewährten Zuschüssen an die öffentliche Hand in Höhe von 55 Mio. Euro gegenüber.

Die verschiedenen Einnahmen reichen zur Deckung der Gesamtkosten der Einrichtungen i. d. R. nicht aus. Die Freie Wohlfahrtspflege trägt einen Teil der Kosten selbst. Wie die Kosten- und Finanzierungsstruktur einer ausgewählten, aber keineswegs repräsentativen Tageseinrichtung für Kinder aussieht, wird im folgenden Beispiel skizziert. In der Einnahmen-Ausgaben-Aufstellung sind Kosten für die Gebäudenutzung nicht enthalten.

Finanzierungsbeispiel: Kindertageseinrichtung

Bei der untersuchten Kindertagesstätte handelt es sich um eine Einrichtung in Baden-Württemberg, in der 100 Kinder betreut werden.

Tabelle 6.B1

Ausgaben und Einnahmen einer ausgewählten Kindertagesstätte (1999)

Ausgaben	Tsd. Euro	%	Einnahmen	Tsd. Euro	%
Personalausgaben	255	91,6	Elternbeiträge	63	22,7
Sächliche Betriebsausg.	23	8,4	Zuschüsse des Landes	81	29,0
darunter:			Zuschüsse der Gemeinde	99	35,3
Lehr- und Lernmittel	2	0,7	Eigenmittel des Trägers	33	11,8
Einrichtungsunterhalt	7	2,6	Sonstige Einnahmen	3	1,2
Geräte/Ausstattung	2	0,7			
Rechnungsführung	6	2,1			
Sonstige Ausgaben	4	1,4			
Zuführung zu zweck- gebundenen Rücklagen	2	0,7			
Summe Ausgaben	279	100,0	Summe Einnahmen	279	100,0

Die Bildung, Erziehung und Betreuung der Kinder in der exemplarischen Tagesstätte hat im Jahr 1999 laufende Ausgaben in Höhe von 279.000 Euro verursacht. Der weit überwiegende Teil (92 %) entfällt auf Personalkosten. Hierin enthalten sind die Vergütungen des hauptberuflichen Personals, die Kosten für die geringfügig beschäftigten Reinigungskräfte und den Hausmeister sowie der Aufwand für Praktikanten und Aushilfen. Die sächlichen Verwaltungs- und Betriebsausgaben belaufen sich auf 8 % der Gesamtausgaben. Ein Drittel davon wird für den Unterhalt und Betrieb der Einrichtung benötigt (Strom, Wasser, Heizung, Erhaltungskosten der Gebäude und sächlicher Reinigungsaufwand), ein gutes Viertel für die Rechnungsführung.

Auf der Einnahmenseite dominieren die öffentlichen Zuschüsse des Landes und der Gemeinde. Annähernd zwei Drittel der laufenden Ausgaben der Kindertagesstätte übernimmt die öffentliche Hand. Direkte Leistungsentgelte in Form von Elternbeiträgen tragen mit 23 % zur Finanzierung bei. Der Einrichtungsträger übernimmt in diesem Beispiel 12 % der Kosten. Hinzu kommen sonstige Einnahmen, zu denen Entgelte aus Veranstaltungen und Spenden zählen. Insgesamt beläuft sich der Finanzierungsbeitrag der Einrichtung und des Trägers in diesem Beispiel auf ca. 13 % der aufgeführten Ausgaben.

6.2.2 Medizinische Intensivbehandlung in Krankenhäusern

In Krankenhäusern werden vorwiegend stationäre, aber auch teilstationäre, vor- und nachstationäre sowie ambulante medizinische Behandlungen durchgeführt. Dabei steht die intensive, aktive und fortdauernde ärztliche Behandlung im Vordergrund. Krankenhäuser dienen auch der Notfallversorgung. Mit Krankenhäusern ist ein Versorgungsauftrag zu erfüllen, der ein flächendeckendes Leistungsangebot voraussetzt. Sie können sich daher nicht nur an – unter ökonomischen Gesichtspunkten – attraktiven Standorten befinden. Räumliche Distanzen zwischen dem Hilfebedürftigen und dem helfenden Arzt bzw. der Klinik dürfen in Notfallsituationen nicht zu groß werden. Die bedarfsgerechte Versorgung der Bevölkerung mit leistungsfähigen, eigenverantwortlich wirtschaftenden Krankenhäusern, die Leistungen zu sozial tragbaren Pflegesätzen anbieten, ist auf der Ebene der Bundesländer geregelt. Sie stellen Krankenhaus und Investitionspläne auf.

Tabelle 6.2

Allgemeine Krankenhäuser: Anzahl, aufgestellte Betten und Personal (2000)

Träger der Einrichtung	Einrichtungen		Aufgestellte Betten		Betten je Einrichtung	Personal	
	Anzahl	%-Anteil	Anzahl	%-Anteil		Anzahl	%-Anteil
Freigemeinnützig	813	40,6	200.611	38,3	247	357.284	34,2
Privat	446	22,3	38.966	7,4	87	58.158	5,6
Öffentlich	744	37,1	283.537	54,2	381	628.954	60,2
Insgesamt	2.003	100,0	523.114	100,0	261	1.044.396	100,0

Erläuterungen: Ohne reine Tages- oder Nachtkliniken (45) und ohne Krankenhäuser mit ausschließlich psychiatrischen und/oder neurologischen Betten (194)
Quelle: Statistisches Bundesamt, Grunddaten Krankenhäuser und Vorsorge- und Rehabilitationseinrichtungen 2000

Insgesamt gibt es ca. 2.000 allgemeine Krankenhäuser (vgl. Tabelle 6.2). Von ihnen gehören 41 % freigemeinnützigen Trägern; 37 % sind öffentliche Krankenhäuser und 22 % sind privat. Die Einrichtungen sind nicht alle gleich groß. Legt man die Anzahl der Betten zugrunde, dann liegt der »Marktanteil« der freigemeinnützigen Träger bei 38 %, der öffentlichen Krankenhäuser bei 54 % und der privaten Träger bei 7 %. Die Einrichtungen unterscheiden sich also erheblich in der Größe. Gemessen an der durchschnittlichen Zahl der Betten je Einrichtung, sind die Krankenhäuser freigemeinnütziger Träger etwas kleiner als das Durchschnittskrankenhaus. Krankenhäuser öffentlicher Träger sind am größten, Einrichtungen privater Träger dagegen auffallend klein.

Im Mittel haben freigemeinnützige Krankenhäuser 247 Betten, private 87 und öffentliche 381. Diese Werte geben natürlich keinen Anhaltspunkt darüber, ob die Einrichtungen mehrheitlich diese Größenordnung haben oder ob der Mittelwert mehr oder weniger zufällig durch die Zusammenfassung unterschiedlich großer Krankenhäuser zustande gekommen ist. Ein Blick auf Grafik 6.6 veranschaulicht die Schwankungsbreite. Bei den privaten Krankenhäusern handelt es sich überwiegend (zu 70 %) um kleine Einrichtungen mit weniger als 100 Betten. Von den freigemeinnützigen und öffentlichen Krankenhäusern hat jeweils ein relativ hoher Prozentsatz (45 % bzw. 41 %) eine Bettenzahl von 200 bis unter 500. Von den öffentlichen Krankenhäusern haben aber auch viele (23 %) mehr als 500 Betten.

113

Grafik 6.6

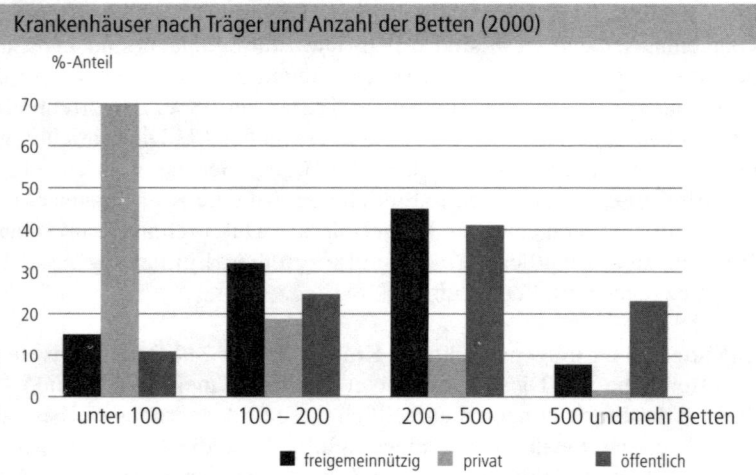

Krankenhäuser nach Träger und Anzahl der Betten (2000)

%-Anteil

freigemeinnützig   privat   öffentlich

Quelle: Statistisches Bundesamt, Grunddaten der Krankenhäuser und Vorsorge- und Rehabilitationseinrichtungen 2000

In den allgemeinen Krankenhäusern sind über eine Million Personen tätig. Mehrheitlich ist es nichtärztliches Personal. Im Durchschnitt ist jede/jeder dritte Beschäftigte des nichtärztlichen Personals teilzeitbeschäftigt. In den freigemeinnützigen Krankenhäusern ist die Teilzeitquote überdurchschnittlich (39%), in den privaten Krankenhäusern ist sie am niedrigsten (31%). Zur besseren Vergleichbarkeit ist es sinnvoll, die Beschäftigtenangaben in gleiche Arbeitszeit (Vollkräfte) umzurechnen. Ausgedrückt in Vollkräften[50] beläuft sich die Mitarbeiterzahl aller allgemeinen Krankenhäuser auf ca. 790.000. Annähernd jede/jeder Dritte arbeitet in einer Einrichtung freigemeinnütziger Träger. Das Personal wird in verschiedenen Tätigkeitsbereichen eingesetzt (vgl. Grafik 6.7). Auf der Basis der Vollkräfte ergibt sich folgende Rangfolge: Der quantitativ bedeutendste Tätigkeitsbereich ist der Pflegedienst. Hierzu zählt das im stationären Bereich tätige Pflegepersonal,

---

[50] Bei den Angaben zum Personal werden alle Personen, die im Laufe des Jahres in der Einrichtung tätig waren, berücksichtigt. Bei hoher Personalfluktuation werden die Beschäftigtenzahlen (in Personen) ebenso aufgebläht wie bei einer hohen Teilzeitquote. Solche Verzerrungen können vermieden werden, wenn die Kalkulationsbasis die tatsächliche Arbeitszeit ist.

das den Dienst am Krankenbett ausübt. Es folgt der medizinisch-technische Dienst. Die dritte Position nimmt der ärztliche Dienst ein. Hierzu gehören auch Ärztinnen und Ärzte im Praktikum. An vierter Stelle steht der Funktionsdienst. Dieser Personalgruppe sind z. B. Krankenschwestern und -pfleger für den Operationsdienst, Hebammen und Beschäftigungstherapeuten zugeordnet. Auf diese vier Bereiche entfallen gut zwei Drittel der gesamten Arbeitsleistung des Krankenhauspersonals. Die skizzierte Rangordnung gilt unabhängig vom Krankenhausträger.[51] Allerdings gibt es leichte Abweichungen in den jeweiligen Anteilswerten. So wird z. B. in den Krankenhäusern freigemeinnütziger Träger etwas mehr Personal im Pflegedienst eingesetzt (42,6 % der Vollkräfte) als in privaten oder öffentlichen Krankenhäusern (41,7 % bzw. 39,1 %).

Grafik 6.7

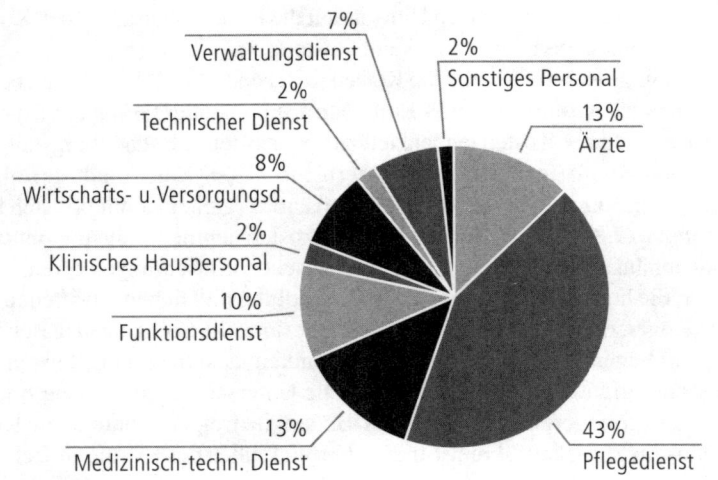

Beschäftigte (Vollkräfte) nach Tätigkeitsbereichen (2000)

Krankenhäuser freigemeinnütziger Träger

- 7% Verwaltungsdienst
- 2% Technischer Dienst
- 8% Wirtschafts- u. Versorgungsd.
- 2% Klinisches Hauspersonal
- 10% Funktionsdienst
- 13% Medizinisch-techn. Dienst
- 2% Sonstiges Personal
- 13% Ärzte
- 43% Pflegedienst

Quelle: Statistisches Bundesamt, Grunddaten der Krankenhäuser und Vorsorge- und Rehabilitationseinrichtungen 2000

---

[51] In Grafik 6.7 ist die Struktur für freigemeinnützige Krankenhäuser dargestellt.

Auf die Ausgaben für das Personal entfällt der größte Teil der Gesamtkosten der allgemeinen Krankenhäuser (65,7 %).[52] Der andere große Ausgabenblock, die Sachkosten, macht 33,4 % der Gesamtkosten aus. Hier fällt insbesondere der medizinische Bedarf ins Gewicht (16,8 %), zu dem u. a. Arzneimittel, ärztliches und pflegerisches Verbrauchsmaterial, Narkose- und sonstiger OP-Bedarf sowie Laborbedarf zählen. Weitere größere Sachkostenpositionen sind Instandhaltung (4,4 %) und Wirtschaftsbedarf (3,5 %). Neben den Personal- und Sachkosten zählen Zinsen für Betriebsmittel (0,1 %) und Kosten der Ausbildungsstätten (0,7 %) zu den Gesamtkosten. In der Grobstruktur unterscheiden sich die Kosten öffentlicher und freigemeinnütziger Krankenhäuser kaum. Einrichtungen privater Träger haben eine höhere Belastung durch Sachkosten (38,4 %); entsprechend sind hier die Personalkosten geringer (61 % der Gesamtkosten). Die Zinsen für Betriebsmittel fallen in privaten Krankenhäusern mit einem Anteil von 0,4 % ebenfalls höher aus als in Einrichtungen anderer Träger, allerdings ist dieser Kostenfaktor nicht sehr relevant.

Die Strukturdaten geben keinen Hinweis auf die Höhe der tatsächlichen Kosten und auf Unterschiede in der Kostenbelastung zwischen den Trägern. Eine aussagefähige Kennziffer sind die Kosten je Behandlungsfall. Im Mittel belaufen sich diese Kosten auf 3.139 Euro. Mit zunehmender Größe der Einrichtung nehmen diese Kosten tendenziell zu. Die Kosten je Behandlungsfall sind in freigemeinnützigen Krankenhäusern mit 2.888 Euro niedriger als in öffentlichen Krankenhäusern (3.342 Euro) und vergleichbar mit privaten Einrichtungen (2.891 Euro). Bei den Personalkosten nehmen freigemeinnützige Krankenhäuser eine Mittelposition ein zwischen Einrichtungen öffentlicher Träger, die höhere Personalkosten je Behandlungsfall haben, und denen privater Träger, deren Personalkosten niedriger sind. Die Sachkosten je Behandlungsfall liegen in freigemeinnützigen Krankenhäusern unter denen der privaten und öffentlichen Einrichtungen. Die Unterschiede sind insbesondere auf einen geringeren medizinischen Bedarf in freigemeinnützigen Krankenhäusern zurückzuführen. Einen Überblick über die Kosten je Behandlungsfall für die Einrichtungen der verschiedenen Träger gibt Tabelle 6.3.

---

[52] Erfasst sind nur die Kosten des Krankenhauses für stationäre Leistungen. Unberücksichtigt bleiben nichtstationäre Kosten wie Kosten für Forschung und Lehre und Ambulanz. Bei den ausgewiesenen Gesamtkosten handelt es sich also um Netto-Gesamtkosten.

Tabelle 6.3

Allgemeine Krankenhäuser: Kosten je Behandlungsfall (2000)

Kosten	Freigemeinnützig	Öffentlich	Privat
	Euro		
Personalkosten	1.914	2.203	1.763
Ärztlicher Dienst	426	496	369
Pflegedienst	763	833	672
Medizin.-techn. Dienst	209	261	206
Funktionsdienst	186	210	157
Wirtsch.- u. Versorgungsdienste	109	133	104
Sachkosten	950	1.110	1.109
Lebensmittel	69	60	86
Medizinischer Bedarf	451	575	546
Wirtschaftsbedarf	112	107	104
Instandhaltung	124	155	100
Zinsen für Betriebsmittelkredite	3	5	11
Ausbildungsstätten	21	24	9
Netto-Gesamtkosten	2.888	3.342	2.891

Erläuterungen: Ohne reine Tages- oder Nachtkliniken (45) und ohne Krankenhäuser mit ausschließlich psychiatrischen und/oder neurologischen Betten (194)
Quelle: Statistisches Bundesamt, Kostennachweis der Krankenhäuser 2000

Bei den dargestellten Kosten handelt es sich nur um die laufenden Betriebskosten. Sie sind Grundlage für die Pflegesatzvereinbarungen, in denen die Kostenerstattung für die Krankenhäuser geregelt wird. Unberücksichtigt bleiben die Investitionskosten, die nicht in die Leistungsentgelte eingehen. Die Investitionen erfolgen mit einer Förderpauschale pro anerkanntes Krankenhausbett. Auf die Investitionsförderung haben Krankenhäuser einen Anspruch, die in den Krankenhausplan und in das Investitionsprogramm des jeweiligen Bundeslandes aufgenommen sind. Die Förderung bezieht sich auf die Errichtung der Einrichtung und die Erstausstattung mit den für den Krankenhausbetrieb notwendigen Anlagegütern.

Die Vergütung der Leistungen (laufende Betriebskosten) ist über Fallpauschalen, Sonderentgelte und Pflegesätze geregelt. Etwa 20–30 % aller Krankenhausleistungen werden über Fallpauschalen und Sonderentgelte erstattet, deren »Preis« zwischen den Landeskrankenhausgesellschaften und den Kostenträgern vereinbart wird. Die andere Vergütungskomponente stellen die Pflegesätze dar. Auf der Grundlage des Vorjahresbudgets, der voraussichtlichen Veränderungsrate der beitragspflichtigen Einnahmen der gesetzlichen Krankenkassen und der erwarteten Leistungsentwicklung des Krankenhauses vereinbaren die einzelnen Krankenhäuser und Krankenkassen prospektiv Jahresbudgets. Die dort ermittelten Beträge werden in Form von tagesgleichen Pflegesätzen an die Krankenhäuser ausgezahlt. Bei den tagesgleichen Pflegesätzen wird unterschieden in Abteilungspflegesätze, einen Basispflegesatz und teilstationäre Pflegesätze. Dieses Mischsystem aus Fallpauschalen und Pflegesätzen soll zukünftig durch ein pauschaliertes, durchgängiges, diagnosebezogenes Entgeltsystem ersetzt werden. Danach sind alle stationären und teilstationären Leistungen eines Krankenhauses – mit Ausnahme der Leistungen nach der Psychiatrie-Personalverordnung – nach dem gleichen Entgeltsystem zu vergüten. Für Finanzierungstatbestände, die nicht bundesweit in allen Krankenhäusern vorliegen, werden bundeseinheitlich Zu- und Abschläge vereinbart. Dies gilt z. B. für die Notfallversorgung und die notwendige Vorhaltung bestimmter Leistungen.

Kostenträger und Leistungsnehmer sind nur im Ausnahmefall identisch. Die Krankenhäuser erbringen Leistungen für Patienten, die in einer gesetzlichen Krankenkasse versichert sind, oder für Privatpatienten. Der letztgenannten Gruppe werden die Leistungen direkt in Rechnung gestellt. Dies gilt auch für Mitglieder einer gesetzlichen Krankenkasse, sofern sie Wahl- oder Zusatzleistungen in Anspruch nehmen. Ob sich die Selbstzahler den Rechnungsbetrag vollständig oder teilweise von einer Privatversicherung erstatten lassen, hängt von der individuellen Situation und der Ausgestaltung des Versicherungsvertrags ab. Bei Personen, die nicht Mitglied einer gesetzlichen Krankenversicherung sind und die über unzureichende finanzielle Mittel verfügen, werden die Kosten ggf. von der Sozialhilfe (Krankenhilfe) übernommen. Das Gros der Leistungsentgelte von Krankenhäusern wird von den gesetzlichen Krankenversicherungen erstattet. Sie übernehmen weitgehend die Kosten, die durch den Krankenhausaufenthalt ihrer Versicherungsmitglieder entstehen. Die meisten Versicherten müssen eine Eigenbeteiligung (Pauschalbetrag pro Tag) leisten.

6.2.3 Altenpflege in Heimen

Die Pflegeversicherung, der jüngste Zweig der Sozialversicherungen, wurde eingerichtet, um die finanziellen Folgen des Pflegerisikos abzufedern. Die zunehmende Alterung der Bevölkerung ist ein wesentlicher Grund für die steigende Zahl Pflegebedürftiger. Versicherungspflicht besteht für Mitglieder gesetzlicher und privater Krankenversicherungen gleichermaßen. Die Beitragszahlungen sind an das Einkommen gekoppelt und nicht – wie z. B. in der privaten Krankenversicherung – an das individuelle Risikoprofil. Ein weiterer Unterschied zur Krankenversicherung besteht in den Leistungen. Es gibt keine Differenzierung zwischen Mitgliedern der gesetzlichen und privaten Kassen; die Leistungen der Pflegeversicherung sind für alle Versicherten gleich.

Seit dem 1. April 1995 werden Leistungen für häusliche Pflege gewährt, seit dem 1. Juli 1996 auch bei stationärer Pflege. Erstmals liegen für das Jahresende 1999 differenzierte Daten der amtlichen Pflegestatistik vor. Hier sind sämtliche Empfänger nachgewiesen, die Leistungen nach dem Pflegeversicherungsgesetz erhalten, sowie die Einrichtungen, in denen sie untergebracht sind. Zum überwiegenden Teil handelt es sich um Pflegeeinrichtungen für ältere Menschen. Von den insgesamt in der Statistik angegebenen verfügbaren Pflegeplätzen (645.000) entfallen 95 % auf Plätze in Pflegeheimen für ältere Menschen. Bei den verbleibenden knapp 5 % handelt es sich um Plätze in Pflegeheimen für behinderte Menschen und für psychisch kranke Menschen.

Tabelle 6.4

Pflegeheime: Anzahl, verfügbare Plätze und Personal (15.12.1999)

Träger der Einrichtung	Einrichtungen		Verfügbare Plätze		Plätze je Einrichtung	Personal	
	Anzahl	%-Anteil	Anzahl	%-Anteil		Anzahl	%-Anteil
Freigemeinnützig	5.017	56,6	406.705	63,0	81	288.087	65,3
Freie Wohlfahrtspflege*	4.129	46,6	334.744	51,9	81	238.498	54,1
Sonstige Freigemeinn.**	888	10,0	71.961	11,1	81	49.589	11,2
Privat	3.092	34,9	166.637	25,8	54	104.716	23,7
Öffentlich	750	8,5	72.114	11,2	96	48.137	10,9
Kommunal	611	6,9	58.328	9,0	95	38.224	8,7
Sonstige Öffentliche***	139	1,6	13.786	2,1	99	9.913	2,2
Insgesamt	8.859	100,0	645.456	100,0	73	440.940	100,0

Erläuterungen: * inklusive Einrichtungen, die von den Kirchen selbst betrieben werden; ** alle gemeinnützigen Träger und Religionsgemeinschaften, die keinem der sechs Spitzenverbände angeschlossen sind; *** hierzu zählen auch Stiftungen des öffentlichen Rechts
Quelle: Statistisches Bundesamt, Pflegestatistik 1999

120

In freigemeinnütziger Trägerschaft befinden sich 57 % der hier betrachteten Pflegeheime, der Freien Wohlfahrtspflege sind 47 % zuzurechnen. In privater Trägerschaft befinden sich deutlich weniger Heime (35 %). Legt man die Anzahl der verfügbaren Plätze bzw. die Mitarbeiterzahl zugrunde, dann steigt die Bedeutung der Freien Wohlfahrtspflege auf 52 % bzw. 54 %. Im Vergleich zu privaten Trägern sind die Einrichtungen freigemeinnütziger Träger im Mittel größer (Plätze je Einrichtung), gemessen an den Pflegeheimen öffentlicher Träger sind sie kleiner. In freigemeinnützigen Pflegeheimen sind, bezogen auf die verfügbaren Pflegeplätze, relativ mehr Personen beschäftigt als in privaten Heimen (71 bzw. 63 Beschäftigte je 100 Plätze). Allerdings unterscheidet sich auch die Arbeitszeit in Abhängigkeit vom Träger. So sind in freigemeinnützigen Pflegeheimen Teilzeitbeschäftigte stärker vertreten. Unter Berücksichtigung der unterschiedlichen Arbeitszeiten reduzieren sich die Differenzen in der Personalausstattung zwischen den Heimen verschiedener Träger.

Vollzeiterwerbstätig sind 43 % der Mitarbeiterinnen und Mitarbeiter in stationären Pflegeeinrichtungen freigemeinnütziger Träger (vgl. Grafik 6.8).[53] Ein Viertel des teilzeitbeschäftigten Personals hat eine Arbeitszeit von mehr als 50 % einer Vollzeitstelle. Teilzeitbeschäftigte mit weniger als 50 % der Normalarbeitszeit und so genannte geringfügig Beschäftigte machen annähernd ein weiteres Viertel des gesamten Personals aus. Hinzu kommen ca. 4 % Praktikantinnen und Praktikanten, Schülerinnen und Schüler sowie Auszubildende. Beinahe ebenso viele leisten ihren Zivildienst ab oder absolvieren ein Freiwilliges Soziales Jahr. Wenngleich die letztgenannten Personengruppen gemessen an der Gesamtzahl der Mitarbeiterinnen und Mitarbeiter nicht stark ins Gewicht fallen, so sind sie in ihrer Gesamtzahl von immerhin fast 11.000 Zivildienstleistenden und Helferinnen und Helfern im Freiwilligen Sozialen Jahr nicht zu vernachlässigen.

---

[53] In den privaten Einrichtungen ist der Anteil mit 57 % erheblich höher.

Grafik 6.8

Personal in Pflegeheimen freigemeinnütziger Träger (15.12.1999)

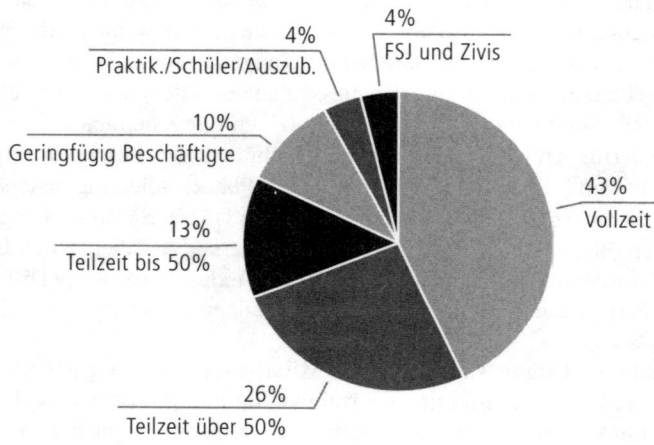

4%
Praktik./Schüler/Auszub.

4%
FSJ und Zivis

10%
Geringfügig Beschäftigte

43%
Vollzeit

13%
Teilzeit bis 50%

26%
Teilzeit über 50%

Erläuterungen: FSJ = Helfer /-in im Freiwilligen Sozialen Jahr, Zivis = Zivildienstleistende
Quelle: Statistisches Bundesamt, Pflegestatistik 1999

Die Einsatzfelder des Personals sind vielfältig. Ausgehend von der überwiegenden Tätigkeit[54] lässt es sich den Tätigkeitsbereichen Pflege und
Betreuung, soziale Betreuung, dem hauswirtschaftlichen Bereich, dem haus-
technischen Bereich, der Verwaltung und Geschäftsführung und sonstigen
Bereichen zuordnen. Erwartungsgemäß dominiert das Einsatzfeld Pflege
und Betreuung. Zwei Drittel der Beschäftigten sind überwiegend in diesem
Bereich tätig. Hiermit ist die Unterstützung z. B. bei der Nahrungsaufnahme,
der Körperpflege oder bei anderen Verrichtungen des täglichen Lebens
gemeint. Für soziale Betreuung, also für das persönliche Gespräch mit den

---

[54] Aus den im Folgenden angegebenen Anteilswerten lassen sich keine unmittelba-
ren Schlüsse auf die quantitative Verteilung der Gesamtleistung nach Tätigkeitsbereichen ziehen. Die Darstellung bezieht sich auf den überwiegenden Tätigkeitsbereich der Mitarbeiterinnen und Mitarbeiter. So führen bspw. Pflegekräfte
häufiger persönliche Gespräche mit den pflegebedürftigen Menschen, dies ist aber
nicht der Schwerpunkt ihrer Tätigkeit. Folglich wird der auf die soziale Betreuung entfallende Teil ihrer Gesamtleistung nicht erfasst.

Pflegebedürftigen oder für Beratung und Hilfe bei persönlichen und seelischen Problemen, werden 3 % der Mitarbeiterinnen und Mitarbeiter schwerpunktmäßig eingesetzt. Der Anteil der Beschäftigten, die vorwiegend im Hauswirtschaftsbereich tätig sind, liegt bei über 20 %. Die Verwaltung und Geschäftsführung bindet ca. 6 % des Gesamtpersonals. Diese Angaben beziehen sich auf die Zahl der beschäftigten Personen und nicht auf geleistete Arbeitsstunden. Gemessen am gesamten Arbeitsvolumen kann die Beschäftigung im Hauswirtschaftsbereich aufgrund ihres höheren Anteils von Teilzeitbeschäftigten durchaus niedriger sein, die auf Verwaltung und Geschäftsführung entfallende Arbeitszeit höher.

Wie werden die in den Pflegeheimen erbrachten Leistungen finanziert? Ein Teil der Pflegekosten wird seit Einführung der Pflegeversicherung von diesem Zweig der Sozialversicherung übernommen. Dieser Teil der Pflegekosten wird also von der Solidargemeinschaft der Versicherungspflichtigen getragen. Anspruch auf Leistungen nach der Pflegeversicherung haben Personen, deren Bedürftigkeit von der Versicherung anerkannt ist. Vom medizinischen Dienst erfolgt eine Einstufung in die Pflegestufen 1 (zeitlicher Mindestaufwand 90 Minuten täglich) bis 3 (zeitlicher Mindestaufwand 5 Stunden täglich). Die Kriterien beziehen sich vornehmlich auf körperliche Pflegeleistungen, der erhöhte Betreuungsaufwand für Demenzkranke bleibt in den Pflegestufen unberücksichtigt. Die Pflegeheime sind nicht autorisiert, die Einstufung der Heimbewohner/-innen in eine der drei Pflegestufen dem tatsächlichen Pflegeaufwand entsprechend vorzunehmen. Aufgrund der zuerkannten Pflegestufen erfolgen die Zahlungen der Pflegeversicherung. Gleichzeitig bilden die Einstufungen die Grundlage für die von den Heimen angesetzten Vergütungen. Ein Heimbewohner, dem vom medizinischen Dienst z. B. die Pflegestufe 1 zuerkannt worden ist, hat dem Pflegeheim ausschließlich die für die Pflegestufe 1 geltenden Pflegekosten zu erstatten, unabhängig vom tatsächlichen Pflegeaufwand.

Die von der Pflegeversicherung vergüteten monatlichen Pflegeaufwendungen für vollstationäre Pflege belaufen sich auf 1.023 Euro (Pflegestufe 1) bis 1.432 Euro (Pflegestufe 3)[55]. Diese Beträge liegen deutlich unter den tatsächlichen Vergütungen, die von Pflegeheimen erhoben werden, und unterstreichen den Charakter der Pflegeversicherung: Sie ist keine »Vollkaskoversicherung«, sondern übernimmt nur einen Teil der Pflegekosten. Den Restbetrag

---

[55] Für Härtefälle der Pflegestufe 3 werden 1.688 Euro erstattet.

haben die Pflegebedürftigen selbst bereitzustellen. Sofern sie hierzu nicht in der Lage sind, tritt die Sozialhilfe ein.[56]

Die Einrichtungen können die Pflegesätze[57], die Kosten für Unterkunft und Verpflegung sowie die Höhe der Investitionspauschale nicht selbst festsetzen. Eine bundeseinheitliche Regelung existiert nicht. Die Verbände der Pflegekassen und der Sozialhilfeträger vereinbaren mit den Verbänden der Leistungserbringer Rahmenverträge, in denen die Grundlagen für die Leistungserbringung und deren Vergütung festgelegt sind. Die Vergütungsbestandteile werden in Vergütungsverhandlungen individuell für jede Einrichtung zwischen den Trägern der Einrichtung und den Pflegekassen, den Landeswohlfahrtsverbänden bzw. den Sozialhilfeträgern vereinbart. Unterschiede in der Höhe der Pflegesätze können verschiedene Ursachen haben. So kann etwa ein hoher Anteil von Bewohnern mit erhöhtem Pflegeaufwand (z. B. Demenzkranke) berücksichtigt werden. Ebenso dürften sich die Unterschiede in Lohnhöhe und Arbeitszeit, wie sie noch immer zwischen den alten und den neuen Bundesländern existieren, auswirken. Obwohl es eine gewisse Tendenz zur Vereinheitlichung der Pflegesätze gibt, sind nach wie vor bemerkenswerte Unterschiede festzustellen (vgl. Grafik 6.9).

---

[56] Seit Einführung der Pflegeversicherung ist zwar die Kostenbelastung der Sozialhilfeträger für Hilfe zur Pflege deutlich geringer geworden. Insgesamt wurden Empfängern in Einrichtungen im Jahr 2000 aber immerhin noch per Saldo 1,9 Mrd. Euro an Hilfe zur Pflege gewährt. Ausgaben in Höhe von 2,5 Mrd. Euro standen Einnahmen von 0,6 Mrd. Euro gegenüber.

[57] Die Pflegesätze in den Pflegeheimen beziehen sich nur auf Pflegeleistungen. Kosten für Unterkunft und Verpflegung, die bei stationärer Unterbringung ebenfalls anfallen, sind vom Pflegebedürftigen selbst zu erstatten. Dies gilt auch für den Teil der Investitionskosten, der nicht in die Förderung durch die Bundesländer eingeschlossen ist.

Grafik 6.9

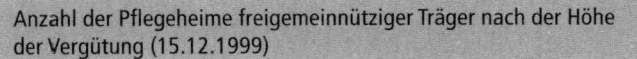

Anzahl der Pflegeheime freigemeinnütziger Träger nach der Höhe
der Vergütung (15.12.1999)

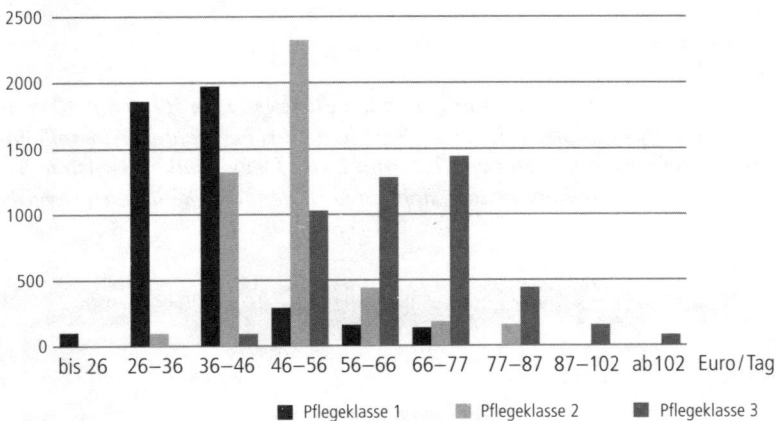

Quelle: Statistisches Bundesamt, Pflegestatistik 1999 und eigene Berechnungen

Die Spanne der Tagessätze (ohne Unterkunft und Verpflegung) für die Pflegestufe 1 reicht von unter 20 Euro bis über 66 Euro. Diese beiden Pole mar-
kieren allerdings Extremwerte, die nur für eine geringe Anzahl von Einrichtungen gelten. Über 80 % der Einrichtungen erhalten für Leistungen der
ersten Pflegestufe 26 bis 46 Euro. Hier besteht somit ebenfalls noch eine beachtliche Differenz in den »Pflegesätzen«.[58] Eine dem Betrag nach ähnliche
Spannweite von insgesamt 20 Euro (von 36 bis 56 Euro) für ca. 80 % der
Einrichtungen gibt es auch für die Pflegestufe 2. Die Vergütung für Leistungen
nach dieser Pflegestufe konzentriert sich allerdings stärker. Mehr als die Hälfte
der Einrichtungen erhebt Vergütungen von 46 bis 56 Euro. Eine stärkere Sprei-
zung bei der Vergütung gibt es für Leistungen der Pflegeklasse 3. Hier erhalten
gut 80 % der Einrichtungen zwischen 46 und 77 Euro. Während die absolute
Differenz mit 31 Euro um 50 % höher ist als die Preisschwankung für die
Pflegeklasse 1, ergeben sich in der relativen Betrachtung keine stärkeren
Differenzen.

---

[58] Wie nah die Werte tatsächlich beieinander liegen oder wie weit sie innerhalb dieses Bereichs voneinander abweichen, lässt sich mit den Angaben in der Pflegestatistik,
die sich auf Größenklassen beziehen, nicht ermitteln.

Diese Befunde der amtlichen Statistik machen deutlich, dass es das »typische« Altenpflegeheim nicht gibt. Der folgende Überblick über Aufwand und Ertrag einer stationären Pflegeeinrichtung der Altenhilfe ist daher nicht als repräsentativ anzusehen.

Finanzierungsbeispiel: Altenpflegeheim

Bei der ausgewählten Einrichtung handelt es sich um ein Heim mit 40 vollstationären Pflegeplätzen. Im Jahr 2001 hatte das betrachtete Altenpflegeheim einen Gesamtaufwand von 1,2 Mio. Euro. Dem standen etwas niedrigere Erträge gegenüber, so dass sich ein geringer Jahresfehlbetrag ergab.

Tabelle 6.B2

Aufwand und Ertrag eines ausgewählten Altenpflegeheimes (2001)

Aufwand	Tsd. Euro	%	Erträge	Tsd. Euro	%
Personalausgaben	842	69,8	Pflegeleistungen	782	66,1
Materialaufwand	141	11,7	Unterkunft und	254	21,5
Zentrale Dienstleistungen	15	1,2	Verpflegung		
Instandhaltung und Ersatz	72	6,0	Investitionskosten	113	9,6
Steuern, Abgaben, Versicher.	11	0,9	Sonstige betriebliche	-8	-0,7
Mieten, Pacht, Leasing	8	0,7	Erträge		
Abschreibungen	79	6,6	Sonderposten-	4	0,3
Sonstige betr. Aufwend.	30	2,5	auflösung		
Aufwand Kerngeschäft	**1.199**	**99,4**	**Erträge Kerngeschäft**	**1.146**	**96,9**
Zinsen und ähnl. Aufwand	0	0,0	Zinsen und ähnl. Erträge	31	2,6
Außerordentlicher Aufwand	7	0,6	Außerordentliche Erträge	6	0,5
Summe Aufwand	**1.206**	**100,0**	**Summe Erträge**	**1.183**	**100,0**

Auf der Kostenseite (Aufwand) schlagen die Personalausgaben mit 70% des gesamten Aufwandes am stärksten zu Buche. Der Rest verteilt sich insbesondere auf Materialaufwand, Instandhaltung und Ersatz sowie auf Abschreibungen. Der Materialaufwand wird dominiert von Ausgaben für Lebensmittel, gefolgt von Ausgaben für Wasser, Energie und Brennstoffe. Für Material wird ein annähernd doppelt so hoher Betrag ausgegeben wie für Instandhaltung und Ersatzbeschaffungen. Ein weiterer »größerer« Kostenfaktor sind Abschreibungen auf immaterielle Vermögensgegenstände und Sachanlagen, worauf 7% des Gesamtaufwandes entfallen.

Der mit weitem Abstand größte Kostenblock in Altenpflegeheimen sind Personalausgaben. In welchen Tätigkeitsbereichen das Personal eingesetzt wird, geht aus weiteren Angaben für die hier betrachtete Einrichtung hervor. Überwiegend (61% der gesamten Arbeitsleistung gemessen in Stunden) werden Pflegeleistungen erbracht. Die Relation von qualifiziertem Personal zu Hilfskräften ist in diesem Tätigkeitsfeld annähernd 2:1. Auf den Bereich Hauswirtschaft entfallen 22% der gesamten Arbeitsleistung, auf Verwaltung und Hausleitung ca. 8%. Hinzu kommen der technische Dienst (4%), der soziale Dienst (2%) und schließlich der Arbeitseinsatz von Zivildienstleistenden (4%).

Der Gesamtaufwand wird nur zu 97% durch Erträge gedeckt, die in Form von Leistungsentgelten den Pflegebedürftigen und der Pflegeversicherung in Rechnung gestellt werden. Hierbei handelt es sich um die Einnahmen für allgemeine Pflegeleistungen, für Unterkunft und Verpflegung sowie für Investitionskosten. Von diesen drei Entgeltarten entfallen 68% auf Pflegeleistungen, 22% auf Unterkunft und Verpflegung und 10% auf Investitionskosten. Die Einnahmen aus dem Kerngeschäft reichen nicht aus, um den gesamten Aufwand zu decken.[59] Verantwortlich hierfür sind die Einnahmen für Investitionskosten, die geringer bemessen sind als die Summe aus Aufwendungen für Instandhaltung/Ersatz und die Abschreibungen. In dieser Einrichtung tragen beachtlich hohe Zinserträge zur Kostendeckung bei.

---

[59] Dies gilt für einen großen Teil der Pflegeeinrichtungen, die weitere Einnahmen oder Trägerzuschüsse benötigen.

6.2.4 Unterstützung der häuslichen Pflege durch ambulante Dienste

Von den 2 Mio. Pflegebedürftigen, die Leistungen der Pflegeversicherung erhalten (Stichtag 15.12.1999), leben 28 % in Heimen. Der weit überwiegende Teil (1,4 Mio.) wird zu Hause versorgt. Pflegebedürftige, die zu Hause wohnen, werden mehrheitlich ausschließlich von Angehörigen[60] betreut. Beinahe jeder dritte pflegebedürftige Mensch, der zu Hause betreut wird, nimmt Leistungen ambulanter Pflegedienste in Anspruch. Dies gilt für 415.000 Personen.

Insgesamt werden von den ambulanten Pflegediensten erheblich weniger Pflegebedürftige betreut als in stationären Einrichtungen (Differenz ca. 160.000 Personen). Im Grad der Pflegebedürftigkeit unterscheiden sich die beiden Einrichtungsarten erwartungsgemäß. Während von den ambulanten Pflegediensten zum großen Teil (46 %) Menschen mit Pflegestufe 1 betreut werden, sind in Pflegeheimen Bedürftige mit Pflegestufe 2 die zahlenmäßig relevanteste Gruppe (43 %).

Tabelle 6.5

Ambulante Pflegedienste nach Träger (15.12.1999)					
Träger der Einrichtung	Pflegedienste		Personal		Personal je Dienst
	Anzahl	%-Anteil	Anzahl	%-Anteil	
Freigemeinnützig	5.103	47,2	115.147	62,7	22,6
Freie Wohlfahrtspflege	4.534	41,9	101.960	55,5	22,5
Sonstige Freigemeinn.	569	5,3	13.187	7,2	23,2
Privat	5.504	50,9	65.159	35,5	11,8
Öffentlich	213	2,0	3.476	1,9	16,3
Kommunal	196	1,8	3.111	1,7	15,9
Sonstige Öffentliche	17	0,2	365	0,2	21,5
Insgesamt	10.820	100,0	183.782	100,0	17,0

Quelle: Statistisches Bundesamt, Pflegestatistik 1999

---

[60] In der Regel dürfte die Pflegeleistung von Angehörigen erbracht werden. Allerdings ist eine verwandtschaftliche Beziehung zwischen dem Pflegebedürftigen und dem Pflegenden nicht zwingend für den Bezug von Pflegegeld, das als Vergütung für die erbrachte Pflegeleistung gezahlt wird.

In der Trägerstruktur gibt es deutliche Unterschiede zwischen den ambulanten Pflegediensten und den stationären Pflegeheimen. Auf den ersten Blick scheint die ambulante Pflege von den privaten Einrichtungen dominiert zu sein. Von den insgesamt knapp 11.000 ambulanten Pflegediensten befinden sich 51% in privater Trägerschaft. Freigemeinnützige Träger unterhalten 47% der Einrichtungen (Freie Wohlfahrtspflege: 42%). Dieses Verhältnis relativiert sich, wenn die Anzahl der Pflegebedürftigen oder die Mitarbeiterzahl als Kriterium herangezogen werden. Insgesamt wurden Mitte Dezember 1999 von den ambulanten Pflegediensten 415.000 Pflegebedürftige betreut – über 60% von ihnen durch Dienste freigemeinnütziger Träger. Private Pflegedienste wurden von gut einem Drittel der Pflegebedürftigen in Anspruch genommen. Die Relationen machen deutlich, dass die privaten ambulanten Pflegedienste im Durchschnitt in deutlich kleinerem Umfang tätig sind als die freigemeinnütziger Träger. Während der »durchschnittliche« private Pflegedienst 27 Pflegebedürftige betreut, kommen die Dienste freigemeinnütziger Träger im Mittel auf 51 Pflegebedürftige (öffentliche Träger: 37). Ähnliche Relationen zeigen sich beim Personaleinsatz. Von den 184.000 Beschäftigten im ambulanten Pflegebereich sind mit 102.000 weit mehr als die Hälfte in Einrichtungen der Freien Wohlfahrtspflege tätig. Im Durchschnitt beschäftigen ambulante Pflegedienste der Wohlfahrtsverbände annähernd doppelt so viele Personen wie private Pflegedienste und ein gutes Drittel mehr als öffentliche Pflegedienste.

Die Größe der Pflegedienste variiert also erheblich. Anschaulicher noch als in den Durchschnittszahlen kommen die Unterschiede in der Darstellung nach Größenklassen zum Ausdruck (vgl. Grafik 6.10).

Grafik 6.10

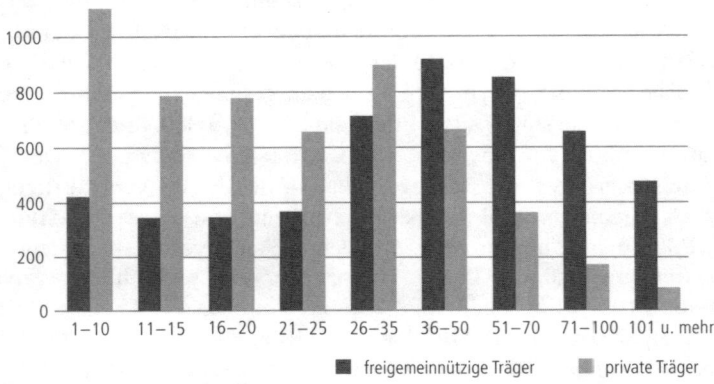

Anzahl der ambulanten Pflegedienste nach Größe (Pflegebedürftige je Dienst) am 15.12.1999

Quelle: Statistisches Bundesamt, Pflegestatistik 1999

Auffallend hoch ist bei den privaten Trägern der Anteil ausgesprochen kleiner ambulanter Pflegeeinrichtungen, die maximal 10 Pflegebedürftige betreuen. In diese Rubrik fallen 20 % der privaten ambulanten Pflegedienste und nur 8 % der Einrichtungen in freigemeinnütziger Trägerschaft. Das zahlenmäßige Übergewicht der privaten Dienste zeigt sich bis zu einer Einrichtungsgröße von maximal 35 Pflegebedürftigen pro Pflegedienst. Bei den größeren Diensten (ab 36 Pflegebedürftigen) dominieren dann die freigemeinnützigen Träger. Fast 40 % der Einrichtungen freigemeinnütziger Träger betreuen mindestens 36 Pflegebedürftige. Von den privaten ambulanten Pflegediensten sind es gerade einmal 11 %. Trotz dieser beachtlichen Unterschiede in der Größe der ambulanten Pflegedienste lassen sich keine nennenswerten Differenzen im Personaleinsatz (gemessen an der Personenzahl) zwischen Einrichtungen privater und freigemeinnütziger Träger feststellen. Auf einen Beschäftigten kommen im Mittel 2,3 Pflegebedürftige. Diese Relation gilt unabhängig vom Träger.

Analog zu den stationären Einrichtungen lässt sich auch für die ambulanten Pflegedienste der freigemeinnützigen Träger die Beschäftigungsstruktur nachzeichnen. In Tabelle 6.6 sind ergänzend zu den ambulanten Pflegediensten nochmals die Angaben für die Pflegeheime dargestellt.

Tabelle 6.6

Personal in Pflegeeinrichtungen freigemeinnütziger Träger (15.12.1999)				
	Ambulante Pflegedienste		Pflegeheime	
Beschäftigungsverhältnis	Anzahl	%-Anteil	Anzahl	%-Anteil
Vollzeit	27.573	23,9	125.970	43,7
Teilzeit über 50%	33.680	29,2	73.868	25,6
Teilzeit bis 50%	21.059	18,3	38.463	13,4
Geringfügig beschäftigt	24.493	21,3	27.796	9,6
Praktik./Schüler/Auszub.	1.113	1,0	11.007	3,8
FSJ und Zivis	7.229	6,3	10.983	3,8
Personal insgesamt	115.147	100,0	288.087	100,0

Abkürzungen: FSJ = Freiwilliges Soziales Jahr, Zivis = Zivildienstleistende
Quelle: Statistisches Bundesamt, Pflegestatistik 1999

Die ambulanten Pflegedienste freigemeinnütziger Träger stützen sich in ihrer Arbeit in sehr hohem Maß auf Teilzeitbeschäftigte. Noch nicht einmal jede/jeder vierte Beschäftigte geht einer Vollzeittätigkeit nach. Dafür ist der Anteil der geringfügig Beschäftigten mit über 20% sehr hoch. Hinzu kommen 18% Teilzeitbeschäftigte, die weniger als die Hälfte der Normalarbeitszeit leisten. Fasst man beide Gruppen zusammen, dann haben annähernd 40% der Mitarbeiterinnen und Mitarbeiter ambulanter Pflegedienste eine vergleichsweise geringe Arbeitszeit. Die durchschnittlich geleistete Stundenzahl je Beschäftigten dürfte in Anbetracht der ausgesprochen hohen Teilzeitquote in ambulanten Pflegediensten erheblich niedriger sein als in Pflegeheimen. Höher als in anderen Einrichtungsarten ist der Anteil der Zivildienstleistenden und der Helferinnen und Helfer im Freiwilligen Sozialen Jahr. In absoluten Zahlen sind in ambulanten Pflegediensten zwar weniger Zivildienstleistende tätig als in Pflegeheimen, gemessen an der Anzahl der Beschäftigten (nicht der Beschäftigtenstunden) in den verschiedenen Einrichtungsarten fallen sie bei den Pflegediensten aber deutlich stärker ins Gewicht.

Ambulante und stationäre Pflegeeinrichtungen freigemeinnütziger Träger unterscheiden sich nicht nur in der Struktur der Beschäftigungsverhältnisse, sondern auch im Berufsabschluss der Mitarbeiterinnen und Mitarbeiter. In ambulanten Pflegediensten ist mit 35 % ein vergleichsweise hoher Anteil von Krankenschwestern, Krankenpflegern und anderem Krankenpflegepersonal beschäftigt. In Pflegeheimen haben demgegenüber nur 15 % des Personals diesen Berufsausbildungsabschluss. Allerdings unterscheidet sich auch das Arbeitsgebiet in ambulanten Pflegediensten von dem in Pflegeheimen. So bieten die meisten Pflegedienste neben Leistungen nach dem Pflegeversicherungsgesetz weitere Sozialleistungen an, zu denen u. a. häusliche Krankenpflege oder Haushaltshilfe nach dem Krankenversicherungsgesetz (SGB V) gehören. Insbesondere in diesem Bereich dürfte das Einsatzfeld für ausgebildete Krankenschwestern und -pfleger liegen. In der Tat gibt es in dieser Berufsgruppe vergleichsweise wenig Personen, die ausschließlich nach dem Pflegeversicherungsgesetz tätig sind. Dies gilt für 10 % der Krankenschwestern und -pfleger und für 18 % aller Beschäftigten in ambulanten Pflegediensten freigemeinnütziger Träger. In stationären Pflegeheimen sind hingegen 60 % der Beschäftigten ausschließlich nach dem Pflegeversicherungsgesetz tätig.

Fast alle ambulanten Pflegedienste gehen in ihrem Angebotsspektrum über die Leistungen nach dem Pflegeversicherungsgesetz hinaus. Zu dem Leistungsspektrum zählen häusliche Krankenpflege oder Haushaltshilfe nach dem SGB V, Hilfe zur Pflege nach dem BSHG und sonstige ambulante Hilfeleistungen, die privat abgerechnet werden dürften. In der Angebotsstruktur gibt es erhebliche Unterschiede zwischen den Trägern. So bietet noch nicht einmal jeder dritte private ambulante Pflegedienst sonstige ambulante Pflegeleistungen an. Von den zur Freien Wohlfahrtspflege zählenden Pflegediensten erbringen immerhin 70 % auch solche Leistungen. Private Träger konzentrieren sich also stärker auf die Angebote, deren Finanzierung über Leistungsentgelte der Träger der Sozialversicherungen oder der Sozialhilfe geregelt ist.

Als Kostenträger für Leistungen der ambulanten Pflegedienste treten neben die Pflegeversicherung die Krankenkassen, die Sozialhilfeträger und private Haushalte. Welcher Finanzierungsmix im Einzelfall maßgeblich ist, hängt von der speziellen Klientenstruktur des Dienstes ab. Für einen ausgewählten ambulanten Pflegedienst wird die Finanzierung im Folgenden dargestellt. Hier darf aber der Hinweis nicht fehlen, dass die Pflegedienste in Bezug auf die Finanzierung äußerst heterogen sind. Es wäre daher unangemessen, dieses Beispiel für repräsentativ zu halten.

Finanzierungsbeispiel: Ambulanter Pflegedienst

Bei dem ausgewählten Beispiel handelt es sich um eine Sozialstation, die in zwei bayerischen Gemeinden tätig ist. Sie liegen in einer ländlichen Region in Großstadtnähe und haben zusammen 16.000 Einwohner. Im Einzugsbereich der Sozialstation sind weitere ambulante Pflegedienste tätig, insbesondere private Anbieter. Am Jahresende wurden von den insgesamt elf Mitarbeiterinnen ca. 80 Patienten betreut. Sieben Mitarbeiterinnen sind Krankenschwestern, eine ist Altenpflegerin und drei sind Altenpflegehelferinnen. Bei einem Arbeitsverhältnis handelt es sich um eine geringfügige Beschäftigung. Die sozialversicherungspflichtigen Mitarbeiterinnen sind teilzeitbeschäftigt mit einer wöchentlichen Arbeitszeit zwischen 19 und 30 Stunden.

Tabelle 6.B3

Aufwand und Ertrag einer ausgewählten Sozialstation (2001)

Aufwand	Tsd. Euro	%	Erträge	Tsd. Euro	%
Personalausgaben	288	83,2	Pflegeleistungen nach SGB XI	217	62,6
Betrieblicher Sachaufwand	16	4,7			
darunter:			darunter:		
Kfz-Kosten	11	3,2	Pflegekassen	172	49,6
Medizinischer Bedarf	3	0,7	Sozialhilfeträger	5	1,5
Umlagen für Inanspruchn. von zentralen Diensten	34	9,7	Privat	40	11,5
			Leistungen nach SGB V	111	32,0
Abschreibungen für PKW	8	2,4	darunter:		
			Krankenkassen	100	28,7
			Sozialhilfeträger	8	2,4
			Privat	3	0,9
			Zuschüsse	10	2,9
			Sonstige Erträge	4	1,2
			Auflösung von Sonderposten	5	1,3
Summe Aufwand	347	100,0	Summe Erträge	347	100,0

Der mit Abstand größte Kostenblock der Sozialstation sind die Personalkosten (83%). Auf den betrieblichen Sachaufwand entfallen knapp 5% der Gesamtkosten. Dies sind zu zwei Dritteln Fahrzeugkosten, die notwendig sind, um die Kunden zu erreichen. Abschreibungen für die Pkw schlagen mit weiteren 2,4% zu Buche.

Die betrachtete Sozialstation arbeitet im Verbund mit anderen Einrichtungen. Die Verwaltung wird zentral für alle Einrichtungen im Verbund übernommen. Hierfür hat die Sozialstation eine Umlage für die Inanspruchnahme zentraler Dienste zu entrichten, die sich auf immerhin 10% des Gesamtumsatzes beläuft. In dieser Position sind Büro- und Verwaltungskosten, Telefonkosten usw. enthalten.

In der Beispieleinrichtung werden fast zwei Drittel aller Erträge aus Leistungen erzielt, die zum Angebotskatalog der Pflegeversicherung gehören (SGB XI). Den größten Teil der Erträge aus diesen Leistungen bezieht die Sozialstation direkt von den Pflegekassen. Private tragen mit fast 20% ebenfalls einen nennenswerten Anteil an der Finanzierung der Pflegeleistungen nach dem SGB XI. Eine weitere wichtige Ertragsart (über 30% der Gesamterträge) sind Vergütungen für Leistungen nach SGB V (Krankenversicherung). Von diesen Leistungen werden 90% direkt von den Krankenversicherungen, 7% von den Sozialhilfeträgern und 3% von Privaten (Leistungsempfänger) übernommen. Die Finanzierungsstrukturen beider Leistungsarten (SGB XI und SGB V) unterscheiden sich also deutlich. Zuschüsse sowie sonstige Erträge fallen – gemessen am Gesamtertrag – kaum ins Gewicht.

6.2.5 Beratung, Behandlung und Unterstützung in ambulanten Einrichtungen der Suchthilfe

Bundesweit existieren ca. 950 ambulante Einrichtungen der Suchtkrankenhilfe. Sie offerieren eine Vielzahl von Hilfen für Menschen mit eigenen Suchtproblemen und für Bezugspersonen von Suchtkranken. Die Einrichtungen bemühen sich um Prävention u. a. durch Informationsveranstaltungen. Sie offerieren unter dem Stichwort »Schadensminimierung« Maßnahmen, die bspw. darauf zielen, suchtbedingte Krankheitsrisiken einzuschränken. Hierzu zählen medizinische Untersuchungen ebenso wie Aufenthaltsangebote (Kontaktläden, Cafés, Übernachtungseinrichtungen) und die Ermöglichung des Drogenkonsums in dafür vorgesehenen Konsumräumen. Aufsuchende

Maßnahmen bspw. durch Streetworker sind wichtig, um mit Suchtabhängigen oder -gefährdeten in Kontakt zu kommen oder den Kontakt zu halten. Beratung ist ein weiteres relevantes Leistungsmerkmal ambulanter Einrichtungen der Suchtkrankenhilfe. Sie schließt Information, Hilfeplanung und Vermittlung ein. Zum Leistungsspektrum gehören weiterhin psychosoziale Betreuung, Integrationshilfen (z. B. Freizeitangebote, betreute Wohnangebote) sowie Maßnahmen der ambulanten Behandlung und/oder Rehabilitation. Hierzu zählt die Durchführung des Entzugs unter ärztlicher Anleitung ebenso wie die Behandlung unter Einbeziehung von Substitution. Die Angebotspalette ist also sehr umfangreich. Nicht jede Einrichtung der ambulanten Suchtkrankenhilfe bietet sämtliche Leistungen an. Es gibt – wie bei vielen anderen Einrichtungsarten auch – Schwerpunktsetzungen.

Die Aktivitäten eines großen Teils der ambulanten Suchtkrankenhilfe werden in der jährlich erscheinenden Suchthilfestatistik dokumentiert und ausgewertet. Zuständig hierfür ist das IFT, Institut für Therapieforschung, München. Auf diese Auswertung[61] beziehen sich die folgenden Ausführungen.

Im Jahr 2000 haben 401 Einrichtungen an der Auswertung teilgenommen. Das sind gut 40 % aller bundesweit existierenden ambulanten Suchthilfeeinrichtungen.[62] Zum Teilnehmerkreis gehören überwiegend psychosoziale Beratungsstellen und Ambulanzen. Hinzu kommen niederschwellige Einrichtungen, ambulantes und stationäres betreutes Wohnen sowie Rehabilitationseinrichtungen und die Beratung und Behandlung im Strafvollzug. Der weit überwiegende Teil der an der IFT-Auswertung teilnehmenden Einrichtungen ist einem Verband der Freien Wohlfahrtspflege angeschlossen. 11 % der meldenden Einrichtungen haben einen öffentlichen Träger. Weitere 7 % befinden sich in Trägerschaft eines sonstigen gemeinnützigen Vereins.

In den 401 betrachteten Einrichtungen wurden im Jahr 2000 ca. 135.000 Personen behandelt, beraten oder betreut. Für gut die Hälfte dieser Menschen war es ein erstmaliger Kontakt zur Einrichtung. Frauen suchen häufiger als

---

[61] Strobl, M. u. a.: Jahresstatistik 2000 der ambulanten Suchtkrankenhilfe in Deutschland (Tabellenband). Berichtszeitraum 1.1.2000 – 31.12.2000. IFT-Berichte Bd. 125. München: IFT Institut für Therapieforschung 2001

[62] Trotz dieses hohen Anteils sind die Daten nicht repräsentativ im statistischen Sinne. Sie sind nicht als (repräsentative) Stichprobe erhoben. Vielmehr wird jede Einrichtung berücksichtigt, die sich an dem Datenerfassungssystem beteiligt.

Männer ambulante Einrichtungen auf, um Rat für Angehörige zu erhalten. Männer nehmen hingegen fast ausschließlich wegen eigener Suchtprobleme Kontakt auf. Bei den Hauptdiagnosen dominiert die Alkoholabhängigkeit. Mehr als die Hälfte der Personen, die eine ambulante Einrichtung aufsuchen, kommt wegen Alkoholproblemen. Der Konsum illegaler Drogen ist für annähernd jeden vierten Neukontakt mit den Einrichtungen der Suchtkrankenhilfe Auslöser. Quantitativ von untergeordneter Bedeutung sind Essstörungen und Spielsucht (vgl. Grafik 6.11).

Grafik 6.11

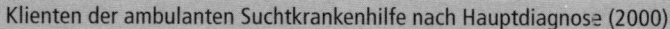

Klienten der ambulanten Suchtkrankenhilfe nach Hauptdiagnose (2000)

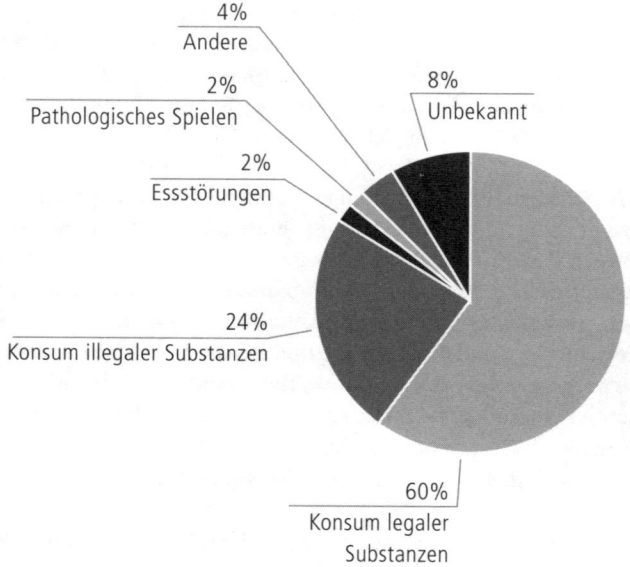

4%
Andere

2%
Pathologisches Spielen

2%
Essstörungen

8%
Unbekannt

24%
Konsum illegaler Substanzen

60%
Konsum legaler
Substanzen

Quelle: IFT, Jahresstatistik 2000 der ambulanten Suchtkrankenhilfe

Die Einrichtungen verfügen über knapp 2.000 Personalstellen (umgerechnet in Vollzeitstellen). Durchschnittlich kommen auf eine Einrichtung 4,9 Beschäftigte.[63] Die Suchtkrankenhilfe ist ein hoch professionalisierter

---

[63] Sämtliche Angaben zu den Mitarbeitern und zur Beschäftigtenstruktur beziehen sich auf Vollzeitäquivalente.

Bereich. Das Gros der Arbeitsleistung wird von Sozialarbeitern/-innen und Sozialpädagogen/-innen erbracht (53 %), die durch umfangreiche Fort- und Weiterbildungen für die komplexen Anforderungen der Suchthilfearbeit qualifiziert werden. Mit ihnen arbeiten u. a. Diplompsychologen/-innen und Ärzte/-innen zusammen, auf die fast 20 % der Gesamtarbeitszeit entfallen. Hinzu kommen Personen mit anderen Qualifikationen im sozialen Bereich (7 %). Knapp 15 % des Personals arbeiten im Verwaltungsbereich oder werden als technisches Personal bzw. Mitarbeiter aus dem Wirtschaftsbereich eingesetzt. Außerdem sind in den Einrichtungen Zivildienstleistende (2 %) sowie Praktikanten/-innen bzw. Auszubildende (5 %) beschäftigt.

Für die ambulanten Einrichtungen der Suchthilfe existiert keine leistungsvertragliche Regelfinanzierung wie für Krankenhäuser, Pflegeheime oder Kindertageseinrichtungen. Zwar werden auch in ambulanten Suchthilfeeinrichtungen einzelfallbezogene Leistungsentgelte für die ambulante Rehabilitation von den Sozialversicherungen erstattet, allerdings entfällt auf diese Art der Vergütung nur ein vergleichsweise kleiner Teil der Gesamteinnahmen. Die Einrichtungen finanzieren sich aus unterschiedlichen Quellen. In der Höhe der benötigten oder zugestandenen finanziellen Mittel gibt es erhebliche Differenzen zwischen den einzelnen Einrichtungen, die sich sowohl in der Größe als auch im Leistungsangebot unterscheiden. Diese Unterschiede auf individueller Ebene verwischen in der üblichen Durchschnittsbetrachtung. Im Mittel sind die Einrichtungen der ambulanten Suchtkrankenhilfe vergleichsweise klein. Die Hälfte der Einrichtungen hat ein Jahresbudget von weniger als einer Viertelmillion Euro. Der durchschnittliche Finanzbedarf (arithmetisches Mittel) der Einrichtungen, die entsprechende Angaben gemacht haben[64], liegt bei 160.000 Euro.

Für die Gesamtheit der Einrichtungen, für die Angaben zur Finanzierung vorliegen, gilt: Die Kommunen sind der bedeutendste Kostenträger. Es folgen die Länder, die ein gutes Viertel der Gesamtbudgets übernehmen. Die Zuwendungen des Bundes fallen kaum ins Gewicht. Die Sozialversicherungen übernehmen ca. 11 % der Gesamtkosten. Am wichtigsten sind hier die Rentenversicherungen, hinter deren Zahlungen sich i. d. R. Leistungen im Rahmen der ambulanten Rehabilitation verbergen. Die Arbeitsverwaltung und

---

[64] Noch nicht einmal die Hälfte der Einrichtungen hat Angaben zu ihrer Finanzsituation gemacht. Entsprechend unzuverlässig (im statistischen Sinne) sind die Ergebnisse. Sie erlauben nur Schlüsse auf die grobe Finanzierungsstruktur.

die Krankenversicherungen leisten einen deutlich geringeren Beitrag. Einen Überblick über die Finanzierungsstruktur gibt die folgende Grafik 6.12.

Grafik 6.12

Finanzierung ambulanter Einrichtungen der Suchtkrankenhilfe (2000)

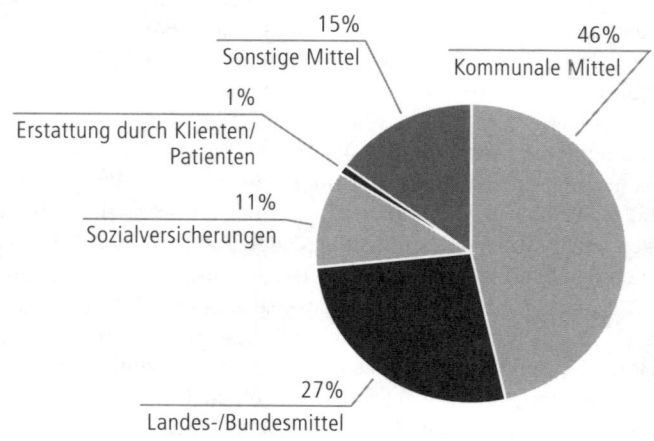

15%
Sonstige Mittel

46%
Kommunale Mittel

1%
Erstattung durch Klienten/
Patienten

11%
Sozialversicherungen

27%
Landes-/Bundesmittel

Quelle: IFT, Jahresstatistik 2000 der ambulanten Suchtkrankenhilfe

Die skizzierte Finanzierungsstruktur ergibt sich für die Gesamtheit der Einrichtungen, die an der IFT-Auswertung teilgenommen haben. Näherungsweise können die Angaben als Indikator für die Situation in der gesamten Bundesrepublik betrachtet werden. Zwischen den Bundesländern, aber auch innerhalb eines Landes, gibt es erhebliche Unterschiede – wie folgende Beispiele zeigen.

Finanzierungsbeispiele für Einrichtungen in Baden-Württemberg

Die Finanzierung psychosozialer Beratungsstellen (PSB) unterscheidet sich stark zwischen den Bundesländern. So erhalten Einrichtungen in Nordrhein-Westfalen nach einem Umfrageergebnis bspw. 51% der benötigten Mittel von den Kommunen. Aus Landesmitteln werden 18% der Aufwendungen finanziert, die Einnahmen aus der ambulanten Rehabilitation machen 2% und sonstige Mittel 6% aus. Der Eigenbeitrag der Einrichtungsträger liegt danach in Nordrhein-Westfalen im Durchschnitt bei 23%. Ganz anders sieht die Finanzierungsstruktur in Baden-Württemberg aus. In der folgenden Tabelle 6.B4 sind sieben verschiedene psychosoziale Beratungsstellen eines Trägers in Baden-Württemberg dargestellt. Die Übersicht veranschaulicht, dass es – ergänzend zu den Differenzen zwischen den Bundesländern – auch innerhalb eines Bundeslandes sehr große Unterschiede in der Finanzierungsstruktur psychosozialer Beratungsstellen gibt.

Tabelle 6.B4

Finanzierungsstruktur psychosozialer Beratungsstellen (2001)							
	Beratungsstelle						
	1	2	3	4	5	6	7
	%-Anteil an den Gesamtkosten						
Zuschuss Land	25,8	34,9	24,5	22,7	23,1	32,1	23,1
Zuschuss Kommune/ überörtl. Sozialhilfeträger	29,5	40,9	50,6	32,5	28,1	28,6	45,9
Einnahmen	13,6	5,0	7,4	13,9	10,4	15,0	17,1
Eigenmittel der Träger	31,2	19,2	17,5	30,9	38,3	24,3	14,0
Gesamtkosten	100,0	100,0	100,0	100,0	100,0	100,0	100,0

Die exemplarisch aufgeführten Einrichtungen beschäftigen zwischen 3,5 und 5 Fachkräfte. Die Kosten der Beratungsstellen lagen im Jahr 2001 zwischen 213.000 und 330.000 Euro. In den meisten Einrichtungen trägt das Land ca. ein Viertel der Kosten. Auffallend große Unterschiede gibt es bei den Zuschüssen der Kommunen und der überörtlichen Träger der Sozialhilfe. Aber auch die Einnahmen – hierunter sind Einnahmen durch Nachsorge, ambulante Rehabilitation, aus Veranstaltungen, durch Klientenbeteiligungen sowie besondere Zuschüsse gefasst – schwanken erheblich. Sie decken zwischen 5% und 17% der Einrichtungskosten. Bemerkenswert hoch ist der Anteil der Eigenmittel der Träger, wenngleich es auch hier eine erhebliche Spannbreite (zwischen 14% und 38%) gibt. Die Eigenmittel setzen sich aus Kirchensteuermitteln, Spenden an den Träger und Geldbußen zusammen.

6.2.6 Hilfe durch Dienste ohne Regelfinanzierung

Von der Freien Wohlfahrtspflege werden eine Reihe von Leistungen angeboten, für die es keine Regelfinanzierung gibt. Auf einige wenige wird im Folgenden exemplarisch eingegangen.

6.2.6.1 Bahnhofsmission: Reise- und Lebenshilfe

Die Bahnhofsmission kann auf eine über 100-jährige Geschichte zurückblicken. Die Arbeitsinhalte haben sich im Lauf der Zeit verändert, wie sich die gesellschaftlichen Anforderungen gewandelt haben. Die Missionen wenden sich an alle hilfebedürftigen Menschen, die sich im Bahnhof aufhalten und bieten diesen Beratung und Unterstützung an. Reisende – und dies gilt bspw. für ältere Menschen – können sich auf den modernen Bahnhöfen mit ihren technischen Informationssystemen und ihrer nur noch geringen Zahl an Aufsichtspersonen, die beim Umsteigen behilflich sind und die Auskunft geben können, verloren und hilflos vorkommen. Sie zu unterstützen, ihnen die notwendigen Informationen und Hilfestellungen zu geben, ihnen einen Ruhepunkt und Orientierung anzubieten, ist Aufgabe der Bahnhofsmission. Neben der Reisehilfe wird aber auch Lebenshilfe geleistet. In den letzten Jahren sind die Bahnhofsmissionen insbesondere in Großstädten zunehmend zu Anlaufstellen für psychisch beeinträchtigte Menschen und für Menschen in den verschiedensten Notlagen geworden. Die Schutzräume der Bahnhofsmission werden am sozialen Brennpunkt Bahnhof gerne aufgesucht. Männer nehmen die Hilfeleistungen in weit stärkerem Umfang in Anspruch als Frauen. Von den Mitarbeiterinnen und Mitarbeitern wird ein hohes Maß an sozialer Kompetenz verlangt. Um den veränderten Anforderungen gerecht werden zu können, müssen die Bahnhofsmissionen in ein Netzwerk psychosozialer Einrichtungen am Ort eingebunden sein; sie müssen mit anderen sozialen Einrichtungen zusammenarbeiten.

Gegenwärtig gibt es Bahnhofsmissionen an 100 Standorten in Deutschland. 74 von ihnen befinden sich in Trägerschaft von Caritas und/oder Diakonie, 26 in Trägerschaft von In VIA, einem Fachverband des Deutschen Caritasverbandes. Für die Bahnhofsmissionen sind ca. 1.700 Personen tätig, davon der weit überwiegende Teil (80 %) ehrenamtlich. Die einzelnen Dienste sind personell unterschiedlich stark besetzt und verfügen über unterschiedliche Öffnungszeiten. Dies ergibt sich aus dem Bedarf. So konzentriert sich die

Bahnhofsmission in für den Regionalverkehr bedeutenden reinen »Umsteigebahnhöfen« wie Bebra oder Altenbeken auf die Zeiten hohen Verkehrsaufkommens. Bahnhöfe von Großstädten wie Frankfurt a. M. oder Berlin (Zoologischer Garten) sind dagegen rund um die Uhr an 365 Tagen geöffnet. Eine zeitliche Konzentration auf Verkehrsspitzen wäre hier unangemessen.

Die Bahnhofsmissionen finanzieren sich fast ausschließlich über Kirchensteuermittel und Spenden, wobei das Spendenaufkommen der einzelnen Missionen sehr unterschiedlich ist. Die Deutsche Bahn AG gewährt den Einrichtungen mietfreie Räumlichkeiten und übernimmt die anfallenden Energiekosten. In einigen Fällen gibt es auch finanzielle Unterstützungen durch Kommunen. Die Verpflegung, die von den Bahnhofsmissionen verteilt wird, setzt sich gänzlich aus Sachspenden zusammen. Der anfallende finanzielle Bedarf der Bahnhofsmissionen besteht deshalb fast zu 100% aus Personalkosten, die über Kirchensteuermittel finanziert werden.

6.2.6.2 Beratung für ausländische Frauen, die von Menschenhandel betroffen sind

Nach Deutschland kommen viele Frauen aus anderen Kulturkreisen. Frauen im Migrationsprozess zu helfen, haben sich spezielle Beratungsstellen zum Ziel gesetzt. Besonders gravierende Probleme und entsprechend einen besonderen Beratungs- und Unterstützungsbedarf haben ausländische Frauen, die von Menschenhandel betroffen sind. Einige dieser Frauen sind als Heiratsmigrantinnen nach Deutschland gekommen, andere halten sich illegal im Land auf und stehen in illegalen Arbeitsverhältnissen. Zum Teil sind sie gezwungen, als Prostituierte tätig zu sein. Diese Frauen sind mit vielfältigen und gravierenden Problemen konfrontiert, die sich u. a. aus ihrem ausländerrechtlichen Status ergeben. Ihnen wird in Fachberatungsstellen geholfen. Zum Leistungsspektrum solcher Einrichtungen gehören psychosoziale Beratung, Hilfe beim Umgang mit Behörden, Begleitung zu Rechtsanwälten und Ärzten sowie Vermittlung von Unterkunft. Wichtig ist dabei die muttersprachliche Beratung.

Wenngleich das Problem, dass in Deutschland etliche ausländische Frauen Opfer von Prostitution und Menschenhandel sind, bekannt ist, ist die rechtliche Situation dieser Frauen nach wie vor unbefriedigend. Neben der Beratung und Integration von Frauen im Migrationsprozess leisten die

Einrichtungen daher auch Öffentlichkeits- und Lobbyarbeit. Für solche Beratungsstellen für ausländische Frauen als Opfer von Prostitution und Menschenhandel existiert keine Regelfinanzierung. Mit den finanziellen Zuwendungen von Ländern und Kommunen kann nur ein Teil der Kosten gedeckt werden. Welche Kosten für solch eine Beratungsstelle entstehen können und wie die Leistungen finanziert werden, wird im Folgenden exemplarisch dargestellt (vgl. Tabelle 6.B5). Das Beispiel ist zufällig ausgewählt, die Aufwands- und Ertragsrechnung hat also keinen repräsentativen Charakter.

Tabelle 6.B5

Aufwand und Ertrag einer Beratungsstelle für ausländische Frauen (2001)

Aufwand	Tsd. Euro	%	Erträge	Tsd. Euro	%
Personalausgaben	105	80,2	Zuschüsse	114	87,0
Materialaufwand	2	1,5	darunter:		
Verwaltung	10	7,6	Land	41	31,3
Miete	5	3,8	Stadt	25	19,1
Sonstige betriebliche Aufwendungen	9	6,9	Kirche	48	36,6
			Spenden	12	9,2
			Eigenmittel des Trägers	5	3,8
Summe Aufwand	131	100,0	Summe Erträge	131	100,0

Auf der Kostenseite besteht der größte Teil aus den Personalausgaben (80%). Der Rest verteilt sich auf Materialaufwand, Verwaltungskosten, Miete und sonstige Aufwendungen. Der Materialaufwand beinhaltet Büromaterial und Material für die Öffentlichkeitsarbeit sowie Fachbücher. Zu den sonstigen Ausgaben gehören Telefon und Porto (3,1%), Reisekosten (1%), Supervision (2,1%).

Der Gesamtaufwand wird zu 87% durch Zuschüsse des Landes, der Kommunen und Kirchen gedeckt. Sie unterliegen einer Deckelung und sind immer wieder durch Kürzungen gefährdet. Kostenerhöhungen, die im Personalbereich z. B. durch die regelmäßigen Tariflohnanpassungen entstehen, müssen durch Einsparungen bzw. durch verstärkte Spendenaktivitäten ausgeglichen werden. Zur Erschließung neuer Spenderquellen hat die hier betrachtete Einrichtung einen Förderverein gegründet, dessen Erfolge sich erst in der Zukunft zeigen werden. Die laufende Arbeit ist immer begleitet von der Suche nach potenziellen Geldgebern.

6.2.6.3 Telefonseelsorge für jüdische Migranten aus der GUS

Die ersten Telefonseelsorgestellen in Deutschland wurden in den 50er Jahren gegründet und werden von den verschiedenen Wohlfahrtsverbänden als ein sich größtenteils auf ehrenamtliches Engagement stützender sozialer Dienst zur Verfügung gestellt. Die Spezifika der Telefonseelsorge (TS) sind folgende: Sie ist anonym, verursacht dem Anrufer keine zusätzlichen Kosten außer den Telefongebühren und macht keinerlei Unterschiede zwischen den Anrufern. Jeder kann anrufen, jedem wird zugehört, jeder wird ernst genommen, unabhängig von der Art seines Anliegens. Wichtig ist ein ganz spezielles Anforderungsprofil der Anbieter einer Telefonseelsorge: Eine seriöse, durch die IFOTES (Internationaler Verband für Telefonseelsorge) definierte Ausbildung ist Voraussetzung für die Gründung einer TS, dazu gehört eine regelmäßige Supervision.

Die Einrichtung einer Telefonseelsorge innerhalb der jüdischen Gemeinden in Deutschland geht auf einen spezifischen Bedarf ein: Emotionale Unterstützung und Entlastung bei Einsamkeit und psychischen Problemen, die durch die spezielle Lebenssituation der jüdischen Zuwanderer hervorgerufen werden. Die sozialpsychologischen Auswirkungen der Migration begründen bei den Zuwanderern das starke Bedürfnis, sich in ihrer Muttersprache auszusprechen. Eine TS kann keine Lösung der Probleme liefern, aber bei ihrer Formulierung helfen, und verweist bei Bedarf an professionelle, psychosoziale Beratungsstellen. Zu dem Angebot einer jüdischen TS gehört weiterhin die Fähigkeit, fundiertes Wissen zum Judentum vermitteln zu können und auf spezielle Schwierigkeiten der Zielgruppe wie z. B. Unsicherheiten – resultierend aus der Situation in Israel und dem Antisemitismus in Europa – eingehen zu können. Als Hilfe zur Selbsthilfe unterstützt die TS auf diese Weise gleichzeitig die Integration in die jüdische Gemeinschaft und fördert die Einbindung in die Gesellschaft der Bundesrepublik. Migrantinnen und Migranten können dieses Angebot ohne großen Aufwand wahrnehmen. Wenn gewünscht, fungiert die TS auch als Informationsorgan bezüglich Veranstaltungen und Angeboten der jüdischen Gemeinden.

Telefonseelsorgen in Düsseldorf und Köln sind die ersten selbst organisierten Dienste, die von russischen Migrantinnen und Migranten aufgebaut wurden, mit organisatorischer Unterstützung der jüdischen Gemeinden. Sie werden von Zuwanderern angeboten, die teilweise über eine psychologische Ausbildung verfügen und sich regelmäßig weiterbilden bzw. an Supervision teilnehmen. Sie arbeiten ausschließlich auf ehrenamtlicher Basis, entsprechende Räumlichkeiten werden von der jüdischen Gemeinde zur Verfügung gestellt.

Das Bemühen der jüdischen Telefonseelsorgen ist es, ein Netzwerk zu organisieren und so die Gründung weiterer Dienste in jüdischen Gemeinden zu fördern, was von der Zentralwohlfahrtsstelle der Juden (ZWST) durch verschiedene Maßnahmen (Fortbildungen, Tagungen) unterstützt wird.

6.3 Beschäftigung in Einrichtungen und Diensten der Freien Wohlfahrtspflege

Die Freie Wohlfahrtspflege ist ein wichtiger Anbieter sozialer Dienstleistungen. Wie bedeutend sie ist, lässt sich nicht für alle Tätigkeitsfelder exakt ermitteln. Für die großen Bereiche der Einrichtungen der Jugendhilfe sowie der medizinischen und pflegerischen Versorgung liegen aber Vergleichsdaten aus der amtlichen Statistik vor. Einige dieser Bereiche wurden in den vorangegangenen Ausführungen näher beleuchtet. Einen zusammenfassenden Überblick gibt Tabelle 6.7. In den meisten der betrachteten Tätigkeitsfelder sind über 40 % aller Einrichtungen den Wohlfahrtsverbänden angeschlossen. Von den Beschäftigten ist häufig sogar ein noch höherer Anteil für die Freie Wohlfahrtspflege tätig.

Tabelle 6.7

Bedeutung der Freien Wohlfahrtspflege in ausgewählten Einrichtungsarten

Einrichtung	Jahr	Einrichtungen			Beschäftigte		
		insges.	Freie Wohlfahrtspflege	%-Anteil	insges.	Freie Wohlfahrtspflege	%-Anteil
		Tausend	Tausend		Tausend	Tausend	
Kindertageseinrichtungen	1998	48,2	23,0	47,8	373,2	181,6	48,7
Sonstige Jugendhilfeeinrichtungen	1998	28,4	14,2	49,9	154,3	87,3	56,6
Krankenhäuser (Allgemein)[1]	2000	2,0	0,8	40,6	1.044,4	357,3	34,2
Vorsorge- und Reha-Einrichtungen[1]	2000	1,4	0,4	26,6	134,4	19,0	14,1
Stationäre Pflegeeinrichtungen	1999	8,9	4,1	46,6	440,9	238,5	54,1
Ambulante Pflegedienste	1999	10,8	4,5	41,9	183,8	102,0	55,5

Anmerkungen:[1] Angaben für Freie Wohlfahrtspflege nicht verfügbar, stattdessen: freigemeinnützige Träger
Quelle: Statistik der Kinder- und Jugendhilfe 1998; Grunddaten der Krankenhäuser und Vorsorge- und Rehabilitationseinrichtungen 2000; Pflegestatistik 1999

In den Einrichtungen und Diensten der Wohlfahrtsverbände finden mehr als eine Million Menschen einen Arbeitsplatz. Vornehmlich handelt es sich dabei um Frauen. Dieses Ergebnis zeichnete sich schon in der gesamtwirtschaftlichen Darstellung zum Sozialbereich ab (vgl. Kapitel 6.1.3). Der hohe Anteil weiblicher Beschäftigter korrespondiert mit einem überdurchschnittlichen Anteil von Teilzeitbeschäftigten. Verkürzte Arbeitszeiten sind im Sozialbereich weit verbreitet. In den Betrachtungen verschiedener Einrichtungsarten (Kapitel 6.2) wurde deutlich, welchen Stellenwert Teilzeittätigkeit in den unterschiedlichen Bereichen hat.

Mit dem großen Angebot an Teilzeitarbeitsplätzen entsprechen die Einrichtungen und Dienste der Freien Wohlfahrtspflege der Präferenz vieler Frauen, die nur bei einer eingeschränkten Arbeitszeit Erwerbstätigkeit mit ihren familiären Aufgaben oder ihrer individuellen Lebensplanung in Übereinstimmung bringen können. Teilzeitarbeitsplätze und flexible Arbeitszeitmodelle sollen beiden nützen, den Beschäftigten ebenso wie den Einrichtungen und Diensten. So ist bspw. in der Pflege der Bedarf nicht über den gesamten Tag gleichmäßig verteilt. Die Bedarfsspitzen, also die Zeiten, zu denen besonders viele Mitarbeiterinnen und Mitarbeiter benötigt werden, sind mit flexibel einsetzbaren Teilzeitkräften besonders gut auszugleichen.

Die Freie Wohlfahrtspflege ermöglicht und unterstützt Teilzeiterwerbstätigkeit und flexible Arbeitszeitmodelle. Eine reduzierte Arbeitszeit bedeutet keineswegs den Verzicht auf berufliche Weiterentwicklung oder ein Ende der Karriere. Allen Mitarbeiterinnen und Mitarbeitern stehen unabhängig von der individuellen Arbeitszeit diverse Weiterbildungsangebote offen. Sofern es das Aufgabengebiet zulässt, ist Teilzeiterwerbstätigen durchaus auch die Übernahme von Führungsaufgaben möglich. Für viele Frauen ist Teilzeitbeschäftigung die adäquate Form, um Erwerbstätigkeit und familiäre Verpflichtungen zu verbinden. Durch eine Weiterbeschäftigung oder Wiederaufnahme einer Erwerbstätigkeit bei reduzierter Stundenzahl haben sie die Möglichkeit, erworbene Qualifikationen weiterhin anzuwenden und sich – nicht zuletzt durch Fortbildung – an die sich ändernden Anforderungen im Beruf anzupassen. Dies ist wichtig, denn Teilzeit- oder geringfügige Beschäftigung im Sozialbereich ist nur wegen der geringeren Zahl an Arbeitsstunden keineswegs mit geringeren Anforderungen an die Qualifikation gleichzusetzen. Zwar gibt es auch hier Arbeitsplätze mit geringen Qualifikationsanforderungen, typisch sind sie für die sozialen Dienste aber nicht. Neben den fachlichen Kenntnissen im Bereich der Pflege, Erziehung usw.

ist i. d. R. soziale Kompetenz gefragt, denn die meisten Tätigkeiten sind Inter-
aktionsbeziehungen. Ob es sich um Leistungen im Gesundheitswesen handelt, im Pflegebereich, in der Jugendhilfe oder in Einrichtungen für Personen in besonderen sozialen Situationen – immer stehen die Mitarbeiterinnen
und Mitarbeiter in Kontakt mit Leistungsempfängern, die irgendeiner Form
der menschlichen Zuwendung, Beratung oder Unterstützung bedürfen. Die
im Bereich der sozialen Dienste zu erbringenden Leistungen haben also eine
ganz besondere Qualität, die über die Verrichtung eher mechanischer Tätigkeiten, wie etwa das Waschen eines Pflegebedürftigen, hinausgehen. Diese
Qualität sicherzustellen ist ein wichtiges Anliegen der Freien Wohlfahrtspflege. Kontinuierliche Mitarbeiterschulung gehört ebenso dazu wie das Auf-
stellen von Qualitätskriterien, an denen sich die Leistungen zu messen
haben.

Die Freie Wohlfahrtspflege hat ihre Bedeutung als Arbeitgeber im langfristigen Vergleich stark ausgebaut.[65] Innerhalb der letzten dreißig Jahre hat sich
die Mitarbeiterzahl, wie sie in der BAGFW-Statistik ausgewiesen ist, ver-
dreifacht.[66] Teilzeitbeschäftigung hat dabei eine sehr viel stärkere Dynamik
entwickelt als der Zuwachs an Vollzeitstellen. Mittlerweile sind 41 % der
Hauptamtlichen teilzeiterwerbstätig. In den 1980er Jahren lag diese Quote
noch bei 25 %.

---

[65] Eine Gegenüberstellung mit der Beschäftigtenentwicklung in der Gesamtwirtschaft,
mit dem Dienstleistungsbereich und dem Staat findet sich in Ottnard/Wahl/
Miegel, a. a. O. S. 44.

[66] In den neunziger Jahren hat auch der veränderte Gebietsstand (neue Bundesländer) zum Beschäftigungsaufbau beigetragen. Dieser Effekt lässt sich aus den
Daten nicht isolieren.

Grafik 6.13

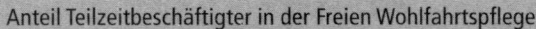

Anteil Teilzeitbeschäftigter in der Freien Wohlfahrtspflege

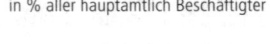

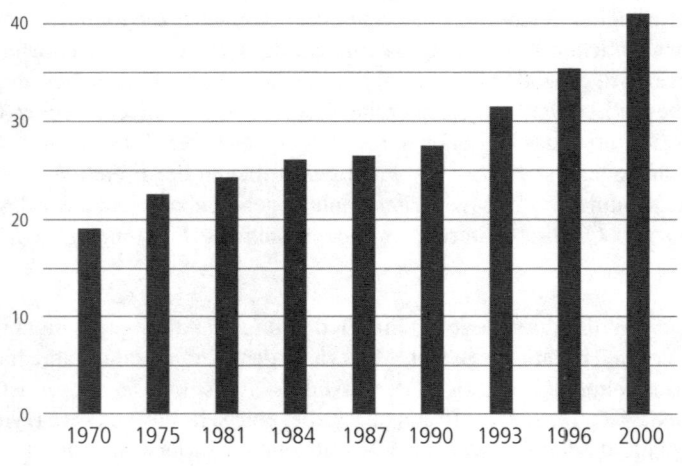

Quelle: BAGFW, Gesamtstatistik der Einrichtungen und Dienste 2000

Die Freie Wohlfahrtspflege ist nicht nur Arbeitgeber von 1,16 Millionen haupt-amtlich Beschäftigten. In den Einrichtungen und Verbänden engagieren sich zudem viele Menschen ehrenamtlich bzw. freiwillig. Sie unterstützen die Hauptamtlichen, füllen Lücken, die in einzelnen Bereichen durch die Kostendeckelung entstanden sind, und geben Impulse dort, wo sich neue Bedarfe entwickeln und wo es (noch) keine institutionalisierte Hilfe gibt. Für ihre Leistungen erhalten die Ehrenamtlichen und Freiwilligen i. d. R. keine oder nur eine vergleichsweise geringe Aufwandsentschädigung. Von den hauptamtlichen Mitarbeiterinnen und Mitarbeitern unterscheiden sie sich sowohl in Bezug auf die Entlohnung als auch hinsichtlich der Arbeitsorga-nisation. Ehrenamtliche bestimmen selbst über ihre Einsatzzeiten und ggf. auch über die Einsatzorte. Sofern sie sich an einen Dienstplan halten, handelt es sich um eine reine Selbstverpflichtung; niemand kann und will ge-genüber dem Freiwilligen einen Leistungsanspruch geltend machen.[67]

---

[67] Etwas anders stellt sich die Situation für die Absolventinnen und Absolventen eines Freiwilligen Sozialen Jahres dar (vgl. den Exkurs in Kapitel 5.3.1).

In der Freien Wohlfahrtspflege existieren also zwei Tätigkeitsformen nebeneinander: Erwerbsarbeit und freiwillige Arbeit.

Ehrenamtliches Engagement unterscheidet sich nicht nur in der Form der Tätigkeit von Erwerbsarbeit, sondern dürfte häufig auch anders motiviert sein.[68] Nur vergleichsweise wenige Freiwillige erwarten von ihrem Engagement einen beruflichen Nutzen.[69] Dem Ehrenamt wird also keineswegs eine Brückenfunktion zugeschrieben. Es könnte diese Funktion auch nicht für alle Freiwilligen übernehmen. Dennoch gibt es Übergänge und Verbindungen zwischen Ehrenamt und Erwerbsarbeit. So dient das Engagement jungen Menschen, die ein Freiwilliges Soziales Jahr absolvieren oder ihren Zivildienst leisten, auch der beruflichen Orientierung. Einige finden über ihren Einsatz in den Einrichtungen und Diensten den Weg in soziale Berufe. Nicht selten erhalten sie später einen Arbeitsplatz in einer Einrichtung der Freien Wohlfahrtspflege. Grundsätzlich ist der Einstieg in hauptamtliche Tätigkeiten auch anderen Freiwilligen möglich, wenngleich er eher die Ausnahme als die Regel ist.

In der Freien Wohlfahrtspflege existieren also verschiedene Arbeitszeitregelungen sowie unterschiedlichste Beschäftigungs- und Betätigungsformen nebeneinander. Alle diese in zahlreichen Varianten unternommenen Aktivitäten dienen letztendlich dazu, die Ziele sozialer Arbeit zu realisieren. Priller/ Zimmer[70] weisen darauf hin, dass eine solche Kombination unterschiedlicher Arbeitsformen für den Dritten Sektor typisch ist und ihn positiv heraushebt. Hierin zeigt sich, wie offen die Organisationsstrukturen sind und über welch hohe integrative Potenziale Nonprofit-Organisationen verfügen.

---

[68] Zu den Motiven für ehrenamtliches oder freiwilliges Engagement vgl. Kapitel 5.3.1.

[69] In der von Rosenbladt dargestellten Hierarchie der Engagementmotive, die sich allerdings auf Freiwillige in sämtlichen Engagementbereichen bezieht, rangiert der berufliche Nutzen an zehnter Stelle. Rosenbladt, a. a. O. S. 113

[70] Priller, E./Zimmer, A.: Bürgerschaftliches Engagement und Dritter Sektor, in: WSI Mitteilungen, Heft 3, 2001, S. 163

7.

Die Freie Wohlfahrtspflege

als Mitgestalter eines sozialen Europas

Die Freie Wohlfahrtspflege kann auf eine lange Tradition zurückblicken. Sie hat soziale Arbeit über Jahrzehnte entwickelt, getragen und gestaltet. In diesem Zeitraum unterlagen die politischen, ökonomischen und sozialen Rahmenbedingungen einem vielfältigen Wandel. Die Verbände konnten sich in dem sich beständig ändernden Umfeld erfolgreich positionieren. Sie haben sich als anpassungsfähig und innovativ erwiesen. Auf den gesellschaftlichen Wandel haben sie nicht nur reagiert, vielmehr haben sie aktiv Einfluss genommen auf die Ausgestaltung der Sozialpolitik, auf die Bedingungen für soziale Arbeit und auf deren Inhalte. Diesen Aufgaben fühlt sich die Freie Wohlfahrtspflege weiterhin verpflichtet.

Um auch zukünftig ihrem Anspruch gerecht werden zu können, bedarf es erheblicher Anstrengungen, Veränderungen in den Wohlfahrtsverbänden und ihren Gliederungen sowie der Erschließung neuer Leistungspotenziale. Allein der demografische Wandel wird eine Fortschreibung des Status quo kaum zulassen. Mit der Umkehrung der Alterspyramide steigen die Lasten für die nachwachsende Generation – sie müssen künftig gerechter verteilt werden. Die Teilhabe aller Bürgerinnen und Bürger und die Integration von Zuwanderern ist vor diesem Hintergrund als Chance zur Bewältigung dieser Zukunftsaufgabe zu sehen. Aber auch in der Familienpolitik sind größere Änderungen notwendig. Kinder dürfen kein Armutsrisiko mehr darstellen. Der sozialen und wirtschaftlichen Marginalisierung unterschiedlichster Bevölkerungsgruppen ist entgegenzuwirken. Die Zukunftsfähigkeit des deutschen Sozialstaates setzt die Teilhabe aller Bürgerinnen und Bürger und die Erschließung sämtlicher gesellschaftlicher Leistungspotenziale voraus. In einer Zeit, die von Individualisierung und Pluralisierung der Lebensstile geprägt ist, müssen zudem neue soziale Ressourcen erschlossen werden, um sozialer Armut entgegenzuwirken, um Lücken zu schließen, die durch die lockerer gewordenen familiären Bande entstanden sind.

Wie soll der Sozialstaat zukünftig aussehen? Die Antwort weist über die nationale Grenze hinaus, denn die Rahmenbedingungen werden zunehmend in Europa gesetzt. Es geht heute nicht mehr allein um die Umgestaltung des deutschen Sozialstaates, sondern um die Ausgestaltung eines europäischen Modells. Hier hat die Freie Wohlfahrtspflege einen wichtigen Beitrag zu leisten. Es gilt, die besondere Qualität des deutschen Modells mit der Pluralität von gemeinnützigen, privaten und öffentlichen Trägern transparent und konsensfähig zu machen. In Bezug auf die Leistungsinhalte und -standards ist sicherzustellen, dass das in Deutschland erreichte Niveau nicht unterschritten wird. Einer zunehmenden Privatisierung sozialer Risiken setzen die Verbände die Forderung nach mehr Solidarität entgegen. Sozialstaatliche Leistungen dürfen nicht auf eine Grundversorgung reduziert werden. Der Staat darf aus seiner Verpflichtung zur sozialen Daseinsvorsorge nicht entlassen werden.

Die Grenzen staatlicher Leistungsfähigkeit können nicht überschritten werden. Wo aber liegen die Grenzen? Sie werden gegenwärtig neu festgelegt. Dies wird sich zukünftig in vielfältiger Hinsicht auswirken. Im Bereich der sozialen Dienstleistungen wird die Konkurrenz mit privaten Anbietern weiter bestehen. Die Freie Wohlfahrtspflege befürwortet den Wettbewerb dort, wo er zu Qualitätssteigerung und Leistungsoptimierung führt. Allerdings ist die Einführung marktwirtschaftlicher Prinzipien dort abzulehnen, wo sie zu Lasten der Hilfebedürftigen gehen, denn ein ungeregelter Sozialmarkt wird den Problemen vieler Menschen nicht gerecht.

Eine besondere Herausforderung für die soziale Sicherung ergibt sich aus der sich abzeichnenden demografischen Entwicklung. Wie können die höheren Kosten der alternden Bevölkerung langfristig finanziert werden? Wie sind die Kosten gesamtwirtschaftlich zu verteilen, damit keine Gerechtigkeitslücke entsteht? Schließlich geht es auch um die Frage, wer zukünftig das Mehr an arbeitsintensiven sozialen Leistungen erbringen soll. Weniger junge Menschen als bisher werden zur Verfügung stehen, um als helfende Familienangehörige, als Ehrenamtliche und Freiwillige oder als Hauptberufliche gegen Entgelt soziale Arbeit zu leisten. Welche Formen der Leistungserstellung werden sich in Anbetracht der skizzierten Probleme entwickeln? Antworten auf diese Fragen sind noch nicht gefunden. Welche Optionen für die Alterssicherung möglich sind, hängt nicht zuletzt von den Rahmenbedingungen ab, die jetzt und in näherer Zukunft für ein soziales Europa gesetzt werden.

Die ökonomischen Ressourcen, die für Sozialleistungen in Europa zur Verfügung stehen, werden auf absehbare Zeit beschränkt bleiben. Perspektivisch ist daher mit weiteren Anpassungen im Sozialleistungssystem zu rechnen – und hierzu werden wahrscheinlich auch Einschnitte und veränderte Prioritätensetzungen gehören. Umso dringender wird es, neue Formen der sozialen Sicherung zu entwickeln und sie auf ein stabiles Fundament zu stellen. Reformen dürfen nicht ausschließlich auf Leistungsabbau und kurzfristige Ausgabensenkung zielen. Sie müssen langfristig tragfähig sein und dürfen nicht zu Lasten zukünftiger Generationen gehen. Sie haben sich daran zu orientieren, Teilhabechancen zu garantieren, und dürfen keineswegs Ausgrenzung fördern. Die Angebote der Einrichtungen und Dienste haben sich an die sich ändernden Bedürfnisse der Menschen anzupassen. Ein wichtiges Anliegen ist die Herstellung von Überschaubarkeit und Transparenz des Leistungsangebots und der Leistungsansprüche. Aber auch eine Betroffenenbeteiligung und die Ermöglichung bürgerschaftlichen Engagements sind zu stärken, um die Zukunftsaufgaben besser lösen zu können. Ein wichtiger Baustein hierfür ist soziales Lernen.

Zukunftsprognosen für die Freie Wohlfahrtspflege werden in Anbetracht des eingeleiteten Systemwechsels der sozialstaatlichen Versorgung bevorzugt aus der betrieblichen Perspektive gestellt. Für die Aktivitäten der Sozialverbände ist diese zunehmend einseitige Betrachtung jedoch zu eng, denn Vereine und Verbände der Freien Wohlfahrtspflege sind schließlich auch Orte, an denen soziale Beziehungen geknüpft werden. Ihre gestaltende Kraft für den gesellschaftlichen Zusammenhalt gewinnen die Verbände aus der Beteiligung der Bürgerinnen und Bürger an der »Produktion sozialer Leistungen«. Und sie stellen über individuelle Hilfe und Fürsorge hinaus Öffentlichkeit her für die politischen und sozialen Belange im lokalen Raum. Das stärkt das Bewusstsein, aufeinander angewiesen zu sein und sich umeinander kümmern zu müssen. Kein Betriebsmanagement kann Selbstsorge und Gemeinschaftsverantwortung von Menschen ersetzen und ebenso wenig sind Gemeinsinn und Bürgertugenden nach ökonomischen Regeln herstellbar oder politisch anzuordnen. Dieses Verständnis gilt es auch in Zukunft in das wirtschaftlich geprägte Kerngeschäft der Freien Wohlfahrtspflege zu integrieren und damit neue Reformperspektiven auch für ein europäisches Sozialmodell zu eröffnen.

Dienste und Einrichtungen der Sozialverbände sollten auch zukünftig lebensnahe Orte sein, an denen sich Freiwillige engagieren und zugleich die Lebensqualität jener bereichern, die auf Hilfe und Unterstützung angewiesen sind. Dies setzt voraus, dass soziale Fachkräfte Sinn stiftende und flexible Betätigungsmöglichkeiten für die Freiwilligen entwickeln bzw. dieses zusammen mit ihnen tun, und von den Freiwilligen eigenständig entwickelte Vorschläge aufgreifen. Weiterhin, dass sie Eigeninitiative anregen, Kontaktgespräche mit Interessenten führen, die Zusammenarbeit mit ihnen organisieren und partnerschaftlich gestalten. Quellen des bürgerschaftlichen Handelns werden Sozialverbände immer dann sein, wenn in ihnen offene Formen des Umgangs und Zusammenlebens praktiziert werden und auch zum Tragen kommen. Die Verbände werden dem freiwilligen Bürgerengagement für zukunftsgerichtete Reformprozesse und dem sozialen Lernen auch weiterhin eine lebensnahe Plattform bieten. Die Vielfalt der Möglichkeiten der Freien Wohlfahrtspflege zur Gestaltung des Gemeinwesens wird auch in Zukunft nicht zu ersetzen sein.

8.

Die einzelnen Spitzenverbände
der Freien Wohlfahrtspflege

Jeder einzelne der sechs Spitzenverbände der Freien Wohlfahrtspflege, die
in der Bundesarbeitsgemeinschaft der Freien Wohlfahrtspflege (BAGFW)
zusammenarbeiten, hat eine eigene Geschichte und ein eigenes Selbstverständnis. Die Spitzenverbände unterscheiden sich in ihrer Wertorientierung,
und sie setzen unterschiedliche Schwerpunkte in ihrer Arbeit. In den vorangegangenen Kapiteln wurde auf die Gemeinsamkeiten der Wohlfahrtsverbände abgestellt. In den folgenden Selbstdarstellungen der einzelnen
Verbände geht es um die verbandsspezifischen Besonderheiten, um die
historischen Wurzeln der Verbände, ihre Entwicklung, ihre Ideologie und
ihre besonderen Schwerpunkte.

8.1 Die Arbeiterwohlfahrt (AWO)

Das Deutsche Reich ist nach dem 1. Weltkrieg Anfang des letzten Jahrhunderts zerstört, politisch instabil, ist wirtschaftlich und sozial ruiniert. Millionen
Menschen sind in Not und hungern, die Kriegsversehrten, die Opfer des
Krieges, die Witwen, die Waisenkinder ohne soziale Hilfen. Eine bis dahin
nicht gekannte Massenverelendung in Deutschland fordert die Selbsthilfe und
die praktische Solidarität vieler freiwilliger Helferinnen und Helfer geradezu
heraus. Der Gedanke liegt nahe, aus den verschiedenen Organisationen der
Arbeiterbewegung eine übergreifende sozialdemokratische Wohlfahrtsorganisation zu bilden. Doch es ist nicht nur die aktuelle Not der Menschen,
die zur Idee einer »Arbeiterwohlfahrt« führt: Das politische Ziel sollte sein,
die unterdrückende Armenpflege des alten Kaiserregimes abzulösen und die
Idee der Selbsthilfe und Solidarität in eine moderne Wohlfahrtspflege hin-
einzutragen.

Arbeiterinnen und Arbeiter sollten nicht länger nur Objekt der Armenpflege
sein. Die Sozialdemokratin Marie Juchacz, in jenen Jahren

– Frauensekretärin beim Parteivorstand der SPD,

– Vorkämpferin für das Frauenwahlrecht in Deutschland,

– Mitglied der Weimarer Nationalversammlung,

– erste parlamentarische Rednerin in diesem ersten frei gewählten deutschen
Parlament,

– spätere Reichstagsabgeordnete,

rief am 13. Dezember 1919 den »Hauptausschuss für Arbeiterwohlfahrt« in
der SPD ins Leben. Friedrich Ebert, der erste deutsche Reichspräsident, gab
dem jungen Wohlfahrtsverband das Motto mit auf den Weg: »Arbeiterwohlfahrt ist die Selbsthilfe der Arbeiterschaft«. So wurde neben der »bür-
gerlichen Wohltätigkeit« ein sozialdemokratischer Wohlfahrtsverband aufgebaut, unter dem man allerdings damals etwas anderes verstand als heute.

Die Arbeiterwohlfahrt ist ein Element der sozialdemokratischen Arbeiterbewegung im Übergang vom 19. zum 20. Jahrhundert. Seit ihrer Gründung
ist die AWO eine politische Interessengemeinschaft, deren Mitglieder für
soziale Gerechtigkeit und sozialen Fortschritt eintreten. Sie war aber deshalb niemals eine ausschließlich der Arbeiterschaft dienende Gemeinschaft.

Die Not der 20er Jahre – das Spiegelbild der »Golden Twenties«

In den Notzeiten der 20er Jahre entstand eine Vielzahl von Diensten und Einrichtungen der AWO: Nähstuben, Mittagstische, Werkstätten, Beratungsstellen.
Viele sozialdemokratische Frauen und Männer wurden für einen sozialen Beruf
ausgebildet.

Ziel der AWO war es, Not zu lindern, ihr vorzubeugen, Wohlfahrtsleistun-
gen zu verbessern und moderne sozialpädagogische Methoden anzuwenden.
Doch die Notverordnungen dieser Jahre schränkten die Möglichkeiten und
Leistungen der Wohlfahrtspflege immer wieder drastisch ein. Die diskrimi-
nierende öffentliche »Armenpflege« sollte dennoch schrittweise durch eine
moderne Fürsorgegesetzgebung überwunden werden.

Meilensteine dieses Weges waren das Reichsjugendwohlfahrtsgesetz von 1922 und die Fürsorgepflichtverordnung von 1924. Die AWO forderte soziale Rechtsansprüche ein. Da ihre Mitglieder die verheerenden Notstände als Betroffene selbst zu bewältigen hatten, galt es deshalb vorrangig, der Massenverelendung mit praktischer Selbsthilfe zu begegnen. Seit 1925 wurden von der AWO eine eigene Lotterie veranstaltet und Arbeiter-Wohlfahrtsmarken verkauft, um die entstandenen und entstehenden sozialen Dienste zu finanzieren.

1926 wurde die AWO als Reichsspitzenverband der Freien Wohlfahrtspflege anerkannt. Ab 1928 unterhielt die AWO eine eigene Wohlfahrtsschule in Berlin. Notverordnungen, welche die wenigen sozialen Rechtsansprüche und Leistungen einschränkten, die Weltwirtschaftskrise und die instabilen Verhältnisse in der Weimarer Demokratie machten die soziale Hilfstätigkeit der AWO unentbehrlich.

Über 20 Millionen Menschen in Deutschland waren auf Hilfen der Wohlfahrtspflege angewiesen. 5,7 Millionen Arbeitslose standen vor den Schaltern der Arbeitsämter. In den AWO-Volksküchen wurden Hungernde versorgt, Lebensmittel- und Kleidersammlungen durchgeführt. 1931 waren 135.000 ehrenamtliche Helferinnen und Helfer der AWO in der Kindererholung und im Kinderschutz, in der Altenbetreuung und Jugendhilfe, in Notstandsküchen und Werkstätten für Behinderte und Erwerbslose sowie in Selbsthilfe-Nähstuben tätig.

Die AWO wurde zur Helferorganisation für alle sozial bedürftigen Menschen, unabhängig von ihrer Herkunft und ihrer Konfession.

Verbot – Enteignung – Verfolgung

Nur wenige Wochen nach der Machtergreifung Hitlers am 30. Januar 1933 wurde die AWO von den Nationalsozialisten verboten und zwangsweise aufgelöst. Am 15. Juli 1933 erschien die letzte Ausgabe der Zeitschrift »Arbeiterwohlfahrt«, erzwungenermaßen mit dem Hakenkreuz. Der Beauftragte der Deutschen Arbeitsfront gab ein Rundschreiben mit Anweisungen für die Umorganisation der AWO heraus. Darin hieß es, dass die Arbeiterwohlfahrt »so auszubauen ist, dass sie später als Vorbild dient für alle Wohlfahrtseinrichtungen«.

Doch dem Versuch, die Arbeiterwohlfahrt in die nationalsozialistische Volkswohlfahrt zu überführen, entzogen sich allerorts die Mitglieder, Helferinnen und Helfer und die Funktionäre der Organisation. Vermögen, Heime und Einrichtungen wurden deshalb für die nationalsozialistische Volkswohlfahrt beschlagnahmt. Führende Frauen und Männer der AWO wurden verfolgt. Solange es die Mittel zuließen, wurde die Hilfe für Notleidende und Verfolgte des Naziregimes in der Illegalität fortgesetzt. Marie Juchacz und viele andere mussten Deutschland verlassen. Die Arbeiterwohlfahrt hatte aufgehört als Organisation zu existieren.

Neubeginn und Wiederaufbau

Mit dem Ende des 2. Weltkrieges 1945, dem Zusammenbruch und der Teilung Deutschlands, begann der Wiederaufbau im von den Siegermächten besetzten Deutschland. Unmittelbar nach Kriegsende begann auch der Neubeginn und Wiederaufbau der AWO. Der Verband wurde 1946 in Hannover als parteipolitisch und konfessionell unabhängige und selbständige Organisation wieder ins Leben gerufen.

In der damaligen »sowjetisch besetzten Ostzone« wurde die AWO nicht mehr zugelassen. Dagegen hatte sie, aufgrund des alliierten Status von Berlin, bis 1961 im Ostteil der Stadt eine offizielle Zulassung, durfte dort aber nicht tätig werden. Nach dem Mauerbau am 13. August 1961 hatte die AWO auch in Ostberlin keine Zulassung mehr.

Verfolgung, Verbot, Krieg und Verwüstung hatten Ideen nicht zerstören können. Mutig nahmen Ortsvereine der Arbeiterwohlfahrt in den Westzonen wieder ihre Arbeit auf. AWO-Helferinnen und Helfer kümmerten sich um Evakuierte und Flüchtlinge, Heimkehrer, Alte und Einsame, um junge Menschen, die Heimat und Eltern verloren hatten. Kinder- und Jugenderholungsmaßnahmen wurden wieder angeboten, nach alter Tradition wurden Nähstuben, aber auch Einrichtungen der Hauswirtschaft und Mütterbildung eröffnet.

1949 gab es in den drei Westzonen und in Westberlin bereits wieder 50.000 ehrenamtliche Helferinnen und Helfer sowie 300.000 Freunde und Mitglieder der AWO. 1949 kehrte auch Marie Juchacz, gezeichnet von den Jahren der Emigration, aus den USA zurück. In New York hatte sie dafür gesorgt, dass die Arbeiterwohlfahrt in die CARE-Paketaktion der Amerikaner einbezogen wurde. Sie wurde Ehrenvorsitzende der AWO.

Organisatorisch ging die AWO neue Wege. Ohne die Nähe zur sozialdemokratischen Arbeiterbewegung zu verlieren, gründete und organisierte sie sich als selbständiger Verband, der sich 1947 auf der Reichskonferenz in Kassel neue Richtlinien gab.

1953 erklärte Lotte Lemke, damalige stellv. AWO-Vorsitzende, auf der Berliner AWO-Reichskonferenz: »Heute ist aus der Arbeiterwohlfahrt der Weimarer Zeit eine Wohlfahrtsorganisation geworden, deren Aktionsradius weit über den Kreis der zur Arbeiterschaft rechnenden Bevölkerung hinausgreift«.

In diesen Nachkriegsjahren wurden Kindergärten und Horte neu eingerichtet, Volksküchen gaben Mahlzeiten an Kinder, Alte und Kranke aus, Kriegsgefangene und ihre Angehörigen wurden betreut und mit Lebensmitteln versorgt, eine Schwesternschule wurde eröffnet und eine AWO-Schwesternschaft gegründet. In Karlsruhe wurde das »Seminar für Sozialberufe« als Ausbildungsstätte eröffnet. Die AWO wurde tätig in allen Feldern der sozialen Arbeit.

1959 hatte die AWO 300.000 Mitglieder, 5.000 Ortsvereine, 353 Heime, 250 Kindergärten, 4.000 hauptberufliche Mitarbeiterinnen und Mitarbeiter und über 70.000 Helferinnen und Helfer.

Wiedervereinigung nach 57 Jahren

Am 9. November 1989 fällt die Mauer in Berlin. Am 3. Oktober 1990 ist Deutschland wiedervereinigt. Die innenpolitisch dramatisch umkämpfte Entspannungs- und Ostpolitik von Willy Brandt, Egon Bahr, Helmut Schmidt und Herbert Wehner, der politische Reformwille eines Michail Gorbatschow legten den Grundstein für die neue deutsche Geschichte nach 1945 und 1989.

Durch West-Ost-Partnerschaften organisiert, beginnt auch die AWO in den fünf neuen Bundesländern mit einem dynamischen Aufbauprozess. Ein Jahr nach dem Fall der Mauer schließen sich die Landes- und Bezirksverbände der AWO in ganz Deutschland auf einem Bundestreffen in Berlin am 10. November 1990 zusammen.

Nach dem Verbot der Arbeiterwohlfahrt 1933 und der gewaltsamen Teilung Deutschlands nach 1945 erklären die Landes- und Bezirksverbände in den neuen Bundesländern ihre Mitgliedschaft beim Bundesverband der Arbeiterwohlfahrt. Damit findet zusammen, was vor 57 Jahren gewaltsam getrennt wurde. Die AWO ist flächendeckend in allen Bundesländern tätig.

Erfahrung für die Zukunft – Die AWO als politisch-soziale Interessenorganisation und soziales Dienstleistungsunternehmen

Mit den rasanten Veränderungen in der Berufs- und Arbeitswelt und der fortschrittlichen Technologie im letzten Jahrhundert änderten sich auch die Aufgaben der AWO. Eine zeitgemäße und zukunftsweisende Sozialarbeit musste diesen Prozessen Rechnung tragen.

Der soziale Rechtsstaat, wie ihn die AWO in ihren Anfängen und ihrem Werden angestrebt hat, ist in seinen grundlegenden Elementen Wirklichkeit geworden. Die AWO lässt nicht nach in ihren Forderungen nach Reformen und Veränderungen in der Sozialpolitik, in der Gesundheitspolitik, in der Familienpolitik und in der allgemeinen Fürsorge um den Menschen und seine soziale Sicherung. Stets hat sie ihre Forderungen den Parlamenten und Regierungen zugetragen. Daraus sind Gesetze entstanden, die Rechtsansprüche auf soziale Hilfen garantieren. Als ein Beispiel unter vielen gilt dafür die sozialrechtliche Sicherung des Pflegefallrisikos.

Die AWO hat neue soziale Aufgaben übernommen, die im Wandel der Gesellschaft ihren Ursprung haben. Dazu gehören die Betreuung der zahlreichen ausländischen Arbeitnehmerinnen und Arbeitnehmer seit Beginn der 60er Jahre des vergangenen Jahrhunderts, die stationäre und ambulante Altenhilfe, die Suchtberatung und sozialpsychologische Betreuung.

Grundsatz der sozialen Arbeit der AWO ist auch weiterhin die Hilfe zur Selbsthilfe. In zunehmendem Maße hat die AWO als freier Verband – gewollt und nicht gewollt – öffentliche Aufgaben übernommen, deren Finanzierung nicht in vollem Umfang durch öffentliche Zuwendungen gedeckt ist.

Die Krise der Weltwirtschaft in den 80er Jahren des letzten und die ökonomische und technologische Globalisierung des neuen Jahrhunderts werfen ihre Schatten auf die Zukunft des Sozialstaats. Viele Menschen sind ohne Arbeitsplatz. Die großen sozialen Sicherungssysteme stoßen an ihre Grenzen, sie bedürfen der Reform, nicht des rigiden Abbaus. Die soziale Bewährungsprobe stellt sich dort, wo die AWO mit ihren Diensten und

Einrichtungen direkten Kontakt mit den Menschen hat.

Heute ist die AWO in weitaus umfangreicherem Maße als früher Träger für soziale Aufgaben und Dienstleistungen. In allen Bereichen legt sie Wert darauf, soziale Aufgaben der Gegenwart mit Blick auf die Zukunft zu lösen – mit Erfahrung und mit sich neu entwickelnden Qualitätsmaßstäben für alle sozialen Dienstleistungen.

Die AWO ist föderativ aufgebaut. Sie besteht in allen Kommunen, Kreisen und Ländern und ist organisiert in ca. 3.900 Ortsvereinen, 375 Kreisverbänden, 29 Landes- und Bezirksverbänden und dem Bundesverband, mit Sitz in Berlin und Bonn.

Ihr föderativer Aufbau ist ein Hauptmerkmal der AWO-Struktur mit ihren jeweiligen Organen, der u. a. die demokratische Willensbildung innerhalb des Verbandes gewährleistet. Da die 600.000 Einzelmitglieder sich fast ausschließlich in den Ortsvereinen organisieren, ist ihre Interessenvertretung über die verschiedenen Gliederungsebenen bis hin zum höchsten Beschlussorgan, der Bundeskonferenz, sichergestellt (siehe auch Schaubild).

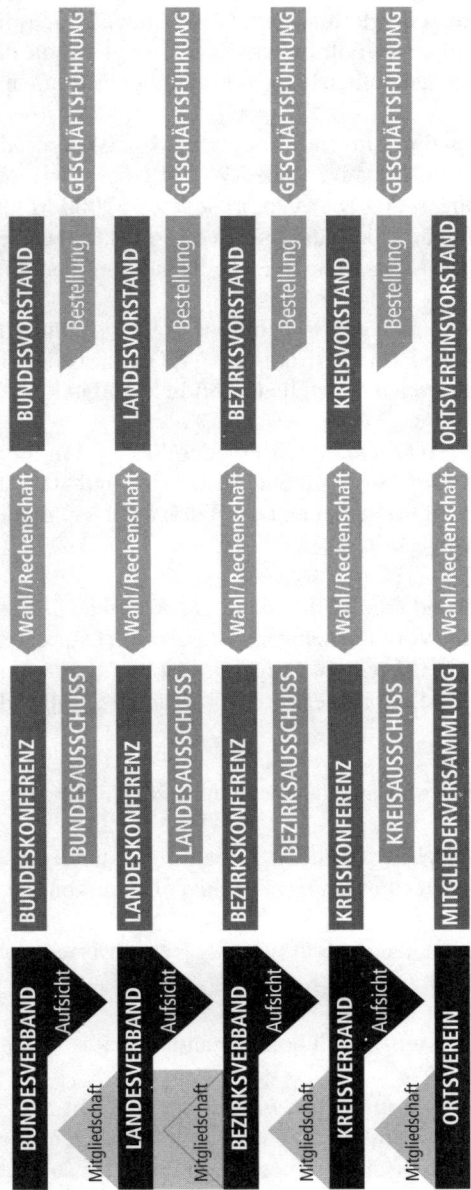

Darüber hinaus ist eine Interessenvertretung derjenigen, für die sich die Arbeiterwohlfahrt einsetzt, auf jeder politischen Ebene möglich, da die Gliederungen überwiegend mit den politischen Grenzen übereinstimmen.

Zur AWO gehören ein eigenständiges Jugendwerk und ca. 1.000 korporativ angeschlossene Organisationen und Initiativen. Die AWO ist Träger von mehr als 10.000 sozialen Einrichtungen und Diensten, in denen 140.000 Mitarbeiterinnen und Mitarbeiter hauptberuflich tätig sind. Schwerpunkte unter den sozialen Dienstleistungen sind die Kinder- und Jugendhilfe und die Altenhilfe.

Die internationalen Aufgaben (humanitäre Hilfe und entwicklungspolitische Zusammenarbeit) sind national organisiert durch »AWO International« sowie auf europäischer Ebene durch die Mitgliedschaft in SOLIDAR.

Als Mitgliedsverband hat die AWO 600.000 Mitglieder. Sie wird in ihren politischen Aufgaben und sozialen Aufgaben unterstützt von rund 100.000 aktiven Ehrenamtlichen. Die Mitgliedschaft und die Beträge der Mitglieder sichern der AWO ihre Unabhängigkeit.

In seinem Statut hält der Verband eine freiheitlich-demokratische Grundordnung für eine unverzichtbare Voraussetzung sozialer Arbeit. Die zentralen Grundwerte sind für die AWO Freiheit, Gerechtigkeit, Solidarität und Toleranz. Im 1998 beschlossenen Leitbild vertritt der Verband u. a. folgende Leitsätze:

– die Förderung demokratischen und sozialen Denkens und Handelns,

– die Unterstützung von Menschen darin, ihr Leben eigenständig und verantwortlich zu gestalten, und die Förderung alternativer Lebenskonzepte,

– das Praktizieren von Solidarität und die Stärkung der Verantwortung der Menschen für die Gemeinschaft,

– das Angebot sozialer Dienstleistungen mit hoher Qualität für alle.

Die AWO setzt sich kontinuierlich mit neuen Fragen der sozialen Arbeit auseinander. Die Ergebnisse wissenschaftlicher Untersuchungen oder Praxisberichte werden in der Fachzeitschrift »Theorie und Praxis der sozialen Arbeit« kommentiert und diskutiert.

Die AWO-Mitglieder werden regelmäßig durch das AWOmagazin informiert. Es enthält kompetente und fachliche Berichte über Einrichtungen und Dienstleistungen, Reportagen, Kommentare sowie Informationen aus und über die AWO. Das Mitgliedermagazin können auch Freunde, Förderer, Mitarbeiterinnen und Mitarbeiter der AWO ebenso wie alle Interessierten und Neugierigen abonnieren. Darüber hinaus werden Stellungnahmen, Praxisberichte usw. in einer Schriftenreihe veröffentlicht.

Die AWO misst einer fortlaufend aktualisierten Kompetenz der Mitarbeiter/-innen und der Weiterentwicklung des Verbandes wachsende Bedeutung bei. Sie hat daher ihre Fortbildungsaktivitäten neu geordnet und konzeptionell sowie personell ausgebaut. Die AWO-Akademie »Helene Simon« wurde 1999 auf der Basis der seit 1972 bestehenden Zentralen Fortbildung und der Anfang der neunziger Jahre hinzugekommenen Führungsakademie des Bundesverbandes der Arbeiterwohlfahrt gegründet. Auf der Grundlage ihrer jahrzehntelangen Erfahrung wird ein breites Spektrum von interessanten Themen für fast alle Arbeitsfelder der sozialen Arbeit angeboten. Die Akademie stützt sich dabei auf die Fachkompetenz der verbandsinternen Referentinnen und Referenten ebenso wie auf die Zusammenarbeit mit qualifizierten externen Fachleuten.

8.2 Der Deutsche Caritasverband

Ziele

Der Deutsche Caritasverband e. V. ist die von den deutschen Bischöfen anerkannte institutionelle Zusammenfassung und Vertretung der katholischen Caritas in Deutschland (§ 1 Satzung). In seinem 1997 verabschiedeten Leitbild ist das Selbstverständnis des Deutschen Caritasverbandes niedergelegt. Unter anderem heißt es darin: »Aus christlicher Verantwortung leistet Caritas vielfältige Hilfe mit und für Menschen. Als Wohlfahrtsverband der katholischen Kirche wirkt der Deutsche Caritasverband an der Gestaltung des kirchlichen und gesellschaftlichen Lebens mit. Maßgebend für seine Tätigkeit sind der Anspruch des Evangeliums und der Glaube der Kirche. Als Spitzenverband der Freien Wohlfahrtspflege steht der Deutsche Caritasverband in der Mitverantwortung für die sozialen Verhältnisse in der Bundesrepublik Deutschland«.

Das Spektrum caritativen Handelns reicht so weit wie die Formen menschlicher Not. Es realisiert sich in all dem, was in den offenen Diensten, in den ambulanten, teilstationären und stationären Einrichtungen der Caritas täglich von Menschen für andere Menschen geleistet wird; es drückt sich aus in den akuten Maßnahmen internationaler Not- und Katastrophenhilfe und deren mittel- und langfristiger Ausrichtung auf den Aufbau und die Stabilisierung sozialer Strukturen. Dazu gehört öffentliches anwaltschaftliches Eintreten für Benachteiligte ebenso wie die Mitgestaltung bei Vorhaben der Sozialgesetzgebung bzw. der Einspruch dagegen und die konstruktive Kritik daran.

Caritatives Handeln hat in allen Ausformungen eine innere Dimension, welche sich an den Betroffenen selbst ausrichtet. Den anderen nicht zum Objekt helfenden Tuns zu degradieren, ihn nicht für noch so durchdachte Programme und Konzepte zu instrumentalisieren, sondern ihm als Partner zu begegnen und ihn nach Maßgabe seiner eigenen Möglichkeiten zu eigenen Schritten zu ermuntern – das ist und muss kritischer Maßstab gegenüber jeder Form der Bevormundung und des Interventionismus bleiben.

Schließlich leistet Caritas einen unverzichtbaren Dienst an der Gesellschaft dadurch, dass sie Menschen zu sozialem Engagement bewegt und sie dabei durch Fortbildung und Beratung unterstützt. Caritas versteht sich daher auch als Förderer der Solidarität und als Teil der Sozialbewegung.

Geschichte

Bekannte katholische Sozialpolitiker, die seit der Mitte des 19. Jahrhunderts die Schaffung eines katholisch-caritativen Zentralverbandes forderten, fanden in dem jungen Priester Lorenz Werthmann die dynamische Persönlichkeit zur Realisierung dieses Zieles. Mit einem im Frühjahr 1895 in Freiburg gebildeten »Charitas-Comité« bereitete Werthmann die Gründung des «Charitasverbandes für das katholische Deutschland« vor, die er am 9. November 1897 in Köln vollzog.

Der erste Weltkrieg, der neue Arten der Not brachte, zeigte deutlich die Gefahren auf, die dem Verband noch im Stadium seines Aufbaus durch unzulängliche Infrastruktur, Finanzplanung und Aufgabenkonzeption drohten. 1916 legitimierten die deutschen Bischöfe den Caritasverband als Sozialdienst der katholischen Kirche und sicherten ihre Förderung zu.

Entsprechend seinem Motto »Organisieren, Studieren, Publizieren« erfolgte der Auf- und Ausbau des Verbandes. Besondere Bedeutung maßen Werthmann und sein Nachfolger im Präsidentenamt, Benedict Kreutz, neben der Organisation dem Studium bei. Vor allem in den zwanziger Jahren wurde ein beachtliches Netz von Ausbildungsstätten für soziale Berufe und Fortbildungsmöglichkeiten für die Mitarbeiterinnen und Mitarbeiter des Verbandes geschaffen, wobei die Schwerpunkte auf den Bereichen der Kinder- und Jugendfürsorge, der Krankenpflege und der Seelsorgehilfe lagen. Die Gründung eines eigenen Fachverlages (Lambertus-Verlag) komplettierte die Trias Werthmanns.

Die partnerschaftliche Zusammenarbeit zwischen Staat und freien Wohlfahrtsverbänden endete 1933 mit der nationalsozialistischen Diktatur. Parteistaatlicher Dirigismus und »Gleichschaltung« sparten auch den Sektor der Wohlfahrtspflege nicht aus. Kontrolliert und überwacht, in seinen Tätigkeitsbereichen eingeengt, durch Verhaftungen von Mitarbeiterinnen und Mitarbeitern an der Zentrale und im Land eingeschüchtert, blieb der Deutsche Caritasverband dennoch am Leben: als arbeitsfähige und nicht gleichgeschaltete Institution christlich fundierter Nächstenliebe – ein besonderes Verdienst des damaligen Präsidenten Benedict Kreutz, der in zähen, vorsichtigen und klugen Verhandlungen dieses Ziel erreichte.

Die Bedeutung dieser Leistung wird besonders nach dem Zusammenbruch des nationalsozialistischen Deutschlands im Jahre 1945 erkennbar. In jener Zeit war der Caritasverband (neben dem neu gegründeten Hilfswerk der Evangelischen Kirche) als einzige überregionale Organisation zur Linderung der Not sofort arbeitsfähig und bereit.

Damals hat die deutsche Caritas durch Vermittlung umfangreicher Auslandshilfen, durch Flüchtlingshilfe und Familienzusammenführung viel zum allmählichen Abbau der Kriegsfolgen beigetragen.

Verpflichtet durch die lebenswichtige Hilfe, die das Ausland seit 1946 nach Deutschland gelangen ließ, erkannte der Verband Ende der fünfziger Jahre in der Not- und Katastrophenhilfe für die Länder Europas und der Dritten Welt eine wichtige Aufgabe, mit der er später auch offiziell von den deutschen Bischöfen betraut wurde. Der Deutsche Caritasverband ist somit bis heute ein wichtiger und verlässlicher Partner im weltweiten Netzwerk von Caritas Internationalis.

Aufbau und Organisation

Der Deutsche Caritasverband baut sich in föderalistischer Struktur von 543 Orts- und Kreisverbänden über die 27 Diözesan-Caritasverbände zum Bundesverband mit seiner Zentrale in Freiburg auf; ihm gehören außerdem die rechtlich selbständigen 18 caritativen Fachverbände, 262 caritative Ordensgemeinschaften und sechs caritative Vereinigungen an.[71]

Der Deutsche Caritasverband ist Mitglied der Caritas Internationalis mit Sitz in Rom, der 156 nationale Caritasverbände angehören.

Die föderative Struktur sichert eine ausreichende demokratische Willens-bildung bis auf die Bundesebene. Dies garantiert, dass verbandliche Forderungen – etwa zu Gesetzgebungsvorhaben – an die konkrete Caritas-praxis rückgekoppelt sind und von dorther auch ihre Legitimation erhalten.

Der Deutsche Caritasverband unterhält am Regierungssitz in Berlin eine Haupt-vertretung (mit einer Außenstelle in Bonn). Der wachsenden Bedeutung der europäischen Ebene trägt der Deutsche Caritasverband dadurch Rechnung, dass er seit 1990 eine Hauptvertretung in Brüssel unterhält.

Aufgaben

Auf der Grundlage des Subsidiaritätsprinzips wirkt die Caritas im Gesund-heits-, Sozial-, Erziehungs-, Bildungs- und Beschäftigungsbereich mit. Diese Arbeit leistet Caritas mit 495.219 hauptberuflichen und ca. 500.000 ehren-amtlichen und freiwillig engagierten Mitarbeiterinnen und Mitarbeitern. In der Bundesrepublik Deutschland unterhält die Caritas insgesamt 25.699 Einrichtungen mit 1.233.809 Betten und Plätzen.[72]

– Kinderhilfe

Im Rahmen ihrer Familien unterstützenden und ergänzenden Dienste und Ein-richtungen engagiert sich die Caritas besonders für ein erweitertes Tages-betreuungsangebot, in dem auch Kleinkinder unter drei Jahren und Kinder

---

[71] Quelle: Caritas Adressbuch im Jahrbuch des Deutschen Caritasverbandes

[72] Diese und die folgenden statistischen Angaben stammen aus der Zentralstatistik des Deutschen Caritasverbandes, Stichtag 31.12.2000.

über sechs Jahren altersgemäß gefördert und betreut werden. Damit trägt die Caritas einem gewandelten Familienbild Rechnung, bei dem beide Elternteile berufstätig sind bzw. Mütter und Väter ihre Kinder allein erziehen.

Im Bereich der Tageseinrichtungen für Kinder (Kindergärten, Kindertagesstätten, Kinderkrippen und Kinderhorte) unterhält die Caritas 10.399 Einrichtungen mit 712.918 Plätzen.

– Jugendhilfe

Fehlende Bildung, Arbeitslosigkeit und Suchtprobleme sind nur einige Faktoren, die es Jugendlichen zum Teil unmöglich machen, einen eigenen Lebensentwurf zu entwickeln. Mit ihren Einrichtungen und Diensten, z. B. Erziehungsberatungsstellen, Heimen und Wohngruppen, versucht Caritas der zunehmenden Perspektivlosigkeit Jugendlicher entgegenzuwirken. Die Jugendsozialarbeit stellt mit ihren Angeboten – etwa im Bereich der berufsvorbereitenden Maßnahmen – eine bewährte Hilfe zur beruflichen und sozialen Integration junger Menschen dar.

Im Bereich der Jugendhilfe stehen 675 stationäre Einrichtungen mit 35.681 Plätzen sowie 1.440 Dienste der offenen Hilfe zur Verfügung.

– Familienhilfe

Die Familienstruktur ist durch eine Vielfalt von Lebensformen gekennzeichnet; entsprechend vielschichtig sind auch die Problemlagen, in denen sich Familien heute befinden. Erziehungsschwierigkeiten, Sucht, Krankheit, Arbeitslosigkeit, Überschuldung, unzureichende Wohnbedingungen – in diesen schwierigen Lebenssituationen hilft Caritas, den Alltag zu bewältigen.

Die Caritas unterhält 1.050 Einrichtungen und Dienste, die sich speziell den Problemstellungen einer Familie als Ganzes zuwenden. Hierunter fallen 264 Schwangerschaftsberatungsstellen und 319 Stationen der Familienpflege und der Dorfhelfer/-innen.

– Altenhilfe

In Anbetracht der demografischen Entwicklung gewinnt die Altenhilfe verstärkt an Bedeutung. Die Caritas setzt sich dafür ein, dass ältere Menschen möglichst lange und weitgehend selbständig in ihrer vertrauten Umgebung leben und wohnen können, wenn sie es selbst wünschen. Falls eine eigenständige Lebensführung nicht mehr möglich ist, stehen den alten Menschen unterschiedliche Wohnformen in 1.789 stationären Einrichtungen der Altenhilfe zur Verfügung, die 123.796 Plätze anbieten.

– Gesundheitshilfe

Menschliches Leben ist von Anfang an auch bedrohtes Leben: Krankheiten und Unfälle stellen die Betroffenen wie die Angehörigen oft vor große Herausforderungen. Caritas setzt sich dafür ein, dass unter Wahrung der Würde des Menschen Hilfe, Betreuung und Begleitung gerade auch in schwierigen Situationen geleistet werden. In 515 katholischen Krankenhäusern mit 119.831 Betten werden Menschen mit unterschiedlichsten Krankheitsbildern behandelt, wobei es darum geht, den Menschen als Ganzes zu sehen und nicht nur die Krankheit. Menschenwürdig handeln schließt für Caritas auch die Begleitung im Sterben ein. 44 stationäre Hospizeinrichtungen wissen sich diesem Anliegen verpflichtet. Dem Wunsch vieler Menschen, trotz Krankheit und Pflegebedürftigkeit weiterhin in der eigenen Wohnung zu leben, wird Caritas dadurch gerecht, dass sie 1.174 ambulante Pflegedienste unterhält.

– Behindertenhilfe

Behinderte Menschen werden im alltäglichen Leben oft als »beschädigt«, »fehlerhaft« oder »ungenügend« betrachtet. Die in den letzten Jahren neu aufgetretene Diskussion über den Wert behinderten Lebens gefährdet nicht nur die Lebensmöglichkeit von Kindern, die pränatal von einer Behinderung bedroht oder betroffen sind, sondern sie stellt den Lebenssinn und die Existenz behinderter Menschen pauschal in Frage. In 851 stationären Einrichtungen mit 40.125 Plätzen, 395 Tagesstätten und Schulen, 19 Berufsbildungs- bzw. Berufsförderungswerken sowie 270 anerkannten Werkstätten für Behinderte stellt sich die Caritas als ein starker Partner für Benachteiligte dar und macht deutlich, dass behinderte Menschen auf ihrem Weg nicht behindert werden dürfen.

– Besondere Lebenslagen

Sucht, Verschuldung, Obdachlosigkeit, Armut – viele Menschen haben nicht nur mit einem dieser Probleme zu tun, sondern in der Regel mit mehreren gleichzeitig. Ursache und Wirkung sind dabei nur schwer voneinander zu trennen.

Mit ihren vielfältigen Beratungs- und Betreuungsangeboten hilft die Caritas den betroffenen Menschen, aus dem Teufelskreis herauszukommen und wieder ein weitgehend eigenständiges Leben zu führen. 408 Einrichtungen und Dienste der Suchtkrankenhilfe sowie 479 Einrichtungen und Dienste der Wohnungslosen- und Straffälligenhilfe leisten dazu einen wichtigen Beitrag. In vielen Selbsthilfegruppen finden die Menschen Unterstützung beim Wiedereinstieg in ein geregeltes Leben und bei der Gestaltung des Alltags.

– Migration und Integration

Jeder Mensch hat Anspruch auf Achtung seiner Menschenwürde, unabhängig von Geschlecht, Abstammung, Sprache, Heimat, Herkunft, religiöser oder politischer Anschauung. Dieser christliche Auftrag und die langjährigen Erfahrungen in der Migrations- und Integrationsarbeit sowie die kontinuierliche Zuwanderung von Migrantinnen und Migranten nach Deutschland bestimmen die Aufgaben des Migrationsdienstes der Caritas. Mit fachlicher Beratung und Begleitung von Migranten/-innen schafft er positiv wirkende Bedingungen für die Integration von Fremden, befähigt sie zur Wahrnehmung von Integrationschancen, stärkt ihre Selbsthilfekräfte, ihre Eigenverantwortlichkeit und Organisationsfähigkeit. Der Migrationsdienst der Caritas wirkt auf die interkulturelle Öffnung und Vernetzung sozialer Hilfsangebote für Migranten/-innen hin. Dabei steht er allen Migranten/-innen, unabhängig vom jeweiligen Aufenthaltsstatus, offen. Er wirkt aktiv an der Gestaltung von Zuwanderung mit und unterstützt alle Bemühungen, Fremdenangst und Fremdenfeindlichkeit in unserer Gesellschaft zu überwinden. Der Migrationsdienst ist mit über 850 Stellen im Bereich der Caritas tätig.

– Internationale Hilfe

Mit dem Hilfswerk »Caritas international«, der Auslandsabteilung der deutschen Caritas, sowie durch Projekte seiner Mitgliedsverbände leistet der Deutsche Caritasverband als Teil des internationalen Netzwerkes Hilfen für Menschen in Not. Grundlage seines Handelns sind das Partnerprinzip und die anerkannten Standards der humanitären Hilfe. Die deutsche Caritas hat Not- und Katastrophenhilfe mit einem Einsatz von über 1,65 Mrd. DM von 1960 bis 1999 in aller Welt geleistet, vor allem für Opfer von Naturkatastrophen und Kriegen.

– Aus- und Fortbildung

Die Qualität caritativer Arbeit hängt in hohem Maße von der fachlichen, persönlichen und sozialen Kompetenz der Mitarbeiterinnen und Mitarbeiter ab. Daher räumt die Caritas der Aus- und Fortbildung einen hohen Stellenwert ein. In 683 Aus- und Fortbildungsstätten mit 59.335 Plätzen bereitet die Caritas junge Menschen auf einen sozialen Beruf vor oder bildet beruflich und ehrenamtlich Tätige weiter.

– Forschung und Wissenschaft

Der Deutsche Caritasverband bringt seine in der Praxis gewonnenen Erfahrungen in die fachliche, ethische und politische Diskussion ein und trägt damit zur Innovation im sozialen Bereich bei. In den vergangenen Jahren kam dabei der Sozialforschung eine besondere Bedeutung zu. Aufgrund seines flächendeckenden Netzes von Beratungsstellen konnten durch Auswertung der Beratungsleistungen Erkenntnisse über die Lebenslagen von Ratsuchenden gewonnen werden. Die sozialwissenschaftlich fundierten Ergebnisse wurden sowohl verbandsintern zur Verbesserung der Dienstleistung genutzt als auch in sozialpolitische Forderungen umgesetzt. Beispiele hierfür sind die Armutsuntersuchung, die Lebenslagenuntersuchung in den neuen Bundesländern und die Familienstudie (beide gemeinsam mit dem Diakonischen Werk der EKD).

Gemeinsam mit anderen Verbänden der Freien Wohlfahrtspflege wurde aufgrund dieser und ähnlicher Studien seit Jahren die Forderung nach einem Armutsbericht der Bundesregierung erhoben; ein solcher wurde erstmals im Jahre 2001 als »Reichtums- und Armutsbericht« vorgelegt. Die Verbände der Freien Wohlfahrtspflege sehen darin einen wichtigen Schritt auf dem Weg zur Enttabuisierung sozialer Notlagen und zur Akzeptanz auf politischer Ebene.

– Information und Kommunikation

Information und Kommunikation sind wesentliche Bestandteile der sozialen Arbeit und der Verbandspolitik des Deutschen Caritasverbandes. Mit Mitteln der Presse- und Öffentlichkeitsarbeit, der Publizistik, der klassischen Kommunikationsmedien und des Marketing setzt sich der Deutsche Caritasverband in Politik und Öffentlichkeit für die Belange Benachteiligter ein, trägt zur Solidarität und sozialen Mitverantwortung in der Gesellschaft bei, informiert und berät Rat- und Hilfesuchende und unterstützt Einrichtungen und Dienste beim Wettbewerb im sozialen Markt.

8.3 Der Deutsche Paritätische Wohlfahrtsverband

Massenarbeitslosigkeit, Armut, Wohnungsnot, massive Einschnitte ins soziale Netz – die Industriegesellschaft steckt in einer tiefen Krise. Millionen Menschen in Deutschland sind von den Auswirkungen betroffen, die soziale Balance ist gestört. Mehr denn je sieht der PARITÄTISCHE sich daher als Anwalt sozial Benachteiligter und von Ausgrenzung bedrohter Menschen gefordert.

Der PARITÄTISCHE ist ein Verband sozialer Bewegungen. Ebenso wie seine Mitgliedsorganisationen fühlt er sich der Idee sozialer Gerechtigkeit verpflichtet: der Chancengleichheit, dem Recht eines jeden Menschen, ein Leben in Würde zu führen und seine Persönlichkeit frei zu entfalten.

PARITÄT – Chancen-Gleichheit als Prinzip

Der Gedanke der Gleichheit aller – der Parität – ist es auch, der das Selbstverständnis des Verbandes kennzeichnet: der PARITÄTISCHE versteht sich als Solidargemeinschaft unterschiedlichster und eigenständiger Initiativen, Organisationen und Einrichtungen, die ein breites Spektrum sozialer Arbeit repräsentieren. Dazu gehören Vereinigungen wie der Sozialverband VdK, der Arbeiter-Samariter-Bund, die Volkssolidarität, der Guttemplerorden, das Deutsche Jugendherbergswerk und anthroposophische Gemeinschaften, aber auch Organisationen wie der Verband alleinerziehender

Mütter und Väter, der Deutsche Kinderschutzbund, Pro Familia, Frauenhäuser, Migranten-Organisationen, Arbeitsloseninitiativen und viele Selbsthilfegruppen aus dem Gesundheitsbereich.

Sie alle erhalten unter dem Dach des PARITÄTISCHEN die gleichen Chancen, sich zu entfalten und ihre Vorstellungen von sozialer Arbeit umzusetzen – vorausgesetzt, sie stimmen überein mit den Prinzipien des Verbandes: Der PARITÄTISCHE sieht demokratische Gesinnung, Toleranz und Offenheit als unverzichtbare Grundlagen sozialer Arbeit an.

Traditionelles neben Progressivem

Der Verband ist bestrebt, ein plurales Angebot sozialer Dienste und Einrichtungen zu erhalten. Er unterstützt sowohl traditionelle Formen sozialer Arbeit als auch progressive Bewegungen, die auf gesellschaftliche Veränderungen dringen. Diese Pluralität stellt für den PARITÄTISCHEN eine bedeutende sozialpolitische Ressource dar, die das Bild der Freien Wohlfahrtspflege kontinuierlich weiterentwickelt.

Mitbürgerliches Engagement wird großgeschrieben

Besonderen Wert legt der Verband auf die Förderung mitbürgerlichen Engagements, auf die Unterstützung ehrenamtlicher sozialer Arbeit und die Hilfe zur Selbsthilfe – ein wichtiges Charakteristikum Freier Wohlfahrtspflege.

Durch sein sozialanwaltschaftliches Wirken hat sich der PARITÄTISCHE in den vergangenen Jahrzehnten eine herausragende Position im Kreis der Wohlfahrtsverbände geschaffen. Er zeigt soziale Missstände nicht nur auf, sondern will durch engagiertes Handeln auf eine Sozial- und Gesellschaftspolitik hinwirken, welche die Ursachen von Benachteiligung beseitigt. Als Markenzeichen des Verbandes gelten vor allem seine Armutsberichte, sozialpolitischen Konzepte und sein Eintreten für die Selbsthilfe.

Groß, aber nicht zu groß

Nach dem Ersten Weltkrieg ursprünglich als Zweckbündnis freier Krankenhausträger gegründet, hat sich der PARITÄTISCHE inzwischen zu einem anerkannten Spitzenverband der Freien Wohlfahrtspflege entwickelt, dem mehr als 9.600 Organisationen und Initiativen aus dem breiten Spektrum sozialer Arbeit angehören. Der PARITÄTISCHE gilt damit als größter Dachverband von Selbsthilfeinitiativen im Gesundheits- und Sozialbereich. Er ist groß genug, um nach außen Gewicht zu haben und den Anliegen seiner Mitglieder Gehör zu verschaffen; aber er ist zugleich auch nicht zu groß, so dass er die differenzierten Bedürfnisse seiner Mitgliedsorganisationen noch wahrnehmen kann.

Die innerverbandlich so wichtige Bereitschaft zum Dialog und zur Kooperation prägt auch das Verhältnis des PARITÄTISCHEN zu anderen Spitzenverbänden. Mit ihnen arbeitet er unter anderem in der Bundesarbeitsgemeinschaft der Freien Wohlfahrtspflege zusammen. Zudem vertritt er seine Mitgliedsverbände gegenüber Politik und Behörden, unter anderem in Gremien wie dem Jugendhilfeausschuss und Organisationen, die der sozialpolitischen Meinungsbildung dienen: dem Deutschen Verein für öffentliche und private Fürsorge, der Bundesarbeitsgemeinschaft für Rehabilitation, der Arbeitsgemeinschaft Jugendhilfe und anderen. Darüber hinaus engagiert sich der PARITÄTISCHE in fachspezifischen Organisationen wie der Deutschen Krankenhausgesellschaft, der Bundesarbeitsgemeinschaft der Werkstätten für Behinderte, der Deutschen Hauptstelle gegen die Suchtgefahren und im Kuratorium Deutsche Altershilfe.

Dienstleistungen für die Mitglieder

Ein wesentliches Merkmal des PARITÄTISCHEN ist seine Funktion als Dienstleistungsverband. Das bedeutet für seine Mitglieder: Sie erhalten unter anderem Rat in fachlichen, rechtlichen und organisatorischen Fragen sowie Hilfe bei der Finanzierung von Projekten. Zudem bietet der Verband im Aus- und Fortbildungsbereich eine große Auswahl an Kursen, Lehrgängen und Seminaren an – sowohl für die haupt- als auch für die ehrenamtlichen Mitarbeiterinnen und Mitarbeiter.

Die Verbandsstruktur

Der PARITÄTISCHE – das ist Vielfalt unter einem Dach. Dieser Pluralität trägt der Verband auch bei seinem organisatorischen Aufbau Rechnung. Seine Struktur soll ein Höchstmaß an Mitgliederbeteiligung gewährleisten.

Einen besonderen Schwerpunkt legt der PARITÄTISCHE auf den Dialog zwischen den verschiedenen Verbandsbereichen und -organen. Diesem

Dialog dienen vor allem die Konferenzen der überregionalen Mitgliedsorganisationen, der Landesvorsitzenden und -geschäftsführer oder -geschäftsführerinnen. Eine wichtige Bedeutung haben auch die Fachbereiche als übergreifende organisatorische Einheit von Mitgliedsorganisationen mit vergleichbaren Aufgabenfeldern.

Organe des Verbandes:

– Mitgliederversammlung

– Verbandsrat

– Vorstand

Die Mitgliederversammlung ist oberstes beschlussfassendes Organ. Die Mitglieder nehmen hier auf alle verbandspolitischen Fragen direkten Einfluss und haben die Möglichkeit, ihre Interessen zu vertreten.

Von der Mitgliederversammlung gewählt wird der Verbandsrat. Seine Aufgabe ist es, die verbandspolitischen, finanz- und sozialpolitischen Positionen und Richtlinien des PARITÄTISCHEN zu bestimmen. Er hat eine wichtige Vermittlerrolle zwischen Vorstand, Landesverbänden und Mitgliedsorganisationen. Darüber hinaus hat er auch eine Aufsichtsrat-Funktion. Der Verbandsrat besteht aus 34 Mitgliedern: jeweils 15 Vertretern der Landesverbände und der überregionalen Mitgliedsorganisationen sowie bis zu drei weiteren Persönlichkeiten und der/dem Verbandsvorsitzenden.

Der Vorstand des PARITÄTISCHEN besteht aus sechs Personen: der/dem Vorsitzenden, die direkt von der Mitgliederversammlung gewählt werden, sowie fünf weiteren Mitgliedern, die vom Verbandsrat gewählt werden. Der Vorstand leitet die Verbandsarbeit, soweit die Führung der Geschäfte nicht der Hauptgeschäftsführung übertragen ist.

Mitglieder des Gesamtverbandes sind dessen Landesverbände. Aber auch Wohlfahrtsorganisationen, die als gemeinnützig oder mildtätig anerkannt sind, können Mitglied werden. Sie müssen jedoch in mindestens fünf Bundesländern, also überregional, tätig sein und dort Mitglied in einem PARITÄTISCHEN Landesverband sein. Sie dürfen keinem anderen Wohlfahrtsverband angehören.

8.4 Das Deutsche Rote Kreuz

Das Deutsche Rote Kreuz ist die anerkannte nationale Rotkreuzgesellschaft in der Bundesrepublik Deutschland. Als Mitglied der Internationalen Rotkreuz- und Rothalbmondbewegung hat sich das DRK verpflichtet, unter dem Zeichen des Roten Kreuzes bundesweit und eigenständig gemäß der Grundsätze der Bewegung zu wirken. Es hat sich zur Aufgabe gemacht, Krankheiten vorzubeugen und zur Förderung der Gesundheit und sozialen Wohlfahrt beizutragen und hierzu die freiwillige Hilfe und ständige Einsatzbereitschaft der Mitglieder der Bewegung zu stärken sowie ein universales Solidaritätsbewusstsein mit allen, die des Schutzes und der Hilfe bedürfen, zu wecken und zu festigen.

Alle Aktivitäten haben in Übereinstimmung mit den Grundsätzen der Internationalen Rotkreuz- und Rothalbmondbewegung zu erfolgen.

Grundsätze

Menschlichkeit: Die Internationale Rotkreuz- und Rothalbmondbewegung, entstanden aus dem Willen, den Verwundeten der Schlachtfelder unterschiedslos Hilfe zu leisten, bemüht sich in ihrer internationalen und nationalen Tätigkeit, menschliches Leiden überall und jederzeit zu verhindern und zu lindern. Sie ist bestrebt, Leben und Gesundheit zu schützen und der Würde des Menschen Achtung zu verschaffen. Sie fördert gegenseitiges Verständnis, Freundschaft, Zusammenarbeit und einen dauerhaften Frieden unter allen Völkern.

Unparteilichkeit: Die Rotkreuz-Rothalbmondbewegung unterscheidet nicht nach Nationalität, Rasse, Religion, sozialer Stellung oder politischer Überzeugung. Sie ist einzig bemüht, den Menschen nach dem Maß ihrer Not zu helfen und dabei den dringendsten Fällen den Vorrang zu geben.

Neutralität: Um sich das Vertrauen aller zu bewahren, enthält sich die Rotkreuz-Rothalbmondbewegung der Teilnahme an Feindseligkeiten und auch – zu jeder Zeit – an politischen, rassischen, religiösen oder ideologischen Auseinandersetzungen.

Unabhängigkeit: Die Rotkreuz-Rothalbmondbewegung ist unabhängig. Wenn auch die nationalen Gesellschaften den Behörden bei ihrer humanitären

Tätigkeit als Hilfsgesellschaften zur Seite stehen und den jeweiligen Landesgesetzen unterworfen sind, müssen sie dennoch ihre Eigenständigkeit bewahren, die ihnen gestattet, jederzeit nach den Grundsätzen der Bewegung zu handeln.

Freiwilligkeit: Die Rotkreuz-Rothalbmondbewegung verkörpert freiwillige und uneigennützige Hilfe ohne jedes Gewinnstreben.

Einheit: In jedem Land kann es nur eine einzige nationale Gesellschaft geben. Sie muss allen offen stehen und ihre humanitäre Tätigkeit im ganzen Gebiet ausüben.

Universalität: Die Rotkreuz-Rothalbmondbewegung ist weltumfassend. In ihr haben alle nationalen Gesellschaften gleiche Rechte und die Pflicht, einander zu helfen.

Geschichte

Im Jahr 1862 erschien das Buch »Eine Erinnerung an Solferino« von Henry Dunant, der mit diesem Buch das Elend der Kriegsverwundeten anprangerte und sich dafür einsetzte, Hilfe für Verwundete und Verletzte zu organisieren. Bereits im Oktober 1863 fand die 1. Genfer Konferenz hierzu statt und die erste Rotkreuzgemeinschaft wurde im November 1863 als Württembergischer Sanitätsverein in Stuttgart gegründet. Sie war als Gliederung des 1817 gegründeten Württembergischen Wohlfahrtsvereins die erste und damit älteste Rotkreuzgesellschaft außerhalb Genfs.

In den Folgejahren kamen 1864 bis 1866 weitere deutsche Landesorganisationen hinzu, ergänzt 1882 durch den Verband Deutscher Krankenpflege-Institute vom Roten Kreuz. Im Jahr 1921 kam es dann zu einer Zusammenfassung der Rotkreuz-Landesvereine und Landesfrauenvereine zum Deutschen Roten Kreuz e. V., 1922 erfolgte der Beitritt des Deutschen Roten Kreuzes zur Liga der Rotkreuzgesellschaften. 1924 trat das Deutsche Rote Kreuz der »Deutschen Liga der freien Wohlfahrtspflege« bei und wurde 1925 als Spitzenverband der Freien Wohlfahrtspflege anerkannt.

Während der Zeit des Nationalsozialismus in Deutschland wurde das föderale, aus ca. 9.000 einzelnen, rechtlich selbständigen Vereinen bestehende Organisationsprinzip durch ein »DRK-Gesetz« abgeschafft und ein strikt hierarchisch gegliedertes, vom »Führerprinzip« beherrschtes Organisationsschema eingeführt. Das DRK verlor alle Wohlfahrtseinrichtungen und das Jugendrotkreuz.

Nach dem Zusammenbruch des Deutschen Reiches im Mai 1945 und der Auflösung des Deutschen Roten Kreuzes in den Besatzungszonen konnten die Kreisverbände – unter Berücksichtigung strikter Entnazifizierung aller leitenden Stellen – weiterarbeiten und neue Landesverbände bilden. Schwerpunkt der Arbeit waren Hilfen für Flüchtlinge und Vertriebene, Kriegsgefangene, Suchdienst, Wiederaufbau des Krankenhauswesens, des Krankentransports und Rettungsdienstes, der gesamten Wohlfahrtsarbeit und des Jugendrotkreuzes. Am 4. Februar 1950 gründeten die in der Bundesrepublik Deutschland befindlichen Landesverbände das Deutsche Rote Kreuz e. V. in der Bundesrepublik Deutschland.

Das Deutsche Rote Kreuz der DDR wurde am 23.10.1952 in Dresden gegründet. Das DRK der DDR hatte sich insbesondere die Unterstützung des staatlichen Gesundheitswesens zur Aufgabe gemacht und bildete Hilfskräfte für das Gesundheitswesen aus. Es leistete erste Hilfe bei Unglücksfällen, Veranstaltungen und öffentlichen Notständen und sorgte für Wasserrettungsdienst, Bergrettungsdienst und Krankentransport.

Auf der Grundlage des Beitritts der DDR zur Bundesrepublik Deutschland wurde am 8.11.1990 auch ein Vertrag zur Herstellung der Einheit des Deutschen Roten Kreuzes von Vertretern beider Rotkreuzgesellschaften unterzeichnet. Es erfolgte die Aufnahme der neuen deutschen Landesverbände zum 1.1.1991 und das DRK der DDR wurde als Dachverband zum 31.12.1990 aufgelöst. Im Mai 1991 erfolgte die Bestätigung der Anerkennung des DRK durch das Internationale Komitee vom Roten Kreuz (IKRK) anlässlich der Ausdehnung auf das gesamte Bundesgebiet.

Organisation

Heute gehören zum Deutschen Roten Kreuz 19 Landesverbände und der Verband der Schwesternschaften vom Deutschen Roten Kreuz mit 35 Schwesternschaften. Das DRK ist ein föderativer Verband mit 548 Kreisverbänden, denen insgesamt mehr als 5.000 Ortsvereine angehören.

Die wichtigsten Organe des DRK sind die Bundesversammlung aus Vertretern der Landesverbände und der Schwesternschaften, das Präsidium und der Präsidialrat, dem die Präsidenten der Landesverbände angehören.

Zur Beratung des Präsidiums gibt es Ausschüsse der ehrenamtlichen Rotkreuzgemeinschaften und die vom Präsidium einberufenen Fachausschüsse. Schirmherr des DRK ist der Bundespräsident.

Die Geschäftsstelle ist das DRK-Generalsekretariat in Berlin. Es ist zuständig für übergeordnete Aufgaben der Koordination, Fortbildung von Führungskräften und die Vertretung auf Bundesebene.

Mitglieder

Weltweit zählt das Rote Kreuz heute in 163 Ländern etwa 125 Millionen Mitglieder. Dem DRK gehören derzeit 4,7 Millionen Mitglieder an, davon unterstützen 4,3 Mio. das Deutsche Rote Kreuz durch regelmäßige Beitragszahlungen als Fördermitglieder. Weitere drei Millionen Bürgerinnen und Bürger unterstützen das DRK durch regelmäßige Spenden bei Sammlungen und Spendenaufrufen. Regelmäßig ehrenamtlich aktiv sind mehr als 300.000 Menschen, dazu noch mehr als 100.000 Jugendliche im Jugendrotkreuz. Im Verband der Schwesternschaften sind ca. 20.000 Rotkreuz-Schwestern tätig.

Wenngleich das Deutsche Rote Kreuz heute in allen seinen Arbeitsbereichen mit vielen hauptamtlichen Fachkräften tätig ist, bilden doch die unentgeltlich tätigen, freiwilligen Kräfte gemäß Satzung das wichtigste Fundament für das Wirken der Organisation. Engagierte und fachlich kompetente ehrenamtliche und hauptamtliche Mitarbeiterinnen und Mitarbeiter, deren Verhältnis untereinander von Gleichwertigkeit und gegenseitigem Vertrauen gekennzeichnet ist, arbeiten bei den unterschiedlichen Aufgaben zusammen.

Aufgaben

Als nationale Hilfsgesellschaft und Spitzenverband der Freien Wohlfahrtspflege in Deutschland nimmt das Deutsche Rote Kreuz nationale und internationale Aufgaben im Sinne der Genfer Rotkreuz-Aufgaben sowie umfangreiche Aufgaben in nahezu allen Feldern sozialer Arbeit wahr. Hierzu gehören:

– Altenhilfe

– Ambulante sozialpflegerische Dienste

– Verbreitung der Kenntnis der Genfer Abkommen

– Ausbildung in erster Hilfe

– Behindertenhilfe

– Jugendsozialarbeit

– Kinder- und Jugendhilfe

– Kur- und Erholungshilfen

– Katastrophenschutz

– Freiwilliges Soziales Jahr

– Gesundheitsförderung

– Hilfen für Aussiedler, ausländische Arbeitnehmer und Flüchtlinge

– Familienarbeit

– Entlastende Hilfen für Pflegende

– Suchdienst

– Sanitätsdienst

– Bergwacht, Wasserwacht

– Blutspendedienst

– Fachdienste geschulter Ehrenamtlicher für den Einsatz in Notsituationen wie Betreuungsdienst, Pflegehilfsdienst, Fernmelde- und Technischer Dienst

Wenngleich die Palette der Aktivitäten in den einzelnen Landes- und Kreisverbänden differiert und stark von den örtlichen und regionalen Erforder-
nissen und Gegebenheiten wie auch den zur Verfügung stehenden Kräften
und finanziellen Mitteln abhängt, lassen sich die drei folgenden die Wohlfahrtsarbeit des DRK kennzeichnenden Aspekte hervorheben:

Die Internationalität und die Anerkennung durch das Internationale Rote Kreuz
bilden gemeinsam mit den Rotkreuz-Grundsätzen einen festen Rahmen für
das Wirken des Deutschen Roten Kreuzes in unserer Gesellschaft. Die
Zusammenarbeit mit den europäischen Rotkreuzgesellschaften in verschiedenen Aufgabenfeldern bietet Möglichkeiten des Austauschs, des Vonein-
ander-Lernens und der grenzüberschreitenden Zusammenarbeit in humanitären
sowie sozialen Belangen. Anders als die großen kirchlichen Wohlfahrtsverbände hat die Sozialarbeit des DRK vor allem in der ambulanten und offenen Arbeit ihren Schwerpunkt. Zwar verfügt auch das DRK über zahlreiche
Einrichtungen in allen Sparten der Sozialarbeit, aber die ambulanten Hilfen
und die offene Arbeit mit Gruppen und in Kursprogrammen stellen Schwerpunkte dar.

Aufgrund der Verbandsgeschichte und seiner Aktivitäten als nationale Hilfsgesellschaft sind Aktivitäten, welche die Sozialarbeit mit Gesundheitsförderung und Gesundheitspflege vernetzen, besonders verbreitet. Die Vermittlung
von erster Hilfe für Aussiedler, die Unterstützung von pflegenden Angehörigen mit Pflegegrundlagen oder die umfangreichen Angebote von Gesund-
heitsprogrammen für Senioren, für die bundesweit eigene Kursleiter und
Instruktoren ausgebildet werden, sind hierfür gute Beispiele. Angesichts der
demografischen Entwicklung sowie der finanziellen Probleme der öffentlichen
Hand und auch der Sozialversicherungen werden die Verbesserung der individuellen Kompetenzen für Gesundheit und Pflege sowie die Stärkung der
Selbsthilfekräfte und des bürgerschaftlichen Engagements von großer Bedeutung für die Gesellschaft sein.

8.5 Das Diakonische Werk der Evangelischen Kirche in Deutschland (DW)

Die Diakonie ist die soziale Arbeit der evangelischen Kirchen. Weil der Glaube
an Jesus Christus und praktizierte Nächstenliebe zusammengehören, leisten
diakonische Einrichtungen vielfältige Dienste am Menschen. Sie helfen

Menschen in Not und sozial ungerechten Verhältnissen. Sie versuchen, die Ursachen dieser Notlagen zu beheben. »Diakonie« leitet sich vom griechischen Wort für Dienst her.

Dem Diakonischen Werk der Evangelischen Kirche in Deutschland (DW) gehören als Mitglieder die Diakonischen Werke der 24 Landeskirchen der EKD, neun Freikirchen mit ihren diakonischen Einrichtungen sowie rund 90 Fachverbände der verschiedensten Arbeitsfelder an. Diese Mitglieder repräsentieren etwa 26.000 selbständige Einrichtungen unterschiedlicher Größe und Rechtsform mit mehr als einer Million Betreuungsplätzen, in denen rund 401.000 hauptamtliche Mitarbeiterinnen und Mitarbeiter voll- oder teilzeitbeschäftigt sind. Ferner gibt es knapp 4.300 diakonische Selbsthilfe und Helfergruppen. Mitgetragen wird die diakonische Arbeit von den rund 18.000 Gemeinden der Landes- und Freikirchen. Über 400.000 ehrenamtliche Mitarbeiterinnen und Mitarbeiter sind in der Diakonie aktiv. Das Diakonische Werk der EKD hat seinen Sitz in Stuttgart und ist mit einem Geschäftsbereich in Berlin, dem Sitz von Bundestag und Bundesregierung, präsent. Eine Dienststelle besteht in Brüssel.

Geschichte

Die Geschichte der organisierten Diakonie begann 1848, als der Hamburger Theologe Johann Hinrich Wichern beim Wittenberger Kirchentag das Programm der Inneren Mission gegen geistliche und materielle Armut sowie soziale Not entwarf und der »Centralausschuss für die Innere Mission der Deutschen Evangelischen Kirche« gebildet wurde. Danach entstanden überall in Deutschland Verbände der Inneren Mission mit rechtlich selbständigen, sozialpädagogischen, fürsorgerischen und pflegerischen Heimen, Anstalten und Einrichtungen.

Nach dem Ende des zweiten Weltkrieges wurde das Hilfswerk der Evangelischen Kirche in Deutschland gegründet. Es erschloss Auslandshilfen und belebte ökumenische Kontakte, um die Hungersnot in Deutschland zu bekämpfen, Vertriebene und Flüchtlinge anzusiedeln und die Jugendberufsnot zu lindern. Die Innere Mission und das Hilfswerk schlossen sich seit 1957 in landeskirchlichen Werken zusammen und wurden 1975 im Diakonischen Werk der EKD vereint. Am 19. März 1991 traten die Diakonischen Werke der Kirchen des Bundes der Evangelischen Kirchen in der DDR dem Diakonischen Werk der EKD bei.

Aufgaben in Deutschland

Die Diakonie engagiert sich in Deutschland auf folgenden Gebieten:

– Altenhilfe (z. B.: Altenpflegeheime, Diakonie-Sozialstationen, Begegnungs-stätten)

– Arbeit und Arbeitslosigkeit (z. B.: Beschäftigungs- und Qualifizierungs-unternehmen, Jugendarbeitshilfe)

– Aus- und Fortbildung von Mitarbeiterinnen und Mitarbeitern

– Begleitung und Förderung junger Menschen im Zivildienst und im Freiwilligen Sozialen Jahr

– Behindertenhilfe (z. B.: Beratungsstellen, Schulen, berufliche Ausbildung und Eingliederung, Wohnangebote)

– Familienhilfe (z. B.: Familienbildung, Müttergenesung, Einrichtungen für Mutter und Kind, Frauenhäuser, Beratungsstellen für Ehe-, Familien- und Lebensfragen und Schwangerschaftskonflikte)

– Hilfe in besonderen sozialen Schwierigkeiten (z. B.: Beratung und Hilfe für Obdach- und Wohnungslose, Strafentlassene, Bahnhofsmission, Beratung für Prostituierte – Mitternachtsmission)

– Gesundheit, Krankenhäuser

– Hospizarbeit

– Jugendhilfe (z. B.: Heimerziehung, Kindergärten, Kinder- und Jugend-sozialarbeit)

– Krankenpflege (Diakonie-Sozialstationen)

– Migration (z. B.: Beratungsstellen für ausländische Arbeitnehmer, Asylbewerberunterkünfte, Aussiedlerberatung)

– Psychiatrie (z. B.: Psychiatrische Kliniken, besondere Wohn- und Arbeitsangebote, sozialpsychiatrische Dienste)

– Suchtkrankenhilfe (z. B.: Beratungsstellen, Fachkliniken und Rehabilitationseinrichtungen)

– Brief-, Internet- und Telefonseelsorge

Als Spitzenverband der Freien Wohlfahrtspflege arbeitet die Diakonie mit den anderen Spitzenverbänden der Freien Wohlfahrtspflege zusammen. Die Freie Wohlfahrtspflege leistet einen Beitrag zur Sozialstaatlichkeit des Grundgesetzes. Sie wirkt darauf hin, dass jedem Bürger, der in eine Notlage gerät, im Rahmen der staatlichen Pflicht zur Daseinsvorsorge Hilfe gewährt wird.

Internationale Aufgaben

Die Diakonie engagiert sich weltweit durch:

– Zusammenarbeit mit anderen diakonischen Verbänden im Europäischen Verband für Diakonie »Eurodiaconia«.

– Die Aktion »Brot für die Welt« begann 1959. An ihr sind alle evangelischen Landes- und Freikirchen beteiligt. Die Mittel für die Finanzierung der Projekte werden durch Spenden erbracht. Sie sollen als Hilfe zur Selbsthilfe zur Verbesserung der Lebenssituation armer und benachteiligter Menschen in den Entwicklungsländern beitragen.

– Mit der Spendenaktion »Hoffnung für Osteuropa« reagierten 1994 die evangelischen Kirchen auf den gesellschaftlichen Umbruch in Mittel- und Osteuropa.

– Das ökumenische Programm »Kirchen helfen Kirchen« unterstützt evangelische Minderheiten in Europa, orthodoxe Kirchen sowie Kirchen und ihre Ortsgemeinden in Übersee in der Erfüllung ihres Verkündungsauftrages.

– Die Diakonie Katastrophenhilfe leistet kurzfristig Hilfen durch Beschaffung von Nahrungsmitteln, Zelten, Decken, Kleidung usw. auch vor Ort. Die Hilfen können aber auch mittelfristig angelegt sein: z. B. durch Bereitstellung von Saatgut und Arbeitsgerät. Die Finanzierung erfolgt vor allem durch Spenden, aber auch aus Mitteln des Bundes und der Europäischen Gemeinschaft. Die Diakonie Katastrophenhilfe arbeitet häufig mit anderen Hilfsorganisationen zusammen.

– Über Stipendienprogramme der Diakonie können ausländische Studierende für ein bis zwei Jahre an deutschen Hochschulen studieren.

– Das »Europäische Netzwerk für Straßenkinder weltweit« koordiniert Initiativen und Organisationen, die in Entwicklungsländern ebenso wie in Industrieländern Hilfen für Straßenkinder anbieten.

– Das Diakonische Werk ist mit der Geschäftsführung der »Evangelischen Partnerhilfe« betraut, einer Spendenaktion von Mitarbeitenden in Deutschland für Mitarbeitende in 35 zumeist osteuropäischen Kirchen.

Leitbild Diakonie

In einem diskursiven Prozess hat das Diakonische Werk das Leitbild Diakonie entwickelt. Damit das Leitbild die praktische Arbeit prägen kann, muss es in den beschriebenen Aufgabenbereichen im Gespräch bleiben. Die Diakonie lebt davon, dass sich Mitarbeiterinnen und Mitarbeiter damit auseinander setzen und die praktische Arbeit auf dieser Basis, an den Bedürfnissen von Menschen orientiert, gestalten.

Diakonie – damit Leben gelingt

Das Leitbild des Diakonischen Werkes der Evangelischen Kirche in Deutschland will Orientierung geben, Profil zeigen, Wege in die Zukunft weisen. Die Diakonie sagt damit, wer sie ist, was sie tut und warum sie es tut.

Mit dem Leitbild wird beschrieben, wie Diakonie ist und, mehr noch, wie sie sein kann. Ob diese Diakonie von morgen Wirklichkeit wird, hängt von der Bereitschaft ab, das Leitbild gemeinsam mit Leben zu füllen, es in der täglichen Arbeit vorzuleben, es verbindlich und überprüfbar zu machen.

1. Wir orientieren unser Handeln an der Bibel

2. Wir achten die Würde jedes Menschen.

3. Wir leisten Hilfe und verschaffen Gehör.

4. Wir sind aus einer lebendigen Tradition innovativ.

5. Wir sind eine Dienstgemeinschaft von Frauen und Männern im Haupt- und Ehrenamt.

6. Wir sind dort, wo uns Menschen brauchen.

7. Wir sind Kirche.

8. Wir setzen uns ein für das Leben in der einen Welt.

Das Leitbild soll gestaltende Wirkung entfalten. Es ist kein statisches Papier, sondern mit ihm sollen in einem lebendigen Prozess neue Herausforderungen bewältigt werden. Der Gesamttext befindet sich unter www.diakonie.de.

Diakonie – Helfen in verändertem Umfeld

Mehr denn je ist die Diakonie heute herausgefordert, sich für Menschen einzusetzen, die Beistand und Hilfe brauchen. Gegen eine zunehmende Ökonomisierung des Sozialen ist sie Anwalt derjenigen, die nicht im Zentrum des privatgewerblichen Interesses oder Leistungsangebotes stehen. Sie ist Fürsprecher für Entwurzelte, Flüchtlinge, Aussiedler, Nichtsesshafte, Straffällige, Kinder. Gegen alle Versuche, Armut zu verschweigen, ist es das zentrale Anliegen der Diakonie, denen, die keiner hört, eine Stimme zu geben. Damit übernimmt sie zugleich eine unverzichtbare Wächterfunktion in Staat und Gesellschaft.

Diakonie heißt auch, bei jedem Einzelnen die Kräfte in das eigene Vertrauen und in die Verantwortungsfähigkeit zu stärken. Es ist die Aufgabe der Diakonie, zu mehr Gemeinsinn und zu einer neuen Kultur des Helfens zu ermutigen. Diese Aufgabenstellungen machen das Diakonische Werk zu einer Institution der Gesellschaft, die in Verbindung von fachlicher Kompetenz und christlicher Wertgebundenheit eine sozial gerechte Gesellschaft zum Ziel hat.

Auf der Basis des Leitbildes neue Herausforderungen anzunehmen und zu bewältigen, bedarf es der visionären Beschreibung einer gerechten Gesellschaft, in der Menschen sich integriert fühlen können. Soziale, wirtschaftliche und ökologische Aktivitäten der Diakonie sind erforderlich, diese Vision Realität werden zu lassen. Wichtige soziale Anforderungen in der verbandsinternen Arbeit zur Erreichung dieser Zielstellung sind die Befähigung von Betroffenen zur Selbsthilfe, die Mobilisierung von Freiwilligen, die advokatorische Partizipation; ebenso Arbeitsbedingungen, die gesellschaftliche Arbeit ermöglichen (Familienarbeit, Ehrenamt), die Gleichstellung von Männern und Frauen, soziale Innovationen und hohe Qualität sozialer Arbeit. Wirtschaftliche Aspekte sind dabei die langfristige Sicherung der Finanzierung sozialer/diakonischer Arbeit, die Diversifizierung von leistungsgerechten Einkommen, die Sicherung der personellen Ressourcen diakonischer Arbeit, die Innovationsfähigkeit sowie die Transparenz bei wirtschaftlichen Prozessen. Bei den ökologischen Aspekten gilt es die Frage zu beantworten, inwieweit in der Arbeit natürliche Ressourcen geschont und Verfahren zu ihrer Schonung (weiter-)entwickelt werden, damit Lebensqualität in einer intakten Umwelt erreicht werden kann.

Mit diesen Anforderungen versucht die Diakonie nicht nur ihr eigenes nachhaltiges Handeln zu stärken, sondern zu einer nachhaltigen Sozialpolitik einer Gesellschaft beizutragen, in der Menschen vor Ausgrenzung bewahrt werden.

8.6 Die Zentralwohlfahrtsstelle der Juden in Deutschland

Die Zentralwohlfahrtsstelle der Juden in Deutschland e. V. (ZWST), seit 1956 Mitglied der Bundesarbeitsgemeinschaft der Freien Wohlfahrtspflege, vertritt auf dem Gesamtgebiet der Wohlfahrtspflege die jüdischen Landesverbände, die jüdischen Gemeinden sowie den jüdischen Frauenbund. Sie stellt den Zusammenschluss der jüdischen Wohlfahrtspflege in Deutschland dar und ist ihre Spitzenorganisation.

Aufgabenstellung

Die ZWST hat sich zur Aufgabe gemacht, für eine lückenlose und wirksame Organisation der jüdischen freien und gemeindlichen Wohlfahrtspflege in Deutschland zu sorgen. Sie ist zuständig für die Wahrnehmung der allgemeinen und besonderen jüdischen Interessen bei der Gesetzgebung und Verwaltung im Bereich der sozialen Fürsorge. Sie behandelt die Sozialangelegenheiten ihrer Mitglieder und fördert in Zusammenarbeit mit den zuständigen Landesverbänden und Gemeinden die notwendigen sozialen Einrichtungen. Weiterhin möchte sie private Initiativen und die Freiwilligenarbeit auf allen Gebieten der jüdischen Wohlfahrtspflege anregen. Zu ihren Aufgaben gehören fernerhin die wissenschaftlich-fachliche Bearbeitung von Problemen der allgemeinen Wohlfahrtspflege, die Erteilung von Auskünften sowie die Unterstützung des sozialen Ausbildungswesens.

Geschichte

1917 wurde der Verband als »Zentralwohlfahrtsstelle der deutschen Juden« gegründet, um die vielfältigen sozialen Einrichtungen der jüdischen Gemeinschaft zu koordinieren. Unter der Herrschaft des Nationalsozialismus wurde die ZWST 1939 zwangsweise aufgelöst. Im Jahre 1951 wurde der Verband unter seinem heutigen Namen wieder gegründet.

Die »neue« ZWST konnte und wollte nicht an die bisherige Tradition einer deutsch-jüdischen Wohlfahrtspflege anknüpfen. Die Umbenennung des Verbandes in »Zentralwohlfahrtsstelle der Juden in Deutschland« von ehemals »Zentralwohlfahrtsstelle der deutschen Juden« verdeutlicht die Veränderung im Selbstverständnis der ZWST. Zudem erforderten die Verhältnisse in der Nachkriegszeit andere Hilfsansätze: Es konnte nicht mehr um die Koordination jüdischer Hilfsorganisationen in Deutschland gehen – in erster Linie musste die Not der Überlebenden des Holocausts gelindert werden.

Im Jahr der Wiedergründung gingen nur wenige Juden davon aus, dass sich in Deutschland neues jüdisches Leben entfalten würde. Zu diesem Zeitpunkt gab es eher Bestrebungen, den Verbleib von Juden im Land der Täter nicht zu begünstigen. Gleichwohl wurde der Wiederaufbau der jüdischen Gemeinden von denjenigen betrieben, die Deutschland vor der Machtergreifung als ihre Heimat ansahen. Vor dem Hintergrund dieses Widerspruchs entstand die »neue« ZWST.

In den Jahren vor der Neugründung der ZWST hatten ausländische Wohlfahrtsorganisationen für die primären Bedürfnisse der durch die Verfolgung völlig verarmten Juden gesorgt. Nun mussten fast aus dem Nichts Organisationsstrukturen geschaffen werden, die den Anforderungen gerecht werden konnten.

Jüdische Wohlfahrtspflege

Auch wenn das Erscheinungsbild der »neuen« ZWST stark von dem des »alten« abwich, so war das Verbindende der Rückgriff auf die Tradition der jüdischen Wohlfahrt, die mit dem hebräischen Begriff »Zedaka« (übersetzt: Wohltätigkeit) beschrieben wird. Das Wort »Zedaka« steht für das jüdische Verständnis von Wohltätigkeit. Diese ist im Judentum kein freiwilliger Akt, sondern eine der wichtigsten religiösen Pflichten. Bis ins 18. Jahrhundert hinein oblag die Organisation der Armenpflege den einzelnen jüdischen Gemeinden. Mit Hilfe von Spenden und einem Teil der Steuereinnahmen wurde für den Lebensunterhalt armer Talmudstudenten und Gelehrter gesorgt, wurden Not leidende Mitglieder unterstützt und die Ausstattung armer und verwaister Bräute und Wöchnerinnen gestellt sowie die Fürsorge bedürftiger Kranker übernommen.

In dem Maße jedoch, in dem die so genannte Emanzipation der Juden im 19. Jahrhundert ihnen den Zugang zu bisher verschlossenen Berufsfeldern ebnete und eine Säkularisierung eintrat, änderte sich die Struktur der jüdischen Wohlfahrtspflege. Die durch die industrielle Revolution veränderten Produktionsbedingungen schufen zwar eine breitere jüdische Mittelschicht, führten jedoch gleichzeitig zur Verelendung jüdischer Proletarier. Es entstand ein weit verzweigtes Netz einer arbeitsteilig organisierten Armenpflege, die von wohlhabenden, großbürgerlichen Kreisen gestiftet und getragen wurde, deren Institutionen jedoch nur lose miteinander verbunden waren.

Aufgaben und Ziele im Wandel

Als »Dachverband« verschiedener jüdischer Organisationen wurde die ZWST 1917 zunächst als Koordinierungsstelle gegründet, die die Aufgabe hatte, die Vielfalt der jüdischen Wohlfahrtsorganisationen miteinander zu verbinden. Abgesehen von der allgemeinen Tendenz zur Zentralisierung war der ökonomische Nutzen einer zentralen Finanzierung in den Jahren der sich anbahnenden Weltwirtschaftskrise unübersehbar.

Unter der Herrschaft des Nationalsozialismus wurde der Verband 1939 zerschlagen. Einige Mitarbeiterinnen und Mitarbeiter versuchten jedoch, unter Verzicht auf ihre eigene Rettung, den in Deutschland eingeschlossenen Juden bis zu ihrer eigenen Deportation beizustehen. Viele von ihnen wurden in den Konzentrationslagern ermordet.

Neuer Anfang

Die wieder gegründete ZWST begann ihre Arbeit 1951 buchstäblich als «Ein-Mann-Betrieb«. Zwei Jahre später wurde das Sozialreferat der ZWST eingerichtet, kurze Zeit später das Jugendreferat. Ziel der Arbeit war vor allem der Neuaufbau der jüdischen Gemeinschaft in Deutschland. Da den kleineren jüdischen Gemeinden nur wenige ausgebildete Sozialarbeiter zur Verfügung standen, musste die ZWST von Anfang an zur Qualifizierung der Mitarbeiterinnen und Mitarbeiter der Gemeinden beitragen. Auch heute ist die Fortbildung im sozialen Bereich einer der Schwerpunkte der ZWST.

Jugendreferat

Bei der Errichtung des Jugendreferates und dem Erwerb der Ferienheime in Wembach (bis 1987 von der ZWST genutzt) und Bad Sobernheim (Max-Willner-Heim, heute Ferienheim und Bildungsstätte der ZWST) stand nicht nur der Erholungsaufenthalt der Kinder im Vordergrund, sondern auch das identitätsstiftende Moment einer jüdischen Gemeinschaft. Gerade die Kinder der Überlebenden litten zum Teil unter den Spätfolgen der Shoah und fühlten sich in Deutschland entwurzelt. Viele Kinder der emigrierten deutschen Juden, die nach dem Krieg nach Deutschland zurückkehrten, litten unter schweren Identitätskonflikten. Ihnen wollte das Jugendreferat Geborgenheit vermitteln. Heute gehören die Ferienlager zum festen Programm des Jugendreferates. Rund 1.500 Kinder und Jugendliche erhalten jährlich die Chance, an den von der ZWST durchgeführten Ferienreisen (hebr. Machanot) teilzunehmen. Das Jugendreferat bietet außerdem neben der Ausbildung zum ehrenamtlichen Jugendbetreuer (hebr. Madrich) auch Fortbildungsveranstaltungen für Jugendzentrumsleiter/-innen, Lehrer/-innen oder Erzieher/-innen an.

Die Jugendarbeit der ZWST ist für den Erhalt eines lebendigen Judentums von zentraler Bedeutung, da vor allem diese Zielgruppe als Multiplikator wirken kann: durch Weitergabe jüdischer Identität an die nächste Generation oder Rückwirkung auf Eltern und Großeltern.

Das 1990 gegründete Pädagogische Zentrum der ZWST erstellt Print- und audiovisuelle Materialien für die jüdische Erziehung in Schulen, Kindergärten und Jugendzentren. Es unterstützt die Aktivitäten der ZWST durch die Bereitstellung von Materialien für die Ausbildung der Madrichim sowie für die Fortbildungsseminare. Außerdem werden Informationen und wichtige

Adressen im Internet recherchiert und aufbereitet. Die Materialien können z. T. auch in hebräischer und russischer Sprache zur Verfügung gestellt werden.

Sozialreferat

Die Aufgabe des Sozialreferats ist es, die Gemeinden in ihren Sozialangelegenheiten zu unterstützen. Das geschieht unter anderem durch Praxisberatung vor Ort, durch Fortbildungsseminare sowie durch den gezielten Aufbau der Arbeit von Freiwilligen. Diese Angebote kommen vor allem den kleinen Gemeinden zugute, die kaum über ausgebildete Sozialarbeiterinnen und Sozialarbeiter verfügen.

Darüber hinaus bietet das Sozialreferat Seniorinnen und Senioren Erholungsaufenthalte bzw. organisierte Gruppenreisen an. Seit der Eröffnung des Kurhotels Eden-Park in Bad Kissingen im Jahr 1993 können Einzelpersonen, ebenso wie die Teilnehmer der von der ZWST organisierten Gruppenreisen, Kur und Erholung in jüdischer Atmosphäre genießen. Diese Reisen haben eine besondere Bedeutung für ältere Gemeindemitglieder, die, bedingt durch ihr Verfolgungsschicksal oder durch Zuwanderung, häufig sehr vereinsamt und isoliert leben.

Jüdische Einwanderer

Die Integration der Immigranten aus der ehemaligen Sowjetunion ist heute eine der dringlichsten Aufgaben der ZWST. Die erste Einwanderungswelle in die BRD setzte zu Beginn der 50er Jahre aus der DDR ein, da die kleine jüdische Gemeinschaft vor dem Hintergrund antisemitischer Hetze in der ehemaligen Sowjetunion auch in der DDR ein Wiederaufleben des Antisemitismus befürchtete. Weiterhin löste Antisemitismus in der CSSR, Ungarn, Rumänien und Polen eine Flüchtlingsbewegung in den Westen aus. Als die jüngste Auswanderungsbewegung aus der Sowjetunion im Jahre 1990 einsetzte, die die vorhergehenden zahlenmäßig bei weitem übertraf, wandelte sich der Tätigkeitsbereich der ZWST entscheidend. Zur Hauptaufgabe wurde nun die Integration der Zuwanderer aus den Ländern der ehemaligen Sowjetunion. Obwohl die Zuwanderung eine Herausforderung für die jüdische Gemeinschaft in Deutschland darstellt, ist sie doch auch eine Chance, die fast aussterbenden Gemeinden zu stärken und wiederzubeleben.

Grafik 8.1

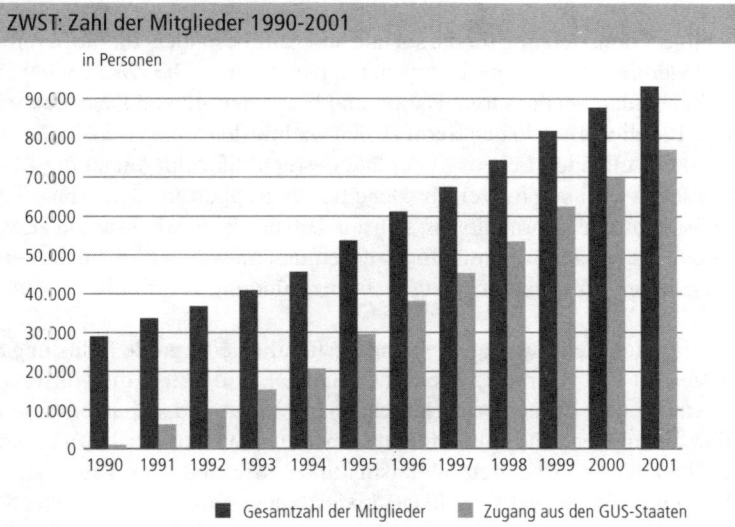

ZWST: Zahl der Mitglieder 1990-2001

in Personen

Gesamtzahl der Mitglieder   Zugang aus den GUS-Staaten

Quelle: ZWST

Zwangsläufig musste der Verwaltungsapparat der ZWST ausgebaut werden. Mit der Schaffung von Zweigstellen in Ostberlin, Dresden und Schwerin sowie einer überregionalen Beratungsstelle in Potsdam, zuständig für Brandenburg, konnte Abhilfe geschaffen werden. Die ZWST setzt vor Ort Sozialarbeiterinnen und Sozialarbeiter ein, die unter anderem die Neuzuwanderer in den Wohnheimen betreuen, bei Behörden intervenieren und familiäre Konflikte regeln.

Die überwiegende Mehrheit der Zuwanderer ist im erwerbsfähigen Alter. Die meisten, Frauen wie Männer, verfügen über eine Hochschulausbildung oder gehören qualifizierten Berufsgruppen an. Allerdings steht die Anerkennung ihrer beruflichen Qualifikation in vielen Bereichen noch aus, was die Eingliederung in den deutschen Arbeitsmarkt erschwert. Ein weiterer Grund für eine erschwerte berufliche Integration der Zuwanderer ist die wirtschaftliche Situation in Deutschland mit annähernd vier Millionen Arbeitslosen.

Integrationsmaßnahmen

Wichtige Voraussetzung für die soziale und ganz besonders für die berufliche Eingliederung ist die Überwindung der Sprachbarriere. Die ZWST unterstützt die Gemeinden bei der Organisation und Finanzierung von Deutschkursen. Da die Eingliederung in den Beruf zu den wichtigsten Voraussetzungen eines zufrieden stellenden Lebens in der Bundesrepublik zählt, bietet die ZWST Integrationsseminare für verschiedene Berufsgruppen an. Hier ermöglichen berufsspezifische Informationen, sich auf dem hiesigen Arbeitsmarkt zurechtzufinden. In weiteren Seminaren werden den Zuwanderern Bewerbungsstrategien und Informationen zur Existenzgründung vermittelt.

Die Migration stellt für viele Zuwandererfamilien eine große Belastung dar. Der Verlust von vertrauten Menschen, Dingen und Orten, die Notwendigkeit, eine andere Sprache zu erlernen, anzuwenden und sich in eine fremde Kultur einzuleben, sind außerordentlich belastende Faktoren. Dazu kommen in vielen Fällen eine beengte Wohnsituation sowie häufig die Tatsache, trotz hoher Qualifizierung in Deutschland arbeitslos und somit aus subjektiver Sicht nutz- und wertlos zu sein. Diese Faktoren führen zu erheblichen Spannungen in der Familie. Dies bedeutet eine zusätzliche Belastung, da der Familienzusammenhalt in der ehemaligen Sowjetunion einen starken Wert darstellte. Um den Familien die Möglichkeit zu geben, in entspannter Atmosphäre wieder zusammenzufinden, Spannungen zu reduzieren und Distanz zu ihrem häufig sehr schwierigen Alltag zu bekommen, bietet die ZWST spezielle Seminare für Familien an. Diese Seminare finden in der Regel an jüdischen Feiertagen statt. Damit können in feierlicher Atmosphäre und durch Teilnahme an den Feierstunden Kenntnisse der jüdischen Tradition und Religion erworben werden – Kenntnisse, die viele Zuwanderer nicht mitbringen. Diese Kenntnisse stärken die eigene kulturelle Identität und fördern die Eingliederung in die jüdische Gemeinschaft.

In den 1993 erstmalig angebotenen Integrationsseminaren erwerben die Teilnehmer, Familien wie auch Einzelpersonen, Kenntnisse über die hiesige Gesellschaft, die ihnen die Orientierung in der fremden Umwelt erleichtern. Sie bekommen beispielsweise eine Einführung in das politische System der BRD, werden über ihre Rechte und Pflichten als Kontingentflüchtlinge informiert und hören Vorträge zum sozialen System Deutschlands.

Integration durch Kultur

Viele der Migrantinnen und Migranten waren vor ihrer Auswanderung als bildende Künstler, Musiker, Schauspieler, Regisseure, Schriftsteller oder Journalisten tätig. Für diese künstlerisch-kreativ orientierten Berufsgruppen hat die ZWST das Projekt »Integration durch Kultur« durchgeführt, das durch Förderung aus Mitteln der Europäischen Gemeinschaft ermöglicht wurde. Neben einer Wanderausstellung und der Herausgabe einer russisch-/deutschsprachigen Zeitschrift war das Kammerorchester »Hatikwa« (hebr., Hoffnung) Bestandteil dieses Projektes, das erste jüdische Orchester nach der Shoah in Deutschland. Nach vielen erfolgreichen Auftritten hat »Hatikwa« entsprechend dem Prinzip Hilfe zur Selbsthilfe vielen zugewanderten Musikern zu einer Stelle in einem deutschen Orchester verholfen.

1999 hat die ZWST das Pilotprojekt »Shnat Sherut« (hebr., Dienstjahr) initiiert, in dessen Rahmen Jugendliche aus Israel ein Freiwilliges Soziales Jahr in jüdischen Gemeinden in Deutschland ableisten. Nach Intensiv-Sprachkursen und inhaltlicher Vorbereitung auf ihre Arbeit besuchen die Israelis – von in Berlin, Frankfurt und München organisierten Zentren aus – kleine und neu gegründete jüdische Gemeinden in der näheren Umgebung, um sie in ihrer Jugendarbeit und dem Aufbau von Jugendzentren zu unterstützen. Neben der regelmäßigen wöchentlichen Gemeindearbeit werden gemeinsam mit den Gemeindemitgliedern Shabbat-Wochenendseminare organisiert und jüdische Feiertage begangen. Hilfe, Unterstützung und Einbindung in ein lebendiges Judentum sind das Ziel der jungen Menschen aus Israel. Basierend auf dem Erfolg des Projektes ist der Aufbau eines weiteren Zentrums in NRW im Jahr 2002 geplant, um so langfristig einen großen Teil der kleineren Gemeinden in Deutschland beim Aufbau der jüdischen Infrastruktur im Bereich der Jugendarbeit zu unterstützen.

Die ZWST wird ihre Arbeit auch in Zukunft auf die Bedürfnisse der jüdischen Zuwanderer aus der GUS einstellen und die Maßnahmen zur Integration entsprechend ausweiten. Parallel dazu wird das Angebot für die »alteingesessenen« Gemeindemitglieder weiterhin beibehalten und ausgebaut.

Danksagung

Der BAGFW-Vorstand dankt Frau Diplom-Volkswirtin Monika Burmester für die Ausarbeitung des Textes, der Grafiken und Tabellen sowie der von den Verbänden eingesetzten Arbeitsgruppe unter Beteiligung von:

Bert Hinterkeuser, Arbeiterwohlfahrt Bundesverband e.V.

Dr. Robert Batkiewicz, Deutscher Caritasverband e.V.

Hans-Gerhard Roth, Deutscher Caritasverband e.V.

Dr. Christopher Bangert, Deutscher Caritasverband e.V.

Thomas Niermann, Deutscher Paritätischer Wohlfahrtsverband e.V.

Martin Wisskirchen, Deutscher Paritätischer Wohlfahrtsverband e.V.

Hannelore Freyer, Deutsches Rotes Kreuz e.V.

Uwe Schwarzer, Diakonisches Werk der Evangelischen Kirche in Deutschland e.V.

Heike von Bassewitz, Zentralwohlfahrtsstelle der Juden in Deutschland e.V.

Josef Schmitz-Elsen, Bundesarbeitsgemeinschaft der Freien Wohlfahrtspflege e.V.

Peter Mengelkoch, Bundesarbeitsgemeinschaft der Freien Wohlfahrtspflege e.V.

Verzeichnis der Grafiken

Verzeichnis der Tabellen

Literaturverzeichnis

Ausgewählte Periodika der Spitzenverbände der Freien Wohlfahrtspflege

Arbeiterwohlfahrt (Hrsg.): AWO-Magazin. Mitgliederzeitschrift.
Infos: awomagazin@awobu.awo.org
Arbeiterwohlfahrt (Hrsg.): Sozialberichte
Arbeiterwohlfahrt (Hrsg.): Theorie und Praxis der Sozialen Arbeit (TuP).
Sozialpolitische Fachzeitschrift. Infos: tup@awobu.awo.org
Deutscher Caritasverband (Hrsg.): Jahrbuch
Deutscher Caritasverband (Hrsg.): neue caritas. Zeitschrift für Politik, Praxis,
Forschung
Deutscher Caritasverband (Hrsg.): Sozialcourage.
Das Magazin für soziales Handeln
Deutsches Rotes Kreuz (Hrsg.): Jahrbuch
Deutsches Rotes Kreuz (Hrsg.): Rotes Kreuz. Das Fachmagazin des DRK
Deutsches Rotes Kreuz (Hrsg.): das magazin für Rotkreuzmitglieder
Diakonisches Werk der EKD (Hrsg.): DIAKONIE
Diakonisches Werk der EKD (Hrsg.): Diakonie Report
Diakonisches Werk der EKD (Hrsg.): Jahresbericht Brot für die Welt
Zentralwohlfahrtsstelle der Juden in Deutschland e. V. (Hrsg.):
Tätigkeitsbericht. Frankfurt a. M.
Zentralwohlfahrtsstelle der Juden in Deutschland e. V. (Hrsg.):
Mitgliederstatistik der einzelnen jüdischen Gemeinden und
Landesverbände in Deutschland. Frankfurt a. M.
Zentralwohlfahrtsstelle der Juden in Deutschland e. V. (Hrsg.):
»ZWST informiert«. Frankfurt a. M.

Ausgewählte Monografien der Spitzenverbände der Freien Wohlfahrtspflege

Arbeiterwohlfahrt (Hrsg.) 1996: Beiträge zur Geschichte der Arbeiterwohlfahrt
1919–1994. Bonn
Arbeiterwohlfahrt (Hrsg.) 1992: Helfen und Gestalten – die Chronik der AWO.
Bonn
AWO-Sozialbericht 2000: Gute Kindheit – Schlechte Kindheit. Armut und
Zukunftschancen von Kindern und Jugendlichen in Deutschland. Hrsg. vom
AWO Bundesverband
Deutscher Caritasverband (Hrsg.) 1996: Not sehen und handeln. Freiburg i. Br.

Deutscher Caritasverband (Hrsg.) 1997: Leitbild des Deutschen Caritasverbandes. Freiburg i. Br.

Deutsches Rotes Kreuz (Hrsg.) 2000: Der Zukunft zugewandt. Die Vereinigung der beiden deutschen Rotkreuzgesellschaften. Gedanken und Erinnerungen an die Vereinigung vor 10 Jahren. Bonn

Diakonisches Werk der EKD (Hrsg.) 2001: Zur Zukunft der sozialen Dienstleistungen. Rechenschaftsbericht 2001. Stuttgart

Diakonisches Werk der EKD (Hrsg.) 1997: Diakonie. Theorie – Erfahrungen – Impulse. Menschen im Schatten. Erfahrungen von Caritas und Diakonie in den neuen Bundesländern. Stuttgart

Diakonisches Werk der EKD (Hrsg.) 1982: Armut als Herausforderung an Kirche und Diakonie. Jahrbuch 1980/81. Stuttgart

Dunant, Henry 2002 (2. Auflage): Eine Erinnerung an Solferino. Übersetzt von Richard Tüngel. Hrsg. vom Schweizerischen Roten Kreuz. Bern

Gemeinsames Positionspapier der Spitzenverbände der Freien Wohlfahrtspflege und der Fachverbände für Menschen mit Behinderung (1998)

Hanesch, W. u. a. 1994: Armut in Deutschland. Hrsg. vom Deutschen Gewerkschaftsbund und dem Paritätischen Wohlfahrtsverband in Zusammenarbeit mit der Hans-Böckler-Stiftung. Hamburg

Hanesch, W. u. a. 2000: Armut und Ungleichheit in Deutschland. Der neue Armutsbericht der Hans-Böckler-Stiftung, des DGB und des Paritätischen Wohlfahrtsverbandes. Hamburg

Hauser, R./Hübinger, W. 1993: Arme unter uns. Hrsg. vom Deutschen Caritasverband e. V. Freiburg i. Br.

Hübinger, W./Neumann, U. 1998: Menschen im Schatten. Lebenslagen in den neuen Bundesländern. Hrsg. vom Diakonischen Werk der Evangelischen Kirche in Deutschland e. V. und Deutschen Caritasverband e. V. Freiburg i. Br.

Institut für Sozialforschung und Gesellschaftspolitik (ISG) 1987: Erscheinungsformen und Auswirkungen sozialer Not und Verarmung. Untersuchung im Auftrag des Diakonischen Werkes der EKD. Köln

Paritätischer Wohlfahrtsverband und Stiftung MITARBEIT (Hrsg.) 2001: In guter Gesellschaft. Szenarien aus Selbsthilfe und Bürgerengagement. Eigenverlag

Puschmann, H. (Hrsg.) 1996: Not sehen und handeln. Caritas – Aufgaben, Herausforderungen, Perspektiven. Freiburg i. Br.

Scheller, B. 1987: Die Zentralwohlfahrtsstelle. Jüdische Wohlfahrtspflege in Deutschland 1917–1987. Hrsg. von der Zentralwohlfahrtsstelle der Juden in Deutschland e. V. Frankfurt a. M.

Zentralwohlfahrtsstelle der Juden in Deutschland e. V. (Hrsg.) 2001:
Leitfaden für jüdische Zuwanderer aus der ehemaligen Sowjetunion. 3. Aufl.
Frankfurt a. M.

Weiterführende Literatur (auszugsweise)

Baldas, E. u. a. 2001: Modellverbund Freiwilligen-Zentren.
Bürgerengagement für eine freiheitliche und solidarische Gesellschaft.
Ergebnisse und Reflexionen (Schriftenreihe des Bundesministeriums
für Familie, Senioren, Frauen und Jugend, Bd. 203). Stuttgart
Blandow, J. 1994: Wie Zivildienstleistende ersetzt werden können,
in: Blätter der Wohlfahrtspflege, 141. Jg., Heft 7 u. 8, S. X–XII
Blanke, B./Schridde, H. 1999: Bürgerengagement und Aktivierender Staat.
Ergebnisse einer Bürgerbefragung zur Staatsmodernisierung in Niedersachsen,
in: Aus Politik und Zeitgeschichte, Bd. 24–25, S. 3–12
Braun, J./Klages, H. 2000: Ergebnisse der Repräsentativerhebung zu Ehrenamt,
Freiwilligenarbeit und bürgerschaftlichem Engagement. Band 2: Zugangswege
zum freiwilligen Engagement und Engagementpotenzial in den neuen und alten
Bundesländern (Schriftenreihe des Bundesministeriums für Familie, Senioren,
Frauen und Jugend, Bd. 194.2). Stuttgart
Brocke, H. 1999: Qualität sozialer Arbeit zwischen Bedarfsgerechtigkeit und
Sparpolitik, in: Soziale Arbeit Spezial, S. 44–49
Boeßenecker, K.-H. 1998: Spitzenverbände der Freien Wohlfahrtspflege in der
BRD. Eine Einführung in Organisationsstrukturen und Handlungsfelder. 2.
Aufl. Münster
Bundesministerium für Familie, Senioren, Frauen und Jugend 2001:
Dritter Bericht zur Lage der älteren Generation in der Bundesrepublik
Deutschland: Alter und Gesellschaft. Berlin
Englert, G./Niermann, T. 1996: Die Bedeutung von Selbsthilfegruppen für
Behinderte und chronisch kranke Menschen, in: Zwierlein, E. (Hrsg.),
Handbuch »Integration und Ausgrenzung«. Neuwied
Gatz, E. (Hrsg) 1997: Geschichte des kirchlichen Lebens in den
deutschsprachigen Ländern. Band 5: Caritas und soziale Dienste. Freiburg i. Br.
Gitschmann, P. 2002: Mehr Selbstbestimmung und Teilhabe für behinderte
Menschen – SGB IX als Reformchance, in: Nachrichtendienst des Deutschen
Vereins für öffentliche und private Fürsorge, Heft 1, S. 16–20
Gohde, J. u. a. (Hrsg.) 2000: Das soziale Europa gestalten – von der
Wirtschaftsunion zur Sozialunion. DWEKD-Tagungsbericht April 2000

Goll, E. 1991: Die freie Wohlfahrtspflege als eigener Wirtschaftssektor: Theorie und Empirie ihrer Verbände und Einrichtungen. Baden-Baden

Grunwald, K. 2001: Neugestaltung der freien Wohlfahrtspflege. Management organisationalen Wandels und die Ziele der Sozialen Arbeit. Weinheim/ München

Güntert, B./Kaufmann, F.-X./ Krolzik, U. (Hrsg.) 2002: Freie Wohlfahrtspflege und europäische Integration. Gütersloh

Hinte, W. 2001: Quartiersmanagment als kommunales Gestaltungsprinzip. Aktivierende Arbeit im Wohnquartier, in: Blätter der Wohlfahrtspflege

Jüdisches Museum (Hrsg.) 1992: Zedaka. Jüdische Sozialarbeit im Wandel der Zeit: 75 Jahre Zentralwohlfahrtsstelle der Juden in Deutschland 1917–1992. Frankfurt a. M.

Klug, W. 1995: Mehr Markt für die Freie Wohlfahrtspflege? Zum Problem marktwirtschaftlicher Bedingungen in der Freien Wohlfahrtspflege, in: Aus Politik und Zeitgeschichte, Bd. 25–26, S. 34–43

Kranz, D. 1999: Jüdische Existenz in Deutschland heute. Probleme des Wandels der Jüdischen Gemeinden in der Bundesrepublik Deutschland infolge der Zuwanderung russischer Juden nach 1989. Dissertation. Frankfurt a. M.

Maelicke, B. (Hrsg.) 2002: Strategische Unternehmensentwicklung in der Sozialwirtschaft. Baden-Baden

Merchel, J. 1989: Der Deutsche PARITÄTISCHE Wohlfahrtsverband. Dissertation. Weinheim

Ottnard, A./Wahl, S./Miegel, M. 2000: Zwischen Markt und Mildtätigkeit. Die Bedeutung der Freien Wohlfahrtspflege für Gesellschaft, Wirtschaft und Beschäftigung. München

Paritätischer Wohlfahrtsverband (Hrsg.) 1989: »... wessen wir uns schämen müssen in einem reichen Land ...« – Armutsbericht des PARITÄTISCHEN Wohlfahrtsverbandes, in: Blätter der Wohlfahrtspflege

Poniewaz, E. 2001: 5 Jahre Betriebsvergleiche für sozialwirtschaftliche Unternehmen. Eine Bilanz der ökonomischen Sichtweise, in: Theorie und Praxis der sozialen Arbeit, Heft 10

Priller, E./Zimmer, A. 2001: Bürgerschaftliches Engagement und Dritter Sektor, in: WSI Mitteilungen, Heft 3, S. 157–164

Rosenbladt, B. von (Hrsg.) 2000: Ergebnisse der Repräsentativerhebung zu Ehrenamt, Freiwilligenarbeit und bürgerschaftlichem Engagement. Band 1: Gesamtbericht (Schriftenreihe des Bundesministeriums für Familie, Senioren, Frauen und Jugend, Bd. 194.1). Stuttgart

Rauschenbach, T./Sachße, C./Olk, T. (Hrsg.) 1995: Von der Wertgemeinschaft zum Dienstleistungsunternehmen. Jugend und Wohlfahrtsverbände im Umbruch. Frankfurt a. M.

Romberg, O./Urban-Fahr, S. (Hrsg.) 2000: Jews in Germany after 1945. Citizens or »Fellow« Citizens? Frankfurt a. M.

Sachße, C. 1995: Verein, Verband und Wohlfahrtsstaat. Entstehung und Entwicklung der »dualen« Wohlfahrtspflege, in: Rauschenbach, T./Sachße, C./Olk, T. (Hrsg.), Von der Wertgemeinschaft zum Dienstleistungsunternehmen. Jugend und Wohlfahrtsverbände im Umbruch. Frankfurt a. M. 1995

Salamon, L./Anheier, H. 1999: Der Dritte Sektor. Aktuelle internationale Trends – Eine Zusammenfassung. The Johns Hopkins Comparative Nonprofit Sector Project, Phase II. Gütersloh

Schaad, M. 1995: Nonprofit-Organisationen in der ökonomischen Theorie. Eine Analyse der Entwicklung und der Handlungsmotivation der Freien Wohlfahrtspflege. Wiesbaden

Schoeps, J. von u. a. (Hrsg.) 1999: Ein neues Judentum in Deutschland? Fremd und Eigenbilder der russisch-jüdischen Einwanderer. Potsdam

Schwarzer, U. 1997: Die Sozialraumanalyse als Instrument der Sozialen Arbeit, in: Blätter der Wohlfahrtspflege

Spiegelhalter, F. 1990: Der dritte Sektor: die freie Wohlfahrtspflege – ihr finanzieller und ideeller Beitrag zum Sozialstaat. Freiburg i. Br.

Strobl, M. u. a.: Jahresstatistik 2000 der ambulanten Suchtkrankenhilfe in Deutschland (Tabellenband)

Eine vollständige Liste ihrer Veröffentlichungen ist bei den einzelnen Spitzenverbänden der Freien Wohlfahrtspflege erhältlich.

Adressen der Verbände

Arbeiterwohlfahrt Bundesverband e. V.
Oppelner Str. 130, 53119 Bonn
Postanschrift: Postfach 410163, 53023 Bonn
Tel.: 0228/66 85-0, Fax: 0228/66 85-209
E-Mail: info@awobu.awo.org
Internet: www.awo.org
Infos zu Veröffentlichungen auch bei: verlag@awobu.awo.org

Deutscher Caritasverband e. V.
Karlstr. 40, 79104 Freiburg im Breisgau
Telefon: 0761/200-0, Telefax: 0761/200-572
Internet: www.caritas.de
Hinweise auf weiterführende Literatur und Bestellmöglichkeiten im Internet:
www.caritas.de unter der Rubrik »Recherche&Vertrieb«
www.lambertus.de

Deutscher Paritätischer Wohlfahrtsverband e. V.
Heinrich-Hoffmann-Str. 3, 60528 Frankfurt am Main
Telefon 069/67 06-0, Telefax 069/67 06-204
Internet: www.paritaet.org

Deutsches Rotes Kreuz
DRK Generalsekretariat
Carstennstr. 58, 12205 Berlin
Telefon: 030/854 04-0,Telefax: 030/854 04-450
E-Mail: drk@drk.de
Internet: www.drk.de

Diakonisches Werk der EKD e. V.
Hauptgeschäftsstelle Stuttgart
Stafflenbergstr. 76, 70184 Stuttgart
Telefon: 0711/21 59-0, Telefax: 0711/21 59-288
E-Mail: diakonie@diakonie.de
Internet: www.diakonie.de
Hinweise auf weiterführende Literatur und Bestellmöglichkeiten im Internet:
www.diakonie.de unter der Rubrik »Presse&Publikationen«
E-Mail Zentraler Vertrieb: vertrieb@diakonie.de.

Zentralwohlfahrtsstelle der Juden in Deutschland e. V.
Hebelstr. 6, 60318 Frankfurt am Main
Telefon: 069/94 43 71-0, Telefax: 069/49 48 17
Internet: www.zwst.org